《아주 특별한 상식 NN-감시 사회》

감시 사회,
안전장치인가, 통제 도구인가?

《아주 특별한 상식 NN-감시 사회》

감시 사회,
안전장치인가, 통제 도구인가?

로빈 터지 | 추선영 옮김

이후

《아주 특별한 상식 NN》이란?

우리 시대의 핵심 주제를 한눈에 알게 하는 《아주 특별한 상식 NN》

이 시리즈는 2001년에 영국에서 처음 출간되기 시작했습니다. 'The NO-NONSENSE guide'라는 이름을 갖고 있었으나 한국판을 출간하면서 지금 이 시대를 살아가는 우리가 꼭 알아야 할 '특별한 상식'을 이야기해 보자는 뜻으로 《아주 특별한 상식 NN》이란 이름을 붙였습니다. 세계화, 기후변화, 세계의 빈곤처럼 복잡하면서도 중요한 전 세계의 쟁점을 쉽게 이해할 수 있도록 기획된 책입니다.

각 주제와 관련된 주요 논쟁거리를 쉽게 알 수 있도록 관련 사실, 도표와 그래프, 각종 정보와 분석을 수록했습니다. 해당 주제와 관련된 행동에 직접 나서고 싶은 독자를 위해서는 세계의 관련 단체들이 어디에 있으며, 어떤 일을 하고 있는지 소개해 놓았습니다. 더 읽을 만한 자료는 무엇인지, 특별히 염두에 두고 읽어야 할 정보들은 어떤 것이 있는지도 한눈에 들어오게 편집했습니다.

우리 시대의 핵심 주제들을 짧은 시간에 쉽게 파악할 수 있게 도와주는 이 시리즈에는 이 책들을 기획하고 엮은 집단 〈뉴 인터내셔널리스트New Internationalist〉가 지난 30년간 쌓은 노하우가 담겨 있으며, 날카로우면서도 세련된 문장들은 또한 긴박하고 역동적인 책읽기의 즐거움을 느끼게 해 줄 것입니다.

다음 세대를 살아가는 데 알맞은 대안적 세계관으로 이끌어 줄
《아주 특별한 상식 NN》 시리즈에는 주류 언론에서 중요하게 다
루지 않는 특별한 관점과 통계 자료, 수치들이 풍부하게 들어 있
습니다. 이 시대를 살아가는 데 꼭 필요한 주제를 엄선한 각 권을
읽고 나면 독자들은 명확한 주제 의식으로 세계를 바라볼 수 있
게 될 것입니다.

《아주 특별한 상식 NN》이 완간된 뒤에도, 이 책을 읽은 바로
당신의 손으로 이 시리즈가 계속 이어질 수 있기를 바랍니다.

《아주 특별한 상식 NN》, 어떻게 읽을까?

〈본문 가운데〉

▶ 용어 설명

본문 내용 가운데 특별히 중요한 용어는 따로 뽑아 표시해
주었다. 읽는 이가 꼭 짚고 넘어가야 할 개념이나 중요한
책들, 사회적으로 의미가 있는 단체, 역사적 사건에 대한
설명들이 들어 있다.

▶ 인물 설명

역사적으로 중요한 인물, 각 분야 문제 인물의 생몰연도와
간단한 업적을 적어 주었다.

▶ 깊이 읽기

본문 내용을 이해하는 데 부차적으로 필요한 논거들, 꼭
언급해야 하는 것이지만 본문에서 따로 설명하지 않고
있는 것들을 적어 주었다.

▶ 자료

본문을 읽을 때 도움이 될 통계 자료, 사건 따위를 설명하고
있다.

〈부록에 실은 것들〉

▶ 본문 내용 참고 자료

본문과 따로 좀 더 심도 깊게 들여다보면 좋을 것들을
부록으로 옮겨 놓았다.

▶ 관련 단체

해당 주제와 관련된 활동을 펼치는 국제단체를 소개하고,
웹사이트도 실어 놓았다.

▶ 원서 주석과 참고 문헌

더 찾아보고 싶은 자료들이 있다면 해당 주제와 관련된
정보를 친절하게 실어 놓은 부록을 통해 단행본, 정기간행
물, 웹사이트 주소를 찾아보면 된다.

▶ 함께 보면 좋을 책과 영화

이 책과 더불어 읽으면 좋을 책, 도움이 될 만한 영화를
소개해 놓았다.

1장 '빅 브라더'가 지배하는 어느 하루

2장 단숨에 훑어보는 감시의 역사

3장 사생활이 사라지다

4장 위험한 신분증

5장 놀라운 통제 기술

6장 돈을 부르는 빅 브라더

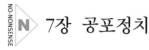

7장 공포정치

8장 멋진 신세계

부록

- 옮긴이의 글

감시받지 않을 권리를 위하여

거스 호세인Gus Hosein(〈프라이버시 인터내셔널〉 선임 연구원)

사생활은 인간의 다른 여러 권리들이 기대고 있는 인권이다. 사생활과 표현의 자유는 자유롭게 살고 자유롭게 생각하며 그 생각을 자유롭게 표현할 권리다. 개인의 존엄과 관련되는 이 모든 개념들은 서로 밀접하게 연관되어 있다. 근대로 접어들면서 사생활에 대한 위협은 더 커졌다. 우리의 개인 정보를 수집해 국경을 넘나들며 유포시키는 주범은 다름 아닌 정부, 기업, 사이버 범죄자다. 정부는 테러리즘이나 폭력 조직 소탕이라는 명분을, 기업은 고객과의 쌍방향 소통 촉진이나 맞춤형 광고를 할 목적을, 사이버 범죄자는 사기 등의 범죄를 저지를 의도를 내세우면서 개인 정보를 수집한다. 그러나 의도했든 의도하지 않았든, 모든 개인 정보 수집 활동은 그렇지 않아도 침해당하기 쉬운 사생활이라는 권리를 더욱 취약하게 만든다.

〈프라이버시 인터내셔널Privacy International〉에서 일하는 우리들은 사생활이 자유의 근간이라고 믿는다. 〈프라이버시 인터내셔널〉은 1990년 창립된 이래 개별 국가나 국제적 차원에서 사생활 보호 장치 마련과 사생활 보호법 제정을 목표로 삼아 왔다. 〈프라이버시 인터내셔널〉에는 사생활과 인권 문제를 다루는 최고 수준의 컴퓨터 전문가, 학자, 법조인, 저널리스트, 인권 활동가 수백여 명이 포진해 점점 더 심각해지는 다양한 형태의 인권 침해로부터 개인의 사생활을 보호하기 위한 국제적인 노력을 펼치고 있다. 〈프라이버시 인터내셔널〉 활동가들의 정치 성향은 자유의지론자나 자유주의자에서부터 보수주의자나 진보주의자에 이르기까지 다양하지만 사생활 보호라는 기치 아래 한 마음이 되어 동아프리카의 난민촌에서 최첨단 기술이 집결해 있는 실리콘 밸리에 이르기까지 각양각색의 사회 환경 속에서 사생활 보호 활동을 펼치고 있다. 〈프라이버시 인터내셔널〉은 수십 개국의 정책 결정자 및 시민사회 단체와 협력해 국제조직이나 경제 협력체, 개발도상국은 물론, 이제 막 법 체계를 마련하고 있는 나라에 동일하게 적용할 수 있는 강력한 사생활 보호 장치를 마련하기 위해 노력하고 있다.

걱정이 있다면 감시 기술을 날로 발전시키는 주체들을 감독하는 일이 점점 더 어려워진다는 점이다. 1995년 〈프라이버시 인터내셔널〉이 서구의 240여 기업을 조사해 봤더니 이름만 대면 누구나 알 만한 저명한 기업들이 이미 1970년대부터 가장 억압적이고 잔인무도한 경찰국가 및 군사독재국가에 감시 기술을 팔고 있었다. 이들이 감시 기술을 팔지 않았다면 르완다에서는 집단 학살이 일어나지 않았을 것이고 남아프리카공화국에서는 아파르트헤이트 정책이 제대로 작동하지 못했을 것이다. 과테말라의 독재자에게 감시 기술을 판매한 기업들은 자기들이 판매한 기술이 어떤 용도로 사용될지 알고 있었다. 입찰 서류 안에 제거 대상 명단이 포함돼 있었기 때문이다. 조사 대상 기업 240여 곳 대다수는 감시를 사회의 핵심 요소로 만들기 위해 조사 당시부터 이미 통신회사, 인터넷 서비스 제공업체, 정부, 법조인, 정권과 협의를 해 왔다. 한편 중국 기업이 주축을 이루는 비서구권 기업들까지 지구촌 감시 산업에 뛰어들어 감시 기술을 판매하기 시작하면서 세계 곳곳에 포진한 감시 국가의 역량이 강화되어 가는 것이 현실이다.

사생활 보호는 그리 간단한 일이 아니다. 그러나 전 세계 신문과 방송이 사생활 문제의 중요성을 인지하고 사생활 문제를 1순위로 다룬다는 점에서 조금이나마 위안을 받는다. 또한 정부나 의회도 하루가 멀다 하고 사생활 침해와 관련된 공식 성명을 쏟아내고 있다. 이러한 현실은 사생활이라는 쟁점이 우리의 삶과 얼마나 밀접한지, 그리고 사생활 보호가 얼마나 절실한 문제인지를 잘 드러낸다.

이 책은 감시 세계의 역사와 최신 쟁점을 다루는 훌륭한 길잡이로, 정곡을 찌르는 힘을 가졌다. 이 책은 우리가 원하든 원하지 않든, 기하급수적으로 증가하고 있는 감시로 인해 우리 모두가 얼마나 많은 영향을 받고 있는지 낱낱이 밝힌다.

우선 〈뉴 인터내셔널리스트〉의 트로스 웰스와 크리스 브래지어, 〈진워치Genewatch〉의 헬렌 월리스, 〈신분증거부(NO2ID)〉의 가이 허버트와 필 부스, 그 밖에 참고할 만한 글들을 소개해 준 린다 웰시를 비롯한 여러 활동가에게 감사 드린다. 여러 사람들이 통찰력 있는 조언을 주고 책이 완성되기까지 참을성 있게 지켜 보았기에 이 책이 끝까지 방향을 잃지 않을 수 있었다. 그들의 아량, 인내, 지원에 감사 드린다. 끈기 있게 원고를 읽고 조언하고 책의 진행 상황에 관심을 갖고 정보를 준 앤드류 로켓, 벤 커민스, 사쿠라 타나카, 맷 스미스, 헨리 포터, 사이먼 손을 비롯한 〈플라츠Platts〉의 모든 구성원, 그리고 닉 보너, 콜린 터지, 루스 터지, 거스 호세인, 주디스 비달 홀, 피터 호그, 잭 스트링어, 리처드 헌트, 샌지타 헌트, 스티브 윙포드, 제임스 맥커너히, 제리 굿맨, 톰 호킨스 박사, 가드너 톰슨 박사, 마지막으로 배렛 부부, 쿠퍼 부부, 번 부부에게도 무한한 감사를 드린다. 이 책을 구상할 때부터 출판될 때까지 한결같은 모습으로 영감을 주고 한없는 지원을 아끼지 않았던 아내 돈 터지에게 특별한 감사를 표한다.

NO-NONSENSE

• 일러두기

1. 한글과 외래어 표기는 〈국립국어원〉 표준국어대사전 표기 및 '외래어 표기법'을 따랐다. 단, 원칙대로 표기할 경우 현실과 지나치게 동떨어진 음이 나오면 실용적 표기를 취했다.

2. 단행본, 정기간행물에는 겹낫쇠(『』)를, 논문이나 기고문, 에세이 등에는 홑낫쇠(「」)를, 단체명과 영화명의 경우 꺽쇠(〈 〉)를 사용했다. 그 외, 영문 단행본이나 정기간행물은 이탤릭체로, 영문 논문은 큰따옴표(" ")로 표시했음을 밝힌다.

3. 옮긴이가 독자의 이해를 돕기 위해 첨언한 부분은 대괄호([ ])로 묶어 표시했고 용어나 인물 설명, 깊이 읽기 가운데 옮긴이가 추가한 내용에는 옮긴이 표시를 붙였다.

4. 원서에 있던 본문 주석은 모두 부록으로 뺐다.

5. 이 책에서는 국제기구의 이름을 약자로 쓰지 않고, 되도록 풀어 썼다. 자주 등장하는 단체 및 기구는 다음과 같다.

〈국제법률가위원회International Commission of Jurists〉
〈국제이주기구International Organization for Migration〉
〈국제통화기금International Monetary Fund〉
〈남미연합Union of South American Nations〉
〈동아프리카공동체East African Community〉
〈미국시민자유연맹American Civil Liberties Union〉
〈세계은행간 금융전자통신기구(Society for Worldwide Interbank Financial Telecommunication, SWIFT)〉
〈스테이트워치Statewatch〉
〈영국정책연구소Policy Studies Institute〉
〈영국의료협회British Medical Association〉
〈자금세탁방지금융대책기구Financial Action Task Force on Money Laundering〉
〈진워치GeneWatch〉

〈구글〉이 지배하는 세상, 그곳이 지옥이다

2007년 〈프라이버시 인터내셔널〉은 감시 수위를 기준으로 전 세계 국가 등급을 매긴 보고서를 발간했다. 감시의 강도나 만연한 정도뿐 아니라 감시를 당하는 시민의 사생활을 보호할 수 있는 법적 장치도 함께 평가했다. 중국과 러시아가 감시가 '만연한' 국가 목록의 상위권에 위치했다는 사실은 그리 놀랍지 않겠지만 중국의 형제 국가이자 업보인 민주국가 타이완, 포효하는 자본주의의 전초 기지인 말레이시아와 태국, 민주주의와 자유의 수호자를 자처하는 미국, 영국, 프랑스도 상위권에 포진했다는 사실에는 놀라움을 금치 못할 것이다.(276쪽, 277쪽)

본질적으로 감시는 정보를 수집하고 거르는 전 방위적 수단이기 때문에 중요성이 매우 크다. 감시는 일개 마을에서 국가에 이르는, 동네 모퉁이의 작은 상점에서 다국적 기업에 이르는, 동네 교회에서 바티칸에 이르는 크고 작은 조직의 운영에 없어서는 안 될 수단이다. 정보가 없으면 어떤 조직이나 단체도 원활히 기능할 수 없다. 개인과 개인, 개인과 국가 사이의 상호작용이 견고해지고 심화되면서 사회가 복잡해지자 지구상에서 감시 기술이 차지하는 비중도 함께 확대되어 크게는 GPS(Global Positioning Systems, 위성 위치확인 시스템)에서 작게는 개인의 DNA 같은 원자 수준에 이르는 다양한 감시 기술이 등장하게 되었다.

공산주의 국가나 군사독재국가에서는 감시가 만연할 수밖에 없다. 사소한 반대 의견에도 민감하게 반응하기 때문이다. 그러나 서구 자본주의 국가나 사회민주주의 국가에서도 감시는 회계 감사 수단으로 광범위하게 활용된다. 시민을 상대로 한 감시와 검열 및 염탐 행위는 군사독재정권이 권위를 드러내고 권력을 증진하는 확실한 수단이다. 또한 그것은 전쟁 통에는 권위주의에 맞서는 핵심 수단으로, 평화 시에는 '자유'를 수호하는 핵심 수단으로도 활용되었다. 그러나 이 책은 주로 민간인을 상대로 한 감시 문제를 다룰 것이다. 이 책을 읽고 나면 군이나 첩보국이 감시 기술의 시조이자 감시 기술을 민간인을 상대로 활용할 수 있도록 발전시킨 장본인이었다는 사실을 알게 될 것이다. 또한 자유 수호라는 고귀한 의도에서 개발된 감시 체계마저도 민주주의와 인권을 위협하는 영구적이고 구조적인 요인으로 전락해 버렸다는 사실도 알게 될 것이다.

과거 감시는 팽창하는 제국이나 필사적으로 발악하는 정권이 이윤과 권력을 유지하고 증진하는 등의 특정 목적을 달성하기 위해 활용하는 수단이었지만, 이제는 감시 그 자체가 목적이 되었다. 컴퓨터 데이터베이스의 계산 과정이나 인공지능 체계 역시 결과물을 산출하기 위해 정보를 거르는 수단에서 해당 결과물을 통제하는 수단으로 변모했다. 한편, 회계 감사 도구로 활용되는 감시는 정부나 기업이 개인이나 시장을 직접 통제하고 선점하기 위해 활용하는 수단으로 너무 쉽게 변질돼 버린다.

국가나 민간, 사회복지, 소셜 네트워크 서비스 등 여러 영역에 걸쳐 있는 광범위한 개인 정보 데이터베이스는 각자 저장되어 별도로 운영되는 것이 보통이다. 그러나 최근 들어 개별 데이터베이스 정보들이 공유되고 집중되는 현상이 급물살을 타고 있다. 대개 정보 공유와 집중은 아무도 책임지지 않는 방식으로 비밀리에 은밀하게 이뤄진다. 시민이자 소비자들은 자신의 이익, 안전, 건강, 심지어는 오락을 증진한다는 말에 넘어가 너무도 쉽게 정보 공유에 동의한다. 정부나 광고 회사가 페이스북에서 시작해 '테러와의 전쟁'을 거쳐 비닐봉투와의 전쟁에 이르는 다방면에서 정보를 요구하는 목소리를 높이면 우리는 그 말도 안 되는 요구에 부응해 더 많은 개인 정보를 털어놓고 그 정보를 공유하는 데 동의한다. 그러나 무슨 일이 일어나는지 알려 주는 사람은 없을 뿐더러 저간의 사정을 파악했을 무렵에는 너무 늦고 만다. 지구 전역이 그 어느 때보다 큰 번영을 누리게 된 오늘날, 그 어느 때보다 큰 권력을 휘두르는 위험한 정보 체계가 생성되고 있다.

지옥으로 이르는 길은 선한 의도로 포장되어 있다. 공무원들은 자신에게 정보 체계를 개선할 능력이 있다고 확신한다. 그들은 새로 수집된 정보들로 기존의 정보 체계를 다듬고, 비용을 많이 들였다가 폐기된 것들이나 실패한 실험들로부터 정보를 구해 오기도 하며, 과거의 '근사한' 정보 체계가 만들어 낸 문제를 말끔히 정

●**기능 확장**function creep—특정 목적을 위해 도입된 기술이나 시스템을 전혀 다른 목적으로 점차 확대 적용하는 것을 말한다. 주로 그러한 기술의 확장이 사생활을 침해하는 경우를 가리킬 때 쓰인다. 옮긴이

리하기도 한다. 한편 공무원들은 더 많은 권력을 향유하기 위해 '기능 확장'을 몸소 실천하기도 한다. 정보를 활용한 뒤 판매해 돈을 버는 민간 부문에게 개인 정보란 "정보가 아니라 사업일 뿐"이다. 이윤, 권력, 그리고 안정적인 인간 관계에서는 충실함과 적법한 행동이 매우 중요하다. 당신의 고객과 시민은 얼마나 충성스러운가? 좋은 시절이든 나쁜 시절이든 관계없이 그들이 계속 충성을 바칠까? 그들은 본능에 충실할까 아니면 사회에서 배운 교육에 충실할까? 또 얼마나 많은 정보를 수집해야 그들의 행동을 예측하고 사전에 통제할 수 있을까?

아무리 뛰어난 최신 데이터베이스 기술이라도 일부 데이터베이스에 들어 있는 특정 정보만을 취급하는 것이 현실이다. 그러나 평범한 영국인 한 사람의 정보가 700여 개나 되는 데이터베이스에 등록되어 있다는 사실을 아는 사람이 몇 명이나 될까? 700여 개에 달하는 데이터베이스 이름 중 열 개라도 아는 사람이 있을까? '동의'나 '사생활' 같은 개념은 정부와 민간 기관이 소유한 수천 번씩 회전하는 하드 드라이브 속에서 짓이겨지고 먼지가 되어 순식간에 사라진다. 정부든 민간기업이든, 그들의 이해관계나 운영 철학은 다를 게 없다.

세계화된 사회에서 원자화된 시민들은 자기 자신이나 공동체에 의존하는 대신 기술에 의존한다. 그리고 기술은 시민들에게 개인 정보를 전자적 방식으로 저장하지 않으면 사회생활을 제대로 할

수 없다고 윽박지른다. 개인 정보를 전자적 방식으로 저장하는 데 따르는 문제는 그 기술이 이윤을 남기는 또 다른 기술을 요구한다는 것이다. 그렇게 되면 개인은 지금보다 더 많은 감시 속에 살게 될 것이고 기술은 또 다른 기술을 부르고……, 이 과정은 영원히 반복될 것이다.

철저하게 반민주적인 거대 기업이 점차 실체를 드러내고 있다. 그들은 "숨길 것이 없다면 두려울 것도 없다"고 말하지만 결국 시민들은 기업이 고용한 감시자 앞에 언제 어디서든 실시간으로 발가벗은 모습으로 서 있게 될 것이다. 무죄 추정의 원칙 따위는 쓰레기통에 버려진다. 결백을 증명하지 못한 모든 사람은 용의자다.

회계 감사의 도구였던 감시가 도리어 우리를 몰아세운다. 그리고 이제는 〈구글〉이 신이다.

1

'빅 브라더'가 지배하는 어느 하루

초정밀 감시는 어떻게 일상이 되었나?

빅 브라더, 조지 오웰에서 일상 노출 방송까지

구글은 해롭다

염탐꾼 언론

GLOBAL SURVEILLANCE

머지 않은 미래, 도처에 존재하는 감시 권력은 평범한 이들의 삶을 어떻게 망치는가?
가종 감시 기술이 우리의 개인 정보를 어떻게 마구잡이로 수집하고 있는지, 우리 일상을 어떻게 위협하고 있는지 살펴보자.

01

'빅 브라더'가 지배하는 어느 하루

개인에 대한 감시가 피부에 와 닿을 만큼 일상화된 세상에서 맞이하는 아침은 어떤 모습일까? 이 장은 가까운 장래에 있음직한 서구의 근대 도시에서 살아가는 평범한 개인의 일상을 상상해 보며 시작한다. 다음으로는 염탐 행위가 전문 첩자가 수행하는 위험한 임무가 아닌 정상적인 사회현상이 되었음을 밝히고 우리가 페이스북이나 구글 같은 웹사이트를 통해 지극히 사적인 개인 정보를 얼마나 순순히 내어놓고 있는지 짚어 볼 것이다.

햇살 좋은 어느 늦은 오후 프랭크가 집을 나선다. 딸 애비게일과 딸 아이의 친구를 축구장에 태워다 주어야 하기 때문이다. 이웃집 아이가 창가에 서서 프랭크를 뚫어져라 바라본다. 자주 있는 일이다. 인사 한 번 하지 않는 이상한 이웃집 소년의 매서운 눈초리에 프랭크는 순간 왠지 모를 불안을 느낀다. 그러나 언젠가 신문에서 읽었던 것처럼 반사회적 행위 금지 명령을 요청할 정도로 심각한 수준은 아니라고 생각하고 대수롭지 않게 넘긴다. 프랭크는 습관처럼 뒤를 돌아보다

● 반사회적 행위 금지 명령Anti-Social Behavior Order─다른 사람들에게 피해를 주는 행위를 하는 사람에게 그런 행위를 금하는 명령. 1998년 토니 블레어 영국 총리가 추진해 입법했다. 옮긴이

가 새로 단장한 이웃집 현관 지붕에 매달린 폐쇄 회로 텔레비전 (Closed Circuit Television, 이하 CCTV) 카메라를 발견한다. 아마 소년을 응시한 자신의 모습이 테이프에 담겼으리라. 어쩌면 그 화면 때문에 프랭크 자신이 반사회적 행동을 하는 인물로 간주되어 경찰이 집으로 갑작스레 들이닥칠지도 모를 일이다.

프랭크는 오늘이 재활용 쓰레기를 버리는 날이라는 점을 되새기면서 재활용 봉투를 쓰레기통에 넣는다. 한 달 전 재활용 쓰레기 버리는 날을 착각하는 바람에 의회로부터 경고 이메일을 받았기 때문이다. 다시 한 번 무단으로 쓰레기를 버리면 벌금과 벌점을 부과하겠다는 내용이었다. 프랭크는 이웃집 소년이 의회가 선정한 '청소년 감시단Junior Streetwatcher'의 일원이라는 점도, 이웃집 소년이 자신의 위반 행위가 찍힌 현관 CCTV 테이프를 의회에 보내 제보한 장본인이라는 점도 까맣게 모른다. 그러나 존경하는 의회는 그 제보 덕분에 소년의 집에 현관이 새로 설치되었다는 사실을 파악하게 되었고 구글 어스Google Earth로 확인해 무허가 증축에 대한 증거를 확보했다. 곧 소년의 집에 적용되는 세금 등급이 상향 조정될 것이다.

딸과 딸 아이의 친구를 축구장에 데려다 주는 일은 그다지 성가시지 않지만 신원 조회 및 접근 금지 명단에 이름을 올려 자신이 아동에게 접근해도 문제가 없는

●신원 조회 및 접근 금지 정책 Vetting and Barring Scheme— 2006년 제정된 "취약계층보호법Safeguarding Vulnerable Groups Act"에 근거해 시행되고 있으며 아동이나 장애인 시설의 고용주들이 직원을 채용할 때 신원 조회, 접근 금지 목록을 확인해 아동 및 장애인 관련 업무에 부적합한 직원을 채용하지 않도록 방지하기 위한 정책이다. 옮긴이

사람임을 입증해야만 아이들을 차에 태울 수 있다는 사실에 짜증이 치민다. 신체 검사에서 적정 체중보다 3킬로그램이 더 나간다는 이유로 '비만' 판정을 받은 애비게일은 적정 체질량 지수로 되돌아가기 위해 다른 아이들보다 더 많은 시간을 운동해야 한다. 학교는 애비게일에게 비만을 경고하는 이메일을 보냈다. 애비게일은 자기 몸매에 불만이 없던 아이였지만 학교 급식 카드로 프렌치 프라이를 먹을 수 없다는 사실을 알고 나서는 낙심했다. 게다가 학교 구내 식당 점원이 한술 더 떠서 다른 학생들도 그 사실을 다 알아야 한다는 듯, 큰 소리로 외치는 바람에 애비게일의 자존심은 완전히 구겨지고 말았다.

애비게일은 평소처럼 친구 재닌의 아빠 앨런이 데리러 오지 않은 이유를 묻는다. 프랭크는 앨런이 공항 반대 시위 단체를 지지하는 내용을 트위터에 남기는 바람에 공항에서 반경 약 5킬로미터 이내로는 접근하지 못하는 접근 금지 명령을 받았다고 설명한다. 앨런은 앞으로 6개월 동안 공항 근처에 얼씬도 못 할 것이다. 앨런은 경찰이 최신식 차량 번호 식별 시스템을 활용해 공항에서 반경 5킬로미터 이내에 주차된 차를 견인해 간 뒤에야 자기에게 공항 접근 금지 명령이 내려진 사실을 알게 되었다. 심지어 지하철을 타고 가다가도 공항에서 반경 5킬로미터 이내에 들어서면 지하철에서 내려야 하는 불상사도 벌어졌다. 지하철 사령부에서 앨런의 신분증에 내장된 무선 주파수 식별기(Radio Frequency Identifier, 이하 RFID)*를 '감지'해서 벌어진 일이었다. 공항 접근 금지 명령 때문에 프리랜서인 앨런은 일하는 데 상당한 지장을 받고 있지만 그 사실을 증명할 수는 없었다. 각국 정부들은 폭력적 무정부주의자나 섹스 관광객의 명단을 작성하듯 저항 단체 회원의 명단을 작성해 입국 거부자로 분류한다. 그렇기 때문에 앞으로는 어느 나라에서도 앨런에게 비자를 발급해 주지 않을 것이다. 따라서 앨런에게 내려진 공항 접근 금지 명령은 사실상 기간이 무한정인 것이나 다름없다. 앨런만 그런 사실을 모를 뿐이다. 덕분에 앨런은 아동과 관련된 자원봉사 활동을 할 자격을 잃었다. 마우스 클릭 몇 번만 하

• 깊이 읽기

RFID, 우리 일상에 자리 잡은 차세대 인식 기술

RFID는 초소형칩(IC칩)에 저장된 정보를 전파를 이용해 무선으로 판독하는 기술을 가리킨다. 정보를 담고 송신하는 RFID 태그와 정보를 수신해 읽는 RFID 판독기로 구성된다. 바코드와 비슷하지만 빛 대신 전파를 사용하기 때문에 장애물이 있어도 거리가 멀어도 판독이 가능하다는 장점이 있다.
RFID의 활용 가능성은 무궁무진하다. 국내의 '하이패스' 사례에서 볼 수 있듯 대중교통 요금 징수 체계에 적용할 수 있고, 동물 피부에 태그를 부착해 방역이나 야생 동물 보호 활동에 활용할 수도 있다. 점자 보도 블록에 태그를 부착해 시각장애인에게 음성 안내를 해 주는 서비스도 상용화돼 있다.
반면 이 차세대 인식 기술이 감시 사회의 도구로 오용될 수 있다는 우려도 늘고 있다. 실제로 미국 텍사스 주 샌안토니아 시에서는 정부 지원을 조건으로 일부 학교 학생들의 이름표에 RFID 태그를 부착하게 하는 조치를 취해 물의를 일으킨 바 있으며, 미 연방수사국이 애플 기기에 부착된 RFID 태그를 이용해 기기 사용자 100만 명을 감시했다는 의혹이 제기되고 있기도 하다. 옮긴이

면 앨런은 전 직장 동료가 자신의 신용 정보에 슬쩍 끼워 넣은 음해성 거짓말도 알게 되고 말 것이다. 프랭크는 앨런과의 우정 때문에 자기까지 '유죄' 판결을 받지 않기를 바란다. 오늘날에는 의심이 인간관계를 망치는 지름길이다.

동네 빵집, 카페, 음식점을 지나치던 프랭크는 문득 이 거리를 가득 메웠던 청소년들이 싹 사라졌다는 사실을 깨닫는다. 안전 구역SafeZoned™이 설정된 뒤 청소년들이 '떼거지로' 나타나는 곳이면 시도 때도 없이 안내 방송을 내보내는 CCTV 카메라와 테스카포Tescapo에 질린 데다가 방과후 활동을 못 하게 하겠다거나 부모의 복지 혜택을 삭감하겠다는 협박 때문에 청소년 대부분이 집에서 꼼짝하지 않기 때문이다. 게다가 청소년들이 사용하는 현금카드는 정해진 장소에서만 사용할 수 있다. 지불 방법이 없는 곳에서는 볼 일도 없어지기 마련이고, 그러면 청소년들은 자연스럽게 그곳에 가지 않게 될 것이다. 저녁 때 신분증을 소지하지 않고 돌아다니는 것은 범죄 행위나 다름 없다. 프랭크는 안전 구역이 도입된 지역의 주택 가격이 하룻밤 새 거의 2만 5천 달러나 치솟았다는 사실도 함께 떠올린다.

프랭크는 감시 관련 법안이 처음 제출되었을 당시 감시 행위에 반대했던 사람들을 피해 망상 환자라고 생각했다. 그들은 감시가 가져다 주는 이득을 제대로 이해하지 못하는 것 같았다. 그러나 문득 그들의 목소리가 최근에는 거의 들리지 않는다는 사실에 의아해 한다. 숨길 것이 없다면 두려울 것도 없다는 것은 분명하다. 그러나 다른 사람들과 마찬가지로 프랭크도 교통카드 겸용 신용카드나 신분증을 들고 슈퍼마켓이나 우체국에 들렀다가 유효하지 않은 카드로 판정받아 골머리를 썩을 가능성을 안고 산다. 그런 일이 일어나면 누구든 행정 당국을 찾아가 짧게는 몇 날 며칠 길게는 몇 주씩 문제 해결에 매달려야 하는데, 공무원들은 신분증이 없으면 누가 누군지 도무지 믿어 주려 하지 않기 때문에 여간 골치 아픈 일이 아닐 수 없다.

사실 그날 아침, 바로 그런 일이 벌어졌다. 프랭크의 업무용 컴퓨터에 설치된 생체 인식 기계가 프랭크의 생체 정보를 인식하지 못한 것이다. 회사의 컴퓨터 관리 담당자가 즉시 〈바이오트랙 BioTrack〉에 연락을 취했고 프랭크의 생체 정보가 태국에서 도용된 사실이 드러났다. 몇 주 전 프랭크의 신용카드가 복제되었다는 사실도 함께 밝혀졌다. 진료 기록이 의심스러운 사내와 그보다 더 의심스러운 공범이 복제 혐의로 방콕 경찰에 구금되어 있었다. (〈바이오트랙〉이 이런 사실을 어떻게 입수했는지는 알 수 없었다.) 그러나 프랭크가 들어 둔 보험은 생체 복제 범죄에 대해서는 보장해 주지 않는다. 이 사건과 자기 이름이 기록된 데이터베이스가 존재하는 한, 프랭크는 다음 번 휴가를 해외에서 보내기 힘들 수도 있다. 프랭크도 그런 사정을 익히 알고 있다.

책상머리에 앉아서 일을 하고 있지만 프랭크의 머릿속은 이런 생각들로 복잡하기 그지 없다. 때마침 프랭크의 얼굴이 일그러졌고 그 순간 컴퓨터에 부착된 웹캠이 프랭크의 찡그린 표정을 포착해 회사의 스트레스 감독기에 전송했다. 회사의 음성 스트레스 감독기가 지난 달부터 이미 프랭크의 비관적인 심리 상태를 반영하는 억양을 포착해 왔기 때문에 스트레스 조기 경보 발령팀에서 프랭크의 상관에게 경보를 발령해 둔 상태였다. 음성 스트레스 감독기가 기록한 프랭크의 스트레스 수치가 프랭크 부친의 고혈압 정보나 프랭크 삼촌이 앓고 있는 심장병 정보와 연계되면서 프랭크의 건강에 적신호가 켜진 것으로 해석되면 프랭크가 가입한 의료보험료가 올라가거나 승진에 불이익을 받을 수도 있고 그로 인해 발생하는 추가적인 스트레스 때문에 아예 회사에서 쫓겨날 가능성도 없지 않다.

답답해진 프랭크는 담배 생각이 간절하지만 차라리 운동을 하는 것이 낫지 않을까 생각한다. 운동을 하면 의료보험료를 조금 낮출 수 있기 때문이다. 프랭크는 이미 의료보험 회사에 담배를 피우지 않는다고 말해 둔 상태다. 그런 상황에서 담배를 구입한다면 보험료가 훌쩍 올라가는 것은 물론 상습적인 보험 사기꾼으로 찍힐지도 모른다. 몰래 담배를 피우다가 안면 인식 및 움직임 포착이 가능한 CCTV 카메라에 찍히기라도 하는 날에는 의료보험 기록에 흡연 기록이 남을 것이다. 담배 피우기를 포기한 프랭크의 차가 운동장과 공원으로 들어선다. 애비게일과 재닌이 차에서 뛰어내리는 모습을 보면서 프랭크는 이렇게 생각한다. '내가 어릴 적에는 이렇지 않았는데…….'

초정밀 감시는 어떻게 일상이 되었나?

위에서 그린 초정밀 감시의 모습은 이미 우리 곁에 있거나 은밀하게 계획 중인 현실이다. 초정밀 감시에 관련된 제도와 법률은 초정밀 감시가 일반인들에게 이득을 가져다 줄 것처럼 말한다. 덕분에 그 이면에 숨겨진 목표나 동기는 드러나지 않는다. 초정밀 감시가 그렇게 쉽게 정상적인 현상으로 자리 잡게 된 까닭과 소비자들이 초정밀 감시에 쉽게 동의하고 끌려 들어가는 이유를 알아보자.

첩보 활동이 정상적인 전문 분야로 인정받게 되면서 염탐은 우리 생활의 일부가 되었다. 1970년대까지만 해도 미 국가안보국US National Security Agency은 세간에 알려지지 않은 비밀 기관이었다. 영국의 비밀 정보기관 MI5와 MI6도 1990년대까지는 없는 기관이나 다름 없었다. 요원 모집도 옥스퍼드 대학교나 케임브리지 대학교 재학생들을 '늑대가 냄새를 맡듯' 은밀히 낚아 채는 방식으로 이뤄졌다. 그러나 오늘날 이 기관들은 신문이나 인터넷상에 자유롭게 모집 공고를 낸다. 미 연방수사국(FBI)이나 미 중앙정보국(CIA)도 마찬가지다. 지난 몇 년 사이 비밀 정보기관들은 대중의 지지를 받고 예산을 더 많이 확보해 기관의 입지를 돈독히 할 수 있는 법을 통과시키기 위해 전략적 결정을 내려 왔다. 심지어 비밀 정보기관원이 직업을 바꾸기도 한다. 조지 허버트 워커 부시 George H. W. Bush 미 중앙정보국 국장은 백악관에 입성했고 블라디미르 푸틴Vladimir Putin 소련 국가보안위원회(KGB) 국장은 러시아의 총리를 거쳐 대통령이 되었다. 스텔라 리밍턴Stella Rimington MI5 국장은 소설가 겸 정보 전문가로 활동 중이다. 이쯤 되면 비밀 정보기관원이 나라를 좌지우지한다고 해도 과언이 아니다.

오늘날에는 세계 어디에서든 감시 기술을 쉽게 입수할 수 있다.

정보 소유자가 정보 제공에 동의하지 않아도, 유포되는 자기의 개인 정보를 통제할 수 없어도, 인터넷은 세계를 향해 끊임없이 정보를 퍼뜨린다. 분명 문제가 많은 현상이지만 젊은이들을 중심으로 많은 사람들이 이를 정상적인 현상으로 받아들인다. 많은 사람들이 인터넷 쇼핑과 소셜 네트워크를 통해 가상 공간에서 통합된다. 그런 활동을 하지 않으면 대부분의 사람들은 일상생활이 불가능하다. 페이스북같이 개인의 일상을 노출시키는 사이트는 타인의 공간을 기웃거리라고 우리를 유혹하면서 실제 공간에서라면 조금 더 진지하게 생각해 보았을 개인 정보를 노출시키게끔 유도한다. 지나친 노출도 계속되면 어느 순간 정상이 되는 법이다.

빅 브라더, 조지 오웰에서 일상 노출 방송까지

조지 오웰이 지은 『1984 Nineteen Eighty-Four』의 배경은 독재 정당 The Party을 이끄는 신격화된 독재자 빅 브라더Big Brother가 초정밀 감시를 일삼으면서 대중을 억압하는 권위주의 국가 오세아니아 Oceania다. 오늘날 많은 비평가들은 세계가 오웰의 소설 속 사회와 비슷하게 되어간다고 우려를 표한다. 숭배의 대상이자 두려움의 대상인 오웰의 빅 브라더는 누군가를 지켜보며 하루를 보낸다. 그러나 오늘날에는 익명의 사람들을 한데 가둔 채 방귀를 뀌거나 추파를 던지는 그들의 24시간을 전 세계에 낱낱이 노출시키는 언론이 바로 빅 브라더다. 일상 노출 방송 출연자들은 부와 명성을 거머쥔다. 전 세계 70여 남짓한 나라에 방송된 일상 노출 방송 출연자 한 사람은 자신이 암에 걸렸다는 사실을 출연 도중 알게 되었고 그 출연자가 지상에서 보내는 나머지 삶은 고스란히 대중의 소유가 되었다.

빅 브라더는 평범한 사람들의 평범한 사회적 경험을 닫힌 공간에 갇힌 사람들이 상호작용하는 방식으로 둔갑시키고, 일상 노출 방송은 평범한 사람들의 평범한 일상생활을 얼굴 없는 방송 제작자가 생각해 낸 배배 꼬인 고문이나 심리 게임으로 뒤바꿔 놓는다. 일상 노출 방송은 권력 도취의 전형이자 맹목적 이윤 추구의 전형이다. 일상 노출 방송에서는 터무니 없는 행동도 근사한 행동으로 치켜세워지기 일쑤다. 그 결과 인간 행동 전문가 겸 언론 비평가 제니 트렌트 휴스Jenni Trent Hughes가 언급한 대로 어린 학생들은 좋은 의미로든 나쁜 의미로든 무조건 '유명'해지는 것[1]을 인생의 목표로 삼게 되었다. 누군가의 작은 잘못까지 낱낱이 밝히기 위해 일상을 지극히 세밀하게 감시하는 초정밀 감시 속에 살아가는 것이 대다수 사람들의 현실이라는 점에 비추어 볼 때 이러한 현상은 모순이 아닐 수 없다.

빅 브라더를 통해 이득을 보는 사람은 극소수지만 많은 사람들이 빅 브라더의 행태를 흉내낸다. 그들은 잠깐의 흥분이나 상상의 나래를 펼쳐 놓은 짤막한 글이나 사진을 인터넷상에 올려 스스로를 웃음거리로 만든다. 그러나 본인조차 금세 잊고 말 글과 사진은 세계 어딘가에 있는 컴퓨터에 저장되어 영원히 기억될 것이다. 인터넷의 위험성을 인식하는 이용자도 더러 있다. 그런 사람들은 자기가 올려놓은 글을 읽는 사람들이 인터넷이 보급된 영역만큼이나 광활한 지역에 흩어져 있는 가상의 인물이며 그렇기 때문에 정상적인 행동 범위를 주저 없이 뛰어넘을 수 있다는 사실을 알고 있다. 또한 자기가 올려놓은 글을 읽은 사람들이 그 글을 쓴 당사자와 당장은 대면하지 않더라도 언제 어디서든 실제로 만날 가능성이 있다는 사실을 망각한 채 아무렇게나 막말을 퍼붓는다는 사실도 잘 안다.[2] 그래서 오바마 대통령은 페이스북에 글을 올리는 청소년들에게 신중하게 행동하라고 충고했다. "지금은 유투브 세상입니다. 원하는 것은 무엇이든 가능하지요. 하지만 한번 유투브에 올라간 글이나 영상은 두고두고 여러분의 발목을 잡을 것입니다. (…) 젊을수록 어리석은 일을 저지르게 마련이고 실수도 많이 하게 마련이니 글을 올릴 때는 한 번 더 생각하고 올리세요."[3] 자신의 분노를 인터넷상에 여과 없이 공개한 아들을 보고 낙담한 어느 아버지는 이렇게 말했다. "이런 맹꽁이 같으니라고!"[4]

　비밀 정보기관의 수장도 개인 정보 유출을 피하지 못했다. 가령 영국 MI6 국장으로 부임한 존 소워스 경Sir John Sawers의 경우 집주소, 자녀들의 개인 정보, 고위 외교관들의 동향 및 연락처 등이 전 세계에 노출되면서 곤란을 겪었는데, 소워스 경 부인이 페이스북 계정을 만들면서 개인 정보 보호 옵션을 선택하지 않은 탓이었다.[5] 옥스퍼드 대학교 직원은 학생들이 대학 규정을 어긴 사실을 입증할 사진을 페이스북에서 찾아냈고[6] 교통사고를 내고 여성에게 중상을 입힌 스무살 난 운전자는 죄수복 차림으로 할로윈 파티에 참석해 자신을 전과자라고 부르며 찍은 페이스북 사진을 올렸다가 재판에서 불리한 입장에 처하게 됐다. 결국 판사는 벌금형

정도로 끝날 수도 있었던 교통사고에 괘씸죄를 추가해 2년형을 선고했다.[7] 캐나다에서는 나탈리 블랑샤르Nathalie Blanchard가 퀘벡에 있는 〈아이비엠(IBM)〉에 근무하면서 생긴 우울증을 이유로 장기간의 병가를 냈다. 그러나 대형 보험회사 〈매뉴라이프Manulife〉는 블랑샤르의 페이스북에서 "행복하게 웃는 모습이 담긴 사진"을 찾아내 근무하기에 아무 문제가 없는 신체 상태라고 결론짓고 보험 급여를 중단했다.[8]

한편 '실제 나이'라는 페이스북 애플리케이션은 "생활 습관, 생활환경, 사회적 요인을 종합해 이용자의 신체 나이를 알려 준다"고 한다. 애플리케이션에 개인 정보를 제공한 이용자들은 담당 의사의 이름을 입력하는 대목에서 멈칫했을지 모르지만, 결국 그들이 제공한 개인 정보는 (어디에 있는지 알 수 없는) 보험회사나 관련 기관으로 보내져 이윤을 내는 도구가 된다. 페이스북은 정보 공유를 금지하는 개인 정보 보호 정책을 시행하고 있지만 페이스북의 개인 정보 보호 정책이 관련 애플리케이션에까지 적용되는 것은 아니다. 게다가 페이스북도 다른 사이트와 마찬가지로 해킹의 위험에 노출되어 있다. 실제로 2005년에는 MIT 재학생 두 명이 과제를 하기 위해 7만여 명의 개인 정보를 내려받기도 했다. 페이스북은 동독 국가보안성(Stasi)이나 미 중앙정보국이 꿈꿔 온 수준의 정보망을 훌쩍 뛰어 넘는 소셜 네트워크 모형을 수립했다. 그리고 전 세계 인구의 10분의 1에 해당하는 5억 명이 넘는 가입자가 바로 이 페이스북에 개인 정보를 넘기고 있다. 페이스북은 "신문, 블로그나 메신저 같은 인터넷상의 자료, 다른 페이스북 이용자를 비롯한

페이스북에서 당신의 정보가 새고 있다

미국 내 페이스북 이용자의 10퍼센트에 해당하는 약 1천3백만 명이 페이스북에서 개인 정보를 보호하는 방법을 모르는 것으로 조사됐다.

3일(현지 시간) 미 비영리 소비자 잡지 『컨슈머리포트』는 페이스북에 게시한 글이나 상태 표시 등이 과도하게 공유될 수 있다는 점을 유의해야 한다고 경고하면서 이 같이 밝혔다. 『컨슈머리포트』 보고서는 페이스북 게시물을 조사하고 보안 전문가, 변호사, 애플리케이션 개발자 등을 인터뷰한 내용을 바탕으로 작성됐으며 페이스북 이용자 1천3백2십 명을 포함해 2천2명에 대한 설문 조사 내용을 담고 있다.

조사 결과 이용자 480만 명은 매일 자신들의 행적을 게시했다. 이는 절도범들이 손쉽게 빈집을 찾는 데 이용될 수도 있다.

또 470만 명은 특정 건강과 관련된 페이스북 페이지나 질병 치료 기관 페이지에 '좋아요(like)' 표시를 했다. 보험회사들에 정보 이용 기회를 주고 있다는 지적이다.

2천4십만 명은 ID 절도범들이 이용할 수 있는 생년월일 등을 공개하고, 3천9백3십만 명은 프로필에 가족 정보를 노출하고 있는 것으로 파악됐다.

이 밖에 90만 명은 자신의 재정 상태에 대한 글을 게시한 적이 있고 230만 명은 성적 취향과 관련된 페이지에 '좋아요' 표시를 한 것으로 조사됐다.

이 보고서를 작성한 제프 폭스 첨단 기술 담당 편집자는 "페이스북이 소통 방식에 변화를 몰고 오면서 성공적으로 서비스를 제공하고 있지만, 이용자들이 아는 것보다 훨씬 광범위한 개인 정보 이용에도 일조했다는 점을 유의해야 한다"고 강조했다.

보고서는 "개인 정보 보호 장치를 개선해 페이스북을 통해 개인 정보가 유출될 수도 있다는 이용자들의 우려를 떨쳐내야 한다"고 페이스북에 촉구했다.

▶출처—김영화 기자, "페북에서 당신의 개인 정보가 새고 있다", 『헤럴드 경제』, 2012, 5, 4.

이런저런 자료원"을 활용해 정보를 수집함으로써 "이용자의 정보를 완성한다는" 의혹을 받고 있다. 아마 〈구글〉도 페이스북이 참고하는 자료원 중 하나일 것이다.

〈구글〉은 해롭다

페이스북 같은 소셜 포털은 적어도 부분적으로나마 이용자들에게 노출할 정보를 선택할 권한을 부여한다. 그러나 믿기 어려울 정도로 세세한 정보까지 찾아내는 것으로 명성이 자자한 〈구글〉은 정보의 주인이 원하든 원하지 않든, 알려진 모든 정보를 노출시키면서 시장을 장악하고 있다. 누군가를 "구글링한다"고 할 때 스토킹을 떠올리는 사람도 있지만, 오늘날 "구글링"은 흔히 하는 행동이자 일상이 되었다. 192닷컴 같은 사이트들도 마찬가지다. 혹시 누군가 당신을 구글링하는 것 같다면 직스닷컴(www.ziggs.com)을 이용해 보라.

• 192닷컴www.192.com─영국에 근거지를 둔 사람을 찾아 주는 사이트로 인터넷 전화번호부에서 출발해 지금은 매달 8백만 명이 넘는 사람들이 192닷컴을 이용한다. 실제로 〈구세군〉은 192닷컴을 이용해 매년 3천 명이 넘는 사람들에게 가족을 찾아 준다. 옮긴이

구글 검색에 입력된 단어는 단순한 호기심에서 검색했든 살인을 저지를 의도로 검색했든 상관 없이 모두 영구적으로 보관된다. 2005년 컴퓨터 자문업자 로버트 패트릭Robert Patrick은 부인 서프Sutphe를 살해한 혐의로 1급 살인 판결을 받았다. 패트릭이 구글 검색창에 '목', '꺾기', '부수기', '조르기'를 입력했다는 사실과 사체

부패 및 서프의 시신이 발견된 호수의 지형을 다룬 게시물을 읽었다는 사실이 증거로 제출되었다.[9]

구글 메일 이용자들은 〈구글〉이 이메일 내용을 '관련 광고 업체'에 제공해도 좋다는 '개인 정보 규약'에 동의한다. 구글 위치 정보는 이용자들의 휴대전화를 개인용 GPS 추적기로 둔갑시켜 친구나 가족이 이용자의 위치를 추적할 수 있게 한다. 워싱턴 D.C.나 런던에 위치한 정부기관 건물은 테러리스트들의 표적이 될 가능성이 높다는 이유로 배제되었지만 구글 어스와 구글 거리 검색을 이용하면 누구나 당신의 뒷마당이나 집 전면의 유리창 안까지 들여다 볼 수 있다. 〈구글〉은 직원 평가, 승진 상황, 연봉 정보를 종합·분석해 퇴출 가능성이 높은 직원을 사전에 분류하는 기업 관리자용 애플리케이션을 개발 중이다.[10]

고용주가 충성심 없는 직원이 누군지 미리 알 수 있는 날도 멀지 않았다. 개인의 사생활 보호가 얼마나 중요한 일인지 보여 주는 대목이다. 그런 기술은 곧 사람들을 향해 칼을 겨누고 그들이 마약을 하는지, 누구랑 사귀는지 등의 일상을 샅샅이 파헤칠 것이다. 구글 모바일 서비스는 그곳이 어디에 있든 사람들의 현재 위치를 노출시켜 경찰이나 비밀 정보기관이 위치 정보를 자유롭게 활용할 수 있게 한다. 이런 이유로 구글 모바일에 가입하기를 꺼리는 애인을 둔 사람은 자기 애인이 "무언가 숨기고 있다"고 생각하게 될 테고 그 의구심을 풀기 위해 사설탐정을 고용하게 될 것이다. 사설탐정은 염탐 대상자의 휴대전화에 불법 소프트웨어를 은밀하게 심어 그들의 위치, 통화 내역, 문자메시지 내역을 추적할 것이다. 애정 확인 서비스는 애인에게 전화를 걸어 당신에 대해 어떤 감정을 가지고 있는지 파악하고 음성을 분석해 거짓말 여부를 밝혀낼 것이다. 겟체크메이트닷컴(www.getcheckmate.com)에서는 애인의 속옷에 정액의 흔적이 있는지 확인할 수 있는 검사 도구를 판매한다.

염탐꾼 언론

언론이 추잡하고 자극적인 보도를 통해 사람들의 호기심을 충족시킨다는 사실은 그리 놀라운 일이 아니다. 이제 언론은 과거 감시자로 군림했던 군대나 경찰과 같은 위상을 지니는 민간 감시자가 되었다. 기술은 남의 사생활에 대한 소문, 험담, 추문을 추적하는 황색 언론의 무기가 되어 왔다. 1880년대에 '휴대용 위장 카메라'가 등장해 아무 곳에서나 신속하게 필요한 사진을 찍게 되면서 자기 모습을 통제할 수 있는 스튜디오 사진은 케케묵은 것이 되었고 황색 언론이 부상했다.[11]

언론은 염탐꾼이다. 기자들은 취재 대상에 몰래 접근하기 위해 변장하고 정치 단체에 위장 가입하거나 일터에 위장 취업한다. 차 안에서 몇 날 며칠씩 잠복하거나 망원렌즈로 취재 대상의 집을 감시하기도 한다. 언론인들은 취재 대상의 쓰레기통을 뒤지고 전화 요금 고지서를 조사하며 사설탐정을 고용해 취재 대상의 휴대전화나 음성메시지를 해킹한다. 취재 대상과 친한 척 하면서 취재 대상의 친구, 동료, 가족, 지인에게 접근한 뒤 환심을 사거나 협박해 정보를 빼내고 〈구글〉, 페이스북, 트위터, 아이폰 앱 포스퀘어에서 나오는 정보를 수집한다.

쓰레기통 속에서 진짜 보물이 나오기도 한다. 영국의 『선데이 타임스Sunday Times』는 이라크 전쟁이 일어나기 전 토니 블레어 총리가 대량 살상 무기에 대해 기록한 쪽지를 찾아내 특종을 잡았다. 그러나 또 다른 영국 신문사 『뉴스 오브 더 월드News of the world』는 사설탐정을 고용해 정치인, 축구선수, 홍보 전문가 등 유명인사 3천여 명의 전화에 도청 장치를 단 사실이 밝혀져 물의를 빚었고 전 런던 경찰청장은 사설탐정을 고용해 휴대전화 메시지를 해킹하고 전화 회사를 속여 기밀 정보를 넘겨받았으며 은행 거래 내역서와 납세 기록을 빼돌리려 했다는 의혹에 휩싸였다.

잠입 취재 전문 기자들에게는 안 된 일이지만, 전 국민 신분증 제도가 시행되어 개인의 인적 사항을 시도 때도 없이 확인할 수 있게 되면 비밀리에 취재하는 일이 불가능까지는 아니어도 분명 더 어려워질 것이다. 〈블룸버그 통신〉 소속의 어느 기자는 아프리카에 유독 폐기물을 몰래 투기해 온 석유 유통업체 〈트라피구라Trafigura〉의 변호를 맡은 명예훼손 전문 법무법인 〈케이터-럭Cater-Ruck〉으로부터 불쾌한 전화를 받은 뒤 상관이 보는 앞에서 명예훼손으로 고소당했다. 해당 기자가 〈트라피구라〉에 대한 견해를 트위터에 올렸다는 이유였다. 트위터에 트윗을 남기는 사람이 수만 명도 넘는데 문제가 되는 내용을 용케 찾아낸 것이다. 런던 경찰

● 포스퀘어Foursquare – 위치 기반 소셜 네트워크 서비스의 일종으로, 스마트폰으로 자기 위치를 알려 친구들과 정보를 공유하는 애플리케이션이다. 즐겨 찾는 장소를 등록해 '메이어'가 되는 게임 요소를 갖추고 있다. 2010년 현재 이용자가 85만 명에 이른다. 옮긴이

거대 미디어, 도청, 그리고 폐간

세계적인 거대 미디어 기업 〈뉴스코퍼레이션〉의 회장인 루퍼트 머독은 2011년 7월 7일, 168년의 역사를 자랑하던 타블로이드 신문 『뉴스 오브 더 월드』를 폐간하기로 결정했다고 발표했다. 영국에서 발행되는 일요일자 신문 가운데 판매 부수 300만 부를 자랑하던 이 '잘나가던' 신문이 폐간된 배경에는 특종을 위해서라면 수단과 방법을 가리지 않고 불법 도청을 일삼던 신문사의 관행이 자리 잡고 있었다.

『뉴스 오브 더 월드』의 도청 의혹은 2000년대 초반부터 꾸준해 제기돼 왔다. 2007년 4월에는 영국 왕실 인사들의 휴대 전화를 해킹한 사실이 발각돼 왕실 담당 기자가 실형을 받기도 했다. 그러나 『뉴스 오브 더 월드』의 취재원과 기자가 연예인이나 정치인, 유명인사 등의 전화를 도청하거나 해킹해 그들의 사생활을 기사화하고 있다는 의혹은 사라지지 않았다.

2011년 영국 경찰청이 도청 의혹 관련 재수사를 시작하면서 위의 사례들이 거대한 빙산의 일각에 불과하다는 사실이 드러났다. 해킹 대상은 2002년 납치 살해당한 밀리 도울러라는 13살 소녀에서부터, 아프가니스탄에 파병돼 사망한 군인 유가족의 휴대전화에 이르기까지, 실로 광범위했다. 경찰청은 해킹 피해자가 4천 명에 이를 것이라는 중간 수사 결과를 발표했다.

여론이 들끓었고 『뉴스 오브 더 월드』의 광고주들이 잇달아 광고를 철회했다. 『뉴스 오브 더 월드』 경영진이 해킹을 묵인했다는 의혹이 불거졌지만, 청문회에 나선 루퍼트 머독은 이를 극구 부인했다. 『뉴스 오브 더 월드』 폐간 뒤, 채 반 년도 지나지 않아 루퍼트 머독은 영국 일간지 『더 선』의 일요일자 신문을 발행하겠다고 발표했다. 『뉴스 오브 더 월드』의 기자들이 대거 합류했다. 루퍼트 머독이 소유한 또 다른 신문 『더 타임스』는 최근 한 유명 블로거의 이메일을 해킹한 혐의로 고소되어 소송이 진행 중이다. 옮긴이

청도 〈식스컨설팅6consulting〉에서 만든 래디언6나 메트릭스6 같은 소프트웨어를 이용해 트위터, 페이스북, 플리커, 블로그 등을 조사한다. 공권력은 그런 활동을 통해 사회를 통제하는 자신의 '권한'을 강화한다.[12] 이와 비슷하게 위키스캐너는 위키피디아에 등록된 4천만 건의 글과 글쓴이를 추적해 위치 정보를 제공할 수 있다. 덕분에 미 중앙정보국이 위키피디아에 글을 등록했다는 사실이 밝혀지기도 했다.[13]

실제로 일부 기사는 감시 산업이 흘리는 정보를 이용해 작성된다. 가봉과 상투메프린시페에서 미국 대사를 지낸 조지프 윌슨 Joseph Wilson은 이라크가 핵농축 사업을 시행하고 있다는 조지 W. 부시 대통령의 주장을 부인하려 했다. 백악관은 윌슨 대사의 입을 막기 위해 그의 부인이자 미 중앙정보국 요원인 발레리 플레임 Valerie Plame의 신분을 노출시켰다. 덕분에 발레리 플레임은 요원으로서의 삶을 마감했을 뿐 아니라 목숨까지 위협받는 처지가 되었다. 언론에 정보를 흘려 남의 인생을 망치는 수법은 존 에드거 후버 미 연방수사국 국장이 처음 활용한 뒤부터 정상적인 첩보 활동으로 자리 잡았다. 본인의 개인사도 놀라울 만큼 파란만장했던 후버 국장은 자기가 싫어하는 사람의 정보를 흘려서 인생을 망가

존 에드거 후버J. Edgar Hoover, 1895~1972

1924년 미 수사국 국장으로 임명돼 미 연방수사국(FBI) 창설을 주도했다. 1970년 사망 직전까지 무려 48년간 미 연방수사국 국장으로 재직하면서 무소불위의 권력을 휘두르며 정치인은 물론 민간인에 대한 광범위한 불법 사찰을 감행한 것으로 악명높다. 아인슈타인에게 간첩죄를 씌우기 위해 22년간 전화를 도청했고 소설가 존 스타인 벡은 당시 미 법무장관에게 후버의 감시에 분노하는 편지를 쓰기도 했다. 옮긴이

뜨리는 일에 강박적으로 집착했다.

　후버 국장은 본인의 신념과도 반대되고 자신이 수호하고 있다고 여기는 미국 민주주의의 가치와도 반대되는 권력 남용을 저질렀다. 그와 같이 정신 나간 인물이 그런 높은 자리까지 올라갔다니 참으로 이례적인 일이 아닐 수 없다. 그러나 감시 기관원들에게는 항상 권력 남용의 가능성이 따라다니는 법이다. 억압당한 성욕과 무엇이든 제멋대로 생각하는 위험한 과대 망상증이 뒤섞인 괴상한 사고의 소유자였던 후버 국장은 그 유해한 사고방식을 올바르다고 여겨지는 이데올로기로 포장했다. 덕분에 후버 국장은 역사상 가장 악명 높은 경찰 기구의 수장이었던 나치의 하인리히 히믈러Heinrich Himmler와 동급이 되었다.

　다음 장에서는 감시의 역사를 살펴보고 염탐과 통제라는 소설 같은 일이 얼마나 자주 벌어졌는지, 참인지 거짓인지 여부를 떠나 활용할 수 있는 모든 정보를 근거로 개인을 파멸시키는 일에 염탐과 통제가 얼마나 자주 악용되어 왔는지 알아볼 것이다.

2 단숨에 훑어보는 감시의 역사

GLOBAL SURVEILLANCE

감시 체계는 어떻게 발달해 왔을까?

전 국민을 상대로 한 정부 주도의 거대 감시 체계는

어떤 경로를 통해 발전해 왔나?

시장은 어떻게 감시를 생활화하는가?

단숨에 훑어보는 감시의 역사

시대를 불문하고 모든 통치자는 통치받는 사람들을 감시하는 체계를 고안해 냈다. 감시 체계는 주로 세금을 제대로 걷을 목적으로 활용되었다. 그러나 시간이 흘러 기술이 발전하면서 사람들의 행동과 생각까지 감시해야겠다는 열망으로 번졌다. 에스파냐의 종교재판, 프랑스 혁명기의 공포정치, 히틀러와 스탈린 치하의 전체주의 국가는 모두 전자적 방식으로 정보를 저장하게 된 오늘날의 수준에 맞먹는 감시 사회를 꿈꿨다.

기독교 성서 (그리고 유대교의 토라) 첫번째 권을 보면 감시라는 개념이 인간과 이야기꾼의 마음에 얼마나 오래 전부터 새겨져 내려온 개념인지를 잘 알 수 있다. 에덴동산에 살던 아담과 이브는 먹어서는 안 되는 열매를 따먹어 신의 말씀을 거역하는 최초의 범죄를 저질렀다. 열매를 따먹은 아담과 이브는 자신들이 벌거벗었다는 사실을 깨닫고 누군가 자신들을 보고 있을지도 모른다는 불안감에 사로잡혀 무화과 나뭇잎으로 각자의 생식기를 가렸다. 전지한 신은 이 과정을 모

●**토라**Torah – 구약 성서 최초의 다섯 권인 모세 오경, 즉 「창세기」, 「출애굽기」, 「레위기」, 「민수기」, 「신명기」를 가리키는 말이지만 좀더 넓은 의미에서 성경 말씀 전체를 가리키기도 한다. 옮긴이

두 지켜보았으면서도 아담과 이브에게 자백을 강요했다. 아담은 열매를 따먹으라고 이브를 꼬인 뱀과 자신에게 열매를 권한 이브를 맹렬히 비난하고 저주했다. 두 사람은 결국 에덴동산에서 쫓겨났다. 한편 신에 대항한 천사 루시퍼는 천국에서 쫓겨나 어둠의 왕자가 되었다. 어둠은 나쁜 것이다. 비밀리에 행해지는 활동을 숨겨 주기 때문이다. 어둠 속에서 이뤄져야 하는 일은 모두 악한 일이다. 신, 그리고 훗날의 예수 그리스도는 세상에 빛을 주었다. 빛은 선이다. 모든 개인과 사물을 밝혀 보이기 때문이다.

그러므로 누군가 지켜보고 있다는 개념과 법질서를 준수하고 있는지 스스로 돌아보는 자기 검열이라는 개념은 적어도 성서가 기록된 이래로 줄곧 인간의 마음을 지배해 온 것이 분명하다. 성서의 욥기는 이렇게 기록한다. "그의 눈이 사람의 발길을 노려 보시고 사람의 걸음을 낱낱이 살피시는데 어떤 흑암, 어떤 어둠이 나쁜 짓 하는 자들을 숨겨 주겠소?"[1] 코란은 이렇게 기록한다. "실로 그대 주님은 항상 감시하고 계시니라."[2]

나의 모든 행동이 어딘가에 기록되고 있다는 생각은 굳은 신념이 되었다. 전통적으로 기독교도는 죽어서 천국 문 앞에 이르면 성 베드로가 자신들을 반겨 주리라고 생각한다. 성 베드로는 죽은 자가 생전에 행한 선한 일과 악한 일을 기록한 두꺼운 문서를 검토해 천국에 들어갈 자와 그렇지 않은 자로 구분할 것이다. 생전의 행실이 기록된 문서를 심판의 날에 신이 참고한다는 개념 때문에 기독교도들은 좁고 곧은 길에서 벗어나지 않으려 노력한다. 정복왕으로 불리는 윌리엄 1세도 1086년에 그와 유사한 세속 문서를 작성했다. 윌리엄 1세는 새로 정복한 잉글랜드 전역에 대리인을 파견해 토지, 노예, 가축을 소유한 자들을 조사해 과세의 근거로 삼으려 했다. (예나 지금이나 국가는 세금 걷는 데 혈안이 되어 있다.) 이의를 제기할 수도 없고 수정할 수도 없는 조사 장부는 두꺼운 책으로 만들어졌고 윌리엄 1세의 가신들은 그 책을 벌금형이나 사형을 내리는 근거 자료로 활용했다. 한 세기쯤 지난 뒤[3] 윌리엄 1세의 가신들이 작성한 이 "엄격하고 끔찍한 최종 장부"는 둠스데이 북Domesday Book, 즉 최후의 날을 위한 책, 또는 심판의 날을 위한 책으로 알려진다. 이 책 덕분에 구제 불능의 중앙집권화된 관료제가 지상에 강림한다. 중앙집권화된 정부의 일차 목표는 세금 징수였다.

중세의 감시

고대 이집트와 바빌로니아에서 문명이 시작된 이래 모든 문명은 국가의 자산과 거래 내역을 기록하고 관료들을 적절하게 부려 그들을 '거대한 감시망'의 일부로 만드는 방법을 일찌감치 터득했다. 정부는 이 두 가지 능력을 바탕으로 끄집어 낸 지식을 장악해 규범과 제도를 수립하고 반포했으며 행정에 유용한 기술을 통치에 활용했다.[4] 아는 것이 힘이다. 정부는 평화 시에는 국가를 운영하고 국가의 부를 축적할 수 있는 지식을 모으고 사회가 불안하거나 전쟁이 일어나면 적의 의도를 간파하고 적을 무찌를 방법을 모색하기 위해 첩자를 활용해 정보를 수집한다.

그러나 중앙 정부의 정보 수집은 과세, 징용, 귀족의 세력 파악용도 이상은 아니었다. 농민의 일상생활을 정밀하게 감시하기에는 제도, 인력, 기술, 통치 체제가 미비했을 뿐더러 그럴 이유도 없었다. 정부는 사람들이 교회나 영주에게 십일조를 제대로 납부하는지, 군역을 다 하는지에만 관심을 기울였다. 마을 어른과 가장이 사회 규범이나 도덕 규범을 가르치면 교회의 고해성사와 소규모 농촌 공동체에 걸맞는 느슨한 감시 체계가 그 규범을 뒷받침하고 강화했다.

중세에 이뤄진 감시는 정밀하지 않았다. 1380년대에 런던 시장을 지낸 니콜라스 브렘버Nicholas Brembre는 피해망상에 시달리는 최악의 식품 과점업자였다.(중세판 월마트라고 생각하면 된다.) 브렘버는 사람들을 협박하고 대중 집회를 금지했으며 다른 후보들을 비방하고 자기를 폄하하는 발언을 한 것으로 의심되는 사람은 모조리 집에 가두는 방식으로 선거를 조작해 시장 자리에 올랐다. 브렘버 시장이 폭정을 펼치던 시절의 런던 길드원이나 포목상들은 염탐꾼과 밀정이 자기들을 감시하지는 않을까 두려움에 떠는 밀실 공포증에 시달렸다.[5] 1388년 브렘버 시장은 반역죄로 처형당했다. 한편 첩자와 속임수가 난무하는 희곡을 지은 셰익스피어는 전설적인 왕 헨리 5세가 전투 전날 밤 자기 군대에 몰래 잠입해 부하들의 충성심을 시험할 작은 헛소문을 퍼뜨린 덕분에 아쟁쿠르 전투에서 승리했다고 말했다.[6]

이민자에 대한 감시 기술은 중세 시대에 이미 견고하게 구축되어 있었다. 13세기에 이르면 밀랍 봉인, 도장, 투명 무늬처럼 문서의 진위를 가리기 위해 전 세계 많은 관료들이 애용해 온 방법이 유럽 대륙의 도시, 공국, 왕국을 돌아다니는 귀족, 사절, 상인이 지니고 다니는 여행 증명서, 안전 통행 증명서, 신원 증명 서한 등에 널리 사용되었다. 초상화는 목판화라고 해도 절대 복제하지 않았다. 그러나 일차 신원 확인 수단은 문자[7]였다. 이름이나 용모를 대강 묘사한 문서가 신원 확인의 수단이었던 것이다. 때로 복장을 묘사한 문서도 활용되었는데 신분 이동이 불가능했던 시절, 복장은 신분을 추정하는 가장 큰 단서가 됐다. 1517년 독일 브라이스가우 지역의 농민반란을 주도한 주모자를 수배한 회람 서한에는 수배자가 흑색 벨벳으로 안감을 두른 백색 외투를 입고 작은 은화살이 꽂힌 모자를 쓰고 다녔다고 기록되어 있다. 이런 차림은 당시의 귀족뿐 아니라 당대 '개혁가들'의 일반적인 차림이었다. 14세기 말부터는 각 도시의 문장을 새긴 제복을 입고 성문을 지키는 보초병들에게 흉악범과 추방자의 용모를 묘사한 서신이 배포되었다. 소득 조사를 마친 빈민에게는 구호금을 받을 수 있도록 표식을 새긴 주화나 지폐를 지급하기도 했다. 16세기 프랑스와 스위스에서는 탈영병을 색출하기 위해 신분증을 발급했고 이탈리아 북부를 지나는 여행자들은 페스트에 걸리지 않았다는 증명서를 소지하고 다녀야 했다. 이는 유행성 전염병의 확산을 막기 위한 감시의 초기 사례라 할 수 있다. 신분증은 외교관과 무역업자 같은 상류층이 신분을 확인하기 위해 처음 도입했지만 차츰 범죄 퇴치나 사회 안전망 구축, 보건 복지 강화 등의 목적으로 사용되었다. 따라서 신분증은 애초부터 기능이 확장될 운명이었다고 할 수 있다.

신분증은 이주를 통제하고 과격한 정책을 강화하는 데도 활용되었다. 16세기 무렵 에스파냐 시민은 신세계로 떠날 궁리를 하고 있었다. 그러나 펠리페 2세 시대부터 신세계로 떠나는 시민은 출신지의 영주가 발행한 확인서를 지참해야 했다. 신분, 용모, 특이사항이 기록된 확인서는 유대교 개종자, 이슬람교 개종자, 그 외 이교도 개종자의 후손이 아님을 증명하는 문서였다. 이슬람 무어 왕조로부터 이베리아 반도를 겨우 되찾은 에스파냐 귀족들은 가톨릭 교회와 손잡고 자신들의 통치를 공고히 했다. "유대인, 이슬람교도, '그 외 모든 이교도'의 위협으로부터 가톨릭 국가의 정체성을 지키라"는 교황의 교서가 오랜 잠에서 깨어났다. 성직자, 귀족, 행정 관료, 시민이 총 단결해 "시민의 도덕적 안녕과 복리"를 위협하는 신념을 가진 이교도와 선동가를 색출했다.[8] 당대에 가장 근대화된 관료제의 뒷받침을 받은 종교재판소가 심문에 나섰고 최근 가톨릭으로 개종한 사람들을 충성심이 결여될 가능성이 가장 높은 집단으로 지목했다. 체포되어 재판에 회부된 용의자는 이름, 소속 길드, 가입한 단체, 학력, 거주지, 여행지, 부모와 조부모의 신분 등을 확인하는 심문을 받았다. 가장 최근에 행한 고해성사도 개종의 증거로 활용되었고 주요 기도문이나 교리문답을 암송하는지 여부도 증명해야 했다.[9] 용의자들은 사소한 욕설을 했다는 참소부터 영혼의 불멸성을 의심했다는 참소에 이르는 갖가지 죄목으로 용의 선상에 올랐지만 용의자들의 죄를 고해 바친 사람들은 대부분 익명이었다. "태어났으면 죽게 마련이야. 그게 인생이지" 같은 사소한 발언도 비밀 유대교도, 이단의 혈통, 충성심이 결여된 가문 태생이라는 증거가 되었다. 당시에는 출신 성분이 충성심을 결여하고 있음을 알리는 표지였기 때문에 유대교나 이슬람교의 의식을 거행했다는 의심을 받은 사람들은 살아남기 위해 자신의 신상을 낱낱이 밝혀야 했다.

로마 교황청에 충성하지 않는다고 의심되는 자들을 제거하는 데 성공한 종교재판소는 자신의 임무를 확대해 "혁명적 자유주의 사상의 도입에 반대하는 헌신적인 정치 경찰"이 되었다. 종교재판은 자기 존재를 정당화하기 위해 공상가, 마녀, 아동 등 아무나 무차별적으로 재판에 회부했다. 18세기 말엽 종교재판소는 내부로 눈을 돌려 성직자와 수도승을 표적으로 삼다가 사그라졌지만 종교재판의 불꽃은 에스파냐가 지배한 남아메리카와 중앙아메리카로 이주해 다시 한 번 뜨겁게 불타올랐다. 기독교의 화염에 목숨을 잃은 원주민도 많았지만 유럽인이 퍼뜨린 질병으로 목숨을 잃은 원주민은 그보다 더 많았다. 덕분에 식민 지배자들은 만성적인 노동력 부족에 시달렸다. 결국 17세기에 시작된 대서양 노예무역이 크게 발호하면서 아프리카 민족을 무자비하게 유린하는 지경에 이른다.

노예 시대에서 공포정치까지

신세계는 구세계의 편견을 바탕으로 수립되었다. 1642년 북아메리카 버지니아 식민지에 노예 통행증이 도입되어 아일랜드 출신 하인이나 가난한 백인을 식별하는 데 활용됐다. 노예 통행증은 물품 거래를 위해 식민지에 발을 들이는 미국 원주민에게로 확대되었고 나중에는 해외에서 수입한 흑인 노예에게도 적용되었다. 독립혁명 이전의 미국 토지 소유주들이 식민지 미국의 감시 기반을 다졌다. 노예 소유주가 작성한 물품 목록에는 토지, 도구, 가축과 함께 성을 갖지 못한 사람들이 등재되어 있었다. 이 사람들은 교육도 급료도 받지 못했고 종교도 가질 수 없었다. 노예의 개별성이나 인간성을 부인하는 제도였다. 덕분에 노예는 늘 노예 상태인 채로 살아야 했고 봉기하거나 달아나더라도 신분 때문에 좌절할 수밖에 없었다.[10]

바베이도스에서 반란이 일어난 뒤에는 '노예 통행증' 제도가 모든 노예에게로 확대됐다. 노예 통행증은 곧 플랜테이션 거주지를 이동하거나 주인의 업무를 보기 위해 마을로 들어가는 노예는 반드시 가지고 다녀야 하는 서류가 됐다. 미국 남부에서는 노예 감독 경찰이 대로를 순찰했다. 그들에게는 탈주 노예 은닉이나 무기 소지, 그 밖에 기타 의심되는 사건을 빌미로 가택을 수색할 권한이 있었고 노예 통행증을 소지하지 않은 노예를 발견하면 채찍질할 권한이 있었다. 노예 통행증은 글자를 익힌 노예라면 쉽게 '복제' 해 용도에 맞게 위조할 수 있을 만큼 단순했다. 공식적으로 노예는 문맹이었으므로 처음에는 아무도 문서의 진위를 의심하지 않았다. 모든 노예 감독 경찰이 글자를 해독할 수 있는 것은 아니었으므로 영리한 노예라면 낡은 종이 쪼가리만으로도 쉽게 감독 경찰을 속일 수 있었다.

노예 통행증 제도의 문제는 기술적인 데 있는 게 아니라, 이 세도에는 결함이 없다는 과신에 있었다. 노예 통행증에 기재하는 세부 항목은 계속 늘어갔다. 키, 나이, 안색, 이마의 흉터, 치간齒間 거리, 옷차림, 눈동자, 지적 수준 같은 개인 정보가 기재되었다. 그러는 사이 노예 소유주들은 노예 감독 경찰 유지 비용을 대기 위해 세금을 납부해야 했다.

1770년대에 미국에서 독립 혁명이 일어나 자유가 도래했지만 그 자유는 타락한 영국 귀족의 지배에서 벗어나기를 원한 백인만이 누릴 수 있는 자유였다. 대륙에서는 돈을 물 쓰듯 하는 전쟁광 귀족들이 지금껏 자신들이 괴롭혀 온 비무장 프랑스 농민과 도시민에게 여전히 총구를 겨누고 있었다. 결국 1789년 프랑스 왕실은 비참한 최후를 맞았다. 그러나 프랑스의 신질서를 이끌어 낸 지도자들은 곧 수세기를 지속해 온 낡은 봉건제를 하룻밤 사이에 전복한 사람들이 바로 자신들을 권좌에 올려놓은 바로 그 대중이라는 사실을 깨닫고 서둘러 대중 속에 젊은 공작원을 심었다. 정권의 안전은 시민이 충성을 다할 때 보장된다. 그러나 학교 교육을 통해 아이들에게 애국심, 국가에 대한 충성 같은 위대한 이상을 주입하려면 시간이 너무 많이 걸렸다. 이러한 문제에 대처하기 위해 공안위원회가 구성되었다.

공안위원회는 신질서를 법제화하고 정권의 권력을 확대했다. 특히 "용의자색출법Law of Suspects"을 제정해 "군주제와 봉건제의 잔당이나 자유의 적"으로 의심받을 만한 언행을 하거나 그런 사람과 친분이 있는 자, 애국자 인증서의 발급을 거부당한 자를 잡아들여 반혁명으로부터 신질서를 수호했다. 1793년에도 이런저런 감시 위원회들이 꾸려졌다. 감시 위원회들은 혁명재판에 회부시켜 처형할 만한 용의자를 색출했다. 이렇게 국민에 대한 국가의 폭력이 제도화되었다. 전에 무죄 선고를 받았거나 '기소유예'된 사람이라도 다시 붙들려가지 않는다는 보장이 없었다.[11] 1794년에는 수많은 사람들이 하루가 멀다 하고 파리 혁명재판소에서 단체로 기소되어 유죄 선고를 받고 단두대에서 참수당했다. 기소된 사람들의 신원 보증을 위해 재판에 출석한 증인도 연좌제에 걸려 유죄 판결을 받았다.

1794년 7월 대공포Grande Terreur를 설계한 장본인인 막시밀리앙 로베스피에르Maximilien Robespierre가 반혁명 세력들을 고발하다가 그 자신이 단두대에서 생을 마감할 때까지 프랑스 전역에서 목숨을 잃은 사람은 수천 명에 달했다. 프랑스혁명은 "테러리스트", "테러리즘"이라는 용어를 유산으로 남겼다. 애초에 이 용어는 대중에게서 충성심과 복종을 이끌어 내기 위해 공포심을 조성하는 수단으로 혁명 정부가 활용한 국가 폭력을 일컫는 용어였지만 오늘날에는 폭력을 일삼는 불평 분자를 가리킬 때 쓰는 말이 됐다. 혁명 이후 시민들은 최근 유럽연합이 수립한 내용과 유사한 '보호'를 새 권리장전과 헌법을 통해 보장받게 되었지만 프랑스의 공포정치, 즉 테러가 사람들에게 안긴 고통은 사라지지 않았다.

감옥과 팬옵티콘

영국 철학자 제러미 벤담Jeremy Bentham은 사람들이 단두대에서 참수당하는 사태가 벌어지기 직전 프랑스를 방문해 자신이 고안한 감옥 팬옵티콘에 대한 조언을 구했다. 외벽에 감방을 설치한 원통형 구조의 팬옵티콘은 중앙에서 탑 전체를 훤히 들여다보고 소리관을 통해 감방에서 나는 모든 소리를 들을 수 있도록 설계되었다.[12] 팬옵티콘을 활용하면 아주 적은 감시 인원으로 하루 24시간 내내 아주 효율적으로 죄수의 행동을 엿보고 소리를 탐지할 수 있었다. 벤담은 하루 종일 감시당한다는 사실을 인지한 죄수들이 결국 잠자코 복종하게 될 것이라는 점이 팬옵티콘의 주요 장점이라고 생각했다. 벤담 살아 생전에는 큰 주목을 받지 못한 팬옵티콘은 권력과 그 권력이 설계한 감시 도구가 어떤 방식으로 체제의 가치를 사람들에게 내면화시키는지를 보여 준다는 측면에서 오늘날 감시 철학의 핵심 개념으로 자리 잡게 되었다. 사실 맨 처음 팬옵티콘을 구상한 사람은 제러미 벤담의 형제 사무엘 벤담이었다. 러시아의 철강, 증류, 유리 제조 산업 분야에 종사했던 사무엘 벤담은 많은 수의 노동자를 제대로 관리하고 감독하는 문제를 해결하기 위해 산업적 용도의 팬옵티콘을 구상했다. 이와 같이 다른 용도로도 얼마든지 사용될 수 있는 팬옵티콘 기술의 특성은 감시 분야에도 어김 없이 적용된다.

　프랑스에서 귀족들의 머리가 땅바닥에 굴러다니는 사이 영국에서는 산업혁명의 수레바퀴가 움직이기 시작했다. 자본가들이 벌인 사업이 번창해 도시에서는 노동력이 많이 필요해졌고 때마침 공유지가 봉쇄되면서 농촌 생활을 마감하게 된 농민들은 숨 막힐 듯한 도시로 몰려들었다. 도시로 온 농민들은 촘촘한 규제와 감시 속에서 살아야 했다. 이는 물자와 제품을 대량생산하는 산업이 요

구하는 바였다. 러다이트처럼 토지 봉쇄
와 기계를 거부하는 폭력적인 활동이 펼
쳐지자 영국 내무부는 첩자를 심어 파업
이나 저항 행동을 방해하기도 했다.

●**러다이트**Luddites – 19세기 초
반 영국 중부 · 북부 지역의 직
물 공장을 중심으로 일어난 기
계 파괴 운동. 실업과 생활고에
맞서 노동자들이 벌인 계급투
쟁이었다. 지금은 첨단 기술 수
용에 반대하는 반反기계 운동의
대명사로도 쓰인다. 옮긴이

산업화 물결이 유럽을 휩쓸자 저항의
물결도 거세졌다. 정부, 기업가, 토지 소유
주들은 프랑스의 뒤를 따라 공동으로 민
병대를 구성해 노동자계급이 체제를 전복하지 못하도록 막았다.
1848년 유럽 대륙 전역을 휩쓴 혁명을 가까스로 진압한 뒤부터 감
시 체계는 더 정교해졌고 유럽의 지배층을 위해 일하는 군대와 경
찰은 과격 분자에 대한 정보 수집에 적극 협력했다. 19세기 말에는
유럽 각국의 내무부가 무정부주의자, 테러리스트, 사회주의자, 혹
은 그렇다고 의심되는 인물의 정보를 서로 교환하게 되었다.[13]

20세기의 비밀 정보기관

20세기가 시작될 무렵 미국에서 처음으로 국내 문제를 담당하
는 중앙화된 비밀 정보기관 '시크릿 서비스Secret Service'가 설립되
어 조사관들이 배치되었다. 세금 회피를 감시하고 주요 체납자를
추적하려는 여러 정부 부처의 요청이 쇄도한 덕분이었다. 따라서
1865년 설립된 시크릿 서비스의 임무는 대통령 경호가 아니라 위
조지폐 색출이었다. 미국 의회는 비밀 정보기관 설립과 (존재조차 기
록되지 않은 군대의 '비밀 작전'만큼이나 비밀스러운) '비밀 행정부'의 등

장에 우려를 표했다. 1908년 어느 의원은 "정부가 염탐을 주 업무로 하는 체계를 지휘하고 있다"고 경고했는데 (묘하게도 한 세기 뒤 조지 W. 부시 정부에 쏟아진 비난도 이와 아주 유사하다.) 시어도어 루스벨트 Theodore Roosevelt 대통령은 이렇게 답했다. "'비밀 요원' 제도에 반대하는 사람들만큼 어리석은 사람들은 또 없을 것입니다. 범죄자나 수사관을 두려워하는 법이니까요." ("숨길 것이 없다면 두려울 것도 없다"는 표현의 선구자 격이다.) 의회가 비밀 정보기관에 예산을 지원하지 않은 탓에 모든 정부 부처는 요원 부족에 시달렸다.[14] 법무부만은 예외였는데 1909년 찰스 보나파르트Charles Bonaparte 법무장관이 수사관 몇 명으로 구성된 작은 조직을 발족한 덕분이었다. 그리고 2년 뒤 그 작은 조직은 미 연방수사국이 되었고 세 배 커진 조직 규모에 걸맞게 수사권도 "크게 확대되었다."[15]

같은 해 영국도 비밀 정보기관 '시크릿 서비스 뷰로Secret Service Bureau'를 설립했는데 뚜껑을 여닫을 수 있는 책상을 일컫는 '뷰로'는 감시 기관에 딱 맞는 적절한 표현이었다. 공식적으로 존재를 드러낸 뒤부터는 MI5로 불리게 된 시크릿 서비스 뷰로의 역사는 1903년으로 거슬러 올라간다. 그해 어느 날 두 젊은 청년은 보트를 타고 가다가 북해에서 독일 제국 해군이 "수상한 일을 벌이는" 장면을 목격했다. 독일이 영국을 침공하려 한다는 사실을 간파한 두 청년은 조심스럽게 독일의 침공 계획을 왕과 나라에 알렸다. 물론 지금까지의 이야기는 에드워드 7세 시대를 배경으로 하는 어스킨 칠더스Erskine Childers의 소설 『사막의 수수께끼The Riddle of the Sands』의 한 장면에 불과하다. 그러나 해군 장관 셀본 경은 소설을 읽은 뒤 비밀 요원이 없었다면 비밀리에 진행되는 음모를 밝힐 방법도 없었을 거라고 생각하면서 시크릿 서비스 뷰로를 만들었다. 그러므로 두 청년의 이야기가 시크릿 서비스 뷰로의 출발점이라는 말은 아예 틀린 이야기가 아니다.[16] 이후 감시는 사실보다는 주로 가능성을 다루게 되었다. 비록 그 두려움이 말 그대로 소설일지라도 말이다.

러시아와 독일의 비밀경찰

러시아 로마노프 왕조는 오크라나Okhrana라는 비밀경찰 기관이 지켰다. 유럽 전역으로 번지고 있던 혁명 사상의 전파를 막기 위해 1826년 니콜라이 1세가 창설한 오크라나의 악행은 대중의 공포와 불만을 자극했고 제1차 세계대전 이후 러시아가 입은 막대한 손실 때문에 빚어진 궁핍과 맞물려 1917년의 혁명 불꽃을 일으키기에 충분했다. 혁명기의 프랑스 지도자들과 마찬가지로 반혁명을 두려워한 러시아의 볼셰비키 지도자들은 대중에게 공포를 심어 주고 충성심이 결여되었을 가능성이 농후한 사람들을 색출하려고 했다. 오크라나는 체카Cheka 또는 내무인민위원회(NKVD)라는 이름으로 재탄생해 1918년과 이후 자행된 적색테러Red Terror를 주도했다. 빈

*적색테러 – 프랑스혁명 당시 혁명파가 왕당파를 무자비하게 암살, 고문, 처형했던 공포정치를 적색테러, 반혁명파의 보복 행위를 백색테러라 불렀다. 백색테러와 적색테러는 근대 냉전 시대를 지나며 그 의미가 변해 백색테러는 우익에 의한 테러 행위를, 적색테러는 좌익에 의한 테러 행위를 의미하게 되었다. 옮긴이

혁명적인 발언이나 행동을 한다고 해서 무조건 충성심이 결여되었다는 판정을 받는 건 아니었다. 충성심이 결여된 자는 시민의 사회적 신분에 따라 결정되었다. 심문관은 용의자에게 속한 계급, 가족 배경, 교육 수준, 직업을 물었다. 귀족 출신이지만 공산주의자로 전향한 펠릭스 제르진스키가 체카를 이끌었다는 사실은 절묘한 모순이 아닐 수 없다. 고금을 막론하고 권력을 가진 자들에게는 법도 비켜 가는 법이다.

겁에 질린 러시아 바깥의 왕정주의자, 자본주의자, 민주주의자, 독재자들은 공산주의자를 축출하기 위한 백색테러를 저질렀다. 파시스트 정권이 지배하던 동유럽 국가에서 특히 백색테러가 기승을 부렸다. 1930년대 독일의 나치 국가가 게슈타포Gestapo를 활용해 추적한 집단은 유대인과 집시, 반체제 인사와 공산주의자였다. 흥미롭게도 독일 비밀경찰은 적이었던 소비에트연방 공화국으로부터 감시 방법과 억압 기술을 배웠다. 게슈타포를 이끈 하인리히 뮐러는 신뢰를 무너뜨려 개개인을 고립시키는 내무인민위원회의 효율적인 감시 기법에 큰 감동을 받아 "소비에트의 감시 기

펠릭스 제르진스키Felix Dzerzhinsky, 1877~1926
폴란드 귀족의 아들로 태어나 1905년 러시아혁명에 가담했다. 1917년 10월혁명 당시 볼셰비키당 중앙위원회 위원으로 혁명의 선봉에 섰다. 이후 레닌의 신임을 받아 '반혁명처리 비상위원회', 즉 체카의 설립을 주도하고 체카의 수장이 되어 반혁명 세력에 대한 무자비한 탄압을 실시했다. 체카는 악명 높은 소련 비밀경찰(KGB)의 전신이다. 옮긴이

하인리히 뮐러Heinrich Müller, 1900~1948?
유대인 학살을 계획하고 실행을 주도했던 게슈타포의 책임자다. 공산당에 대한 혐오와 나치에 대한 충성으로 말단 경찰에서 게슈타포 대장 자리까지 올랐다. 1945년 히틀러의 벙커를 끝까지 지킨 나치 친위대원 중 한 명이었지만 당시 실종되어 나치의 지도자급 인사 가운데 유일하게 생사 확인이 안 됐다. 옮긴이

법을 열성적으로 배웠다." 게슈타포의 업무를 위해 모든 경찰이 동원되었고 작업장에는 게슈타포의 대리인이 배치되어 노사분규가 일어날 가능성을 차단하고 분쟁 확산을 막았다. 덕분에 나치 독일은 해외 투자자들을 많이 끌어들일 수 있었다. 〈포드〉, 〈코카콜라〉, 〈아이비엠〉 같은 미국 기업도 독일에 투자했다.

게슈타포가 직접 전화를 도청하고 우편물을 가로채는 일도 있었지만 사람들이 게슈타포를 마음 깊이 무서워한 근본 원인은 따로 있었다. 바로 세상사를 속속들이 파헤치겠다고 작정한 듯한 무수한 정보원과 세입자의 출입 현황까지 일러바치는 아파트 경비원들이 그 두려움의 근원이었다. 자발적으로 감시 활동을 하는 사람들은 정부 당국에 환심을 사려고 애쓰는 사람들보다 정치적으로 덜 열광적으로 보이는 사람들을 강도 높게 비난했다.[17] 러시아에서 이미 증명된 것처럼 자발적 정보원들 때문에 사회에는 불안이 만연하게 되었다. 정보원들이 제공하는 정보는 대부분 별 가치가 없었지만 사람들은 어디에나 경찰이 숨어서 지켜본다는 느낌을 가지게 되었고 무리 사이에 첩자가 존재한다는 사실에 몸서리쳤다.[18] 시민이라면 누구나 상대방을 사회적, 정치적, 인종적, 성적 범죄를 저지르거나 위험한 발언을 한 범죄자로 고발할 수 있었다. 마음에 들지 않는 배우자를 '매도'하는 일도 자주 벌어졌다. 이때부터 사람들이 위험한 발언을 하기 전에 순간적으로 좌우를 둘러보는 것을 "독일식 시선"이라고 부르게 되었다.

제3제국의 아이들은 감시를 사회적 규범으로 받아들였다. 1933년부터 모든 부모는 자녀를 〈히틀러유겐트Hitler Youth〉나 〈독일소녀연맹League of German Girls〉에 가입시켜야 했다. 그렇지 않으면 막대한 벌금을 물고 감옥에 가거나 아이를 강제로 빼앗겼다. 〈히틀러유겐트〉나 〈독일소녀연맹〉에 가입한 아이들은 부모를 공경하는 일은 비교적 중요성이 떨어지는 일이라고 배웠다. 총통Führer과 국가가 가장 먼저 충성을 바쳐야 하는 대상이었고 그 다음이 친구였다. 아이들은 아이나 어른을 막론하고 히틀러를 폄하하는 발언을 한 사람, 유대인 친구를 둔 사람, 애국심이 결여된 사람을 고발할 수 있었고 유대인과 마주치면 폭력을 행사할 자유도 누렸다. 집에 돌아온 아이들이 어찌나 기세 등등했던지 부모들조차도 자녀 앞에서 조심스럽게 행동해야 했다.

나치의 전쟁 기계가 불을 뿜으면서 제2차 세계대전의 막이 올랐다. 유럽에서 수천만 명이 목숨을 잃었다. 영토를 넓힌 독일은 점령국의 행정력을 이용해 유대인, 장애인, 동성애자, 집시를 대상으로 부적합자 6백만여 명을 색출했다. 그들은 별 모양의 표식을 달거나 노예로 팔려가거나 집단수용소에서 목숨을 잃었다. 나치 독일은 〈아이비엠〉이 개발한 천공 카드를 이용해 국적, '죄목', 노동 기술, 처형 방법에 따라 부적합자를 분류한 뒤 해당 집단수용소로 이송했다.

동유럽 지역의 감시

소비에트가 결성한 공산주의자 동맹도 독일 못지 않게 폭력적이었다. 1945년 동유럽을 접수한 소비에트연방은 모스크바의 전체주의를 동쪽으로는 태평양 연안, 남쪽으로는 인도와 이란의 경계, 서쪽으로는 스위스의 알프스 산맥까지 확대 적용했다. 소비에트연방이 건설한 제국은 높게 쌓인 서류더미와 소비에트 경제에 크게 기여한 굴락에서의 노예 노동, 이 두 개의 기둥이 떠받쳤다고 해도 과언이 아니다. 사회 이론가 마리아 로스Maria Los는 이렇게 말했다. "공포가 전체주의 지배에 꼭 필요한 요인이었다고 한다면 높

• 굴락Gulag—소비에트연방의 강제 노동 수용소. 스탈린 시기 굴락은 소비에트 전역에 걸쳐 5백여 개 가까이 설치되었던 것으로 추정되며 주로 정치범이나 반체제 인사를 탄압하는 데 쓰였다. 1923년부터 1953년까지 1천8백만 명에 이르는 사람들이 굴락을 거쳐 갔으며, 해마다 그중 10퍼센트가 혹독한 노동과 기아, 추위 등으로 죽었다. 옮긴이

게 쌓인 서류 뭉치야말로 사람들에게 공포심을 안겨 주는 상징적인 물건이었을 것이다."[19]

소비에트연방이 동유럽에 수립한 제국에서는 공포가 내면화되었다. 사람들은 되도록 규범에 충실한 순응주의자가 되려고 애썼다. 낯선 이와 대화를 나눌 때는 '위험한' 주제를 머릿속에서 지워 버렸다. 말 한 번 잘못했다가 개인 신상을 기록한 비밀 파일에 검은 줄이 새로 추가되어 자신과 자녀에게 무슨 일이 벌어질지 모를 일이었다. 애나 펀더Anna Funder의 소설 『슈타지랜드Stasiland』의 주인공 베런트 가족처럼 사람들은 "머릿속 금기 사항"을 내면화했다. 동독에 사는 베런트 가족은 반체제 인사도, 기독교 신자도, 환경주의자도 아니었다. 국가와 다툴 일이 없는 그저 그런 '평범한 가족'이었다. 그런데도 그들은 어느 순간부터인가 집에서 말할 수 있는 것은 무엇이고 집 바깥에서 말할 수 있는 것은 무엇인지를 깨닫게

됐다. 집에서 말할 수 있는 주제는 많았지만 집 바깥에서 입에 담을 만한 주제는 거의 없었다. 많은 사람들이 "내면으로 도피"했다. 사람들은 권력으로부터 자신을 보호하기 위해 비밀스러운 내면 생활을 철저하게 감췄다.[20] 마음 속에 "국가가 자리 하게" 된 사람들의 심리 상태는 "피폐"해졌고 피해 망상, 치료를 요하는 우울증, 내면화된 만성 분노, 학습된 무력감 등이 사람들을 엄습했다.

1989년 베를린 장벽이 무너질 때까지 동독의 비밀경찰인 국가보안성에는 9만 7천 명의 경찰이 소속돼 있었고 정보원도 17만 3천 명에 이르렀다. 당시 인구가 1천7백만 명이었으므로 인구 63명당 경찰 및 정보원 1명이 배치된 셈이다. 이는 인구 5천8백3십 명당 국가보안위원회 요원 1명이 배치된 스탈린 시대의 소비에트연방보다도 많은 숫자였고 인구 2천 명당 게슈타포 1명이 배치된 히틀러의 제3제국보다도 많은 숫자였다. 여기에 부정기적으로 활동한 정보원까지 포함시킨다면 동독 국민 6.5명당 경찰 또는 정보원 1명이 배치된 셈이 된다. 피해 망상에 시달리던 사람들이 국가보안성에 협조하면서 국가보안성의 규모가 더 커지게 되었다. "밀케가 반대자를 찾아내는 곳에는 항상 적이 있었다. 그리고 더 많은 적을 색출할수록 그들을 진압할 더 많은 요원과 정보원을 고용해야 했다."[21]

에리히 밀케Erich Mielke, 1907~2000

1925년 공산당에 입당해 당 기관지 「붉은 기」 기자로 일하다가 초대 공산당 서기장인 발터 울브리히트에 의해 발탁돼 동독 비밀경찰인 슈타지 국장 자리까지 오른다. 1957년부터 32년 동안 슈타지를 지휘하면서 반체제 인사들을 강제수용소에 보내는 등, 동독의 독재 정권을 지탱하는 데 핵심 역할을 했다. 공개적인 테러와 납치 등 수단과 방법을 가리지 않은 인물로 알려져 있다. 옮긴이

존 에드거 후버 국장이 이끈 미 연방수사국

미 연방수사국이 나치 동조자, 공산주의자, 폭력 조직, 큐클럭스클랜(Ku Klux Klan, KKK단)과 전쟁을 벌이던 1930년대에는 미 연방수사국의 활동에 최소한의 정당성이 있었다. 그러나 존 에드거 후버 미 연방수사국 국장은 도저히 이해할 수 없는 야망을 지닌 악당이었다. 후버 국장은 설령 민주주의 국가라 해도 목적을 달성하기 위해 감시를 활용할 수 있다고 생각했다. 후버 국장은 미 연방수사국을 협박과 유언비어 유포를 일삼는 반민주적 조직으로 바꿨고 숨은 권력자가 되어 권력을 마구 휘둘렀다.

1947년 트루먼 대통령은 이렇게 강조했다. "하원 의원이든 상원 의원이든 모두가 후버 국장을 두려워합니다. (…) 에드거 후버 국장이 이끄는 조직은 시민을 감시하는 사회를 향한 첫걸음입니다. 어떻게든 막아서 이 나라에 내무인민위원회나 게슈타포가 발붙일 수 없게 하겠습니다." 그러나 트루먼 대통령은 바로 그해에 "연방 공무원 충성심 확인" 사업을 추진해 '비非미분자 unAmerican'로 의심되는 공무원 목록을 작성해 파면했다. 조지프 매카시Joseph MaCarthy 상원 의원이 주도한 비非미활동위원회House of UnAmerican Activities Committee가 적색 공포 분위기를 조성하는 임무를 이어받았다. 공개 심문을 통해 맹비난이 쏟아진 끝에 수천 명이 직장을 잃었고 그중 상당수가 자살로 생을 마감했다. 후버 국장이 이끈 미 연방수사국은 비非미활동위원회에서 쓰일 증거를 조작했다.

스탈린의 권력은 국가보안위원회가 조성한 공포심에 의존했지만 후버 국장은 미국인들이 자기들의 자유가 미 연방수사국에 의해 침해를 당하는 상황조차 그냥 간과하게 만들었다. 후버 국장은 라디오, 영화, 텔레비전 같은 언론을 연방수사관을 미화하는 내용으로 도배했고 연방수사관을 상징하는 장난감 총, 모형 배지, 아동용 잠옷을 만들어 배포했다.[22] 눈부신 광고 뒤에 몸을 숨긴 후버 국장은 대對 공산 방첩 사업(Counter Intelligence program, COINTELPRO)＊ 같은 감시 활동을 비밀리에 추진했다. 이런 사업들을 추진하는 과정에서 과거 잠입이나 정보원 활용 따위를 작전 수

▪ 깊이 읽기

코인텔프로, (삭제된) 그것은 무엇인가?

오늘날 우리는 방대한 기록들을 통해 미 연방수사국이 민권운동을 공격하고, 합법적인 선거 정치를 방해하고, 대학과 가장 규모가 큰 와츠 게토, 서구 지역의 흑인 문화 센터 및 문화 단체들을 침식하고, 앞잡이를 다양하게 활용하거나 폭탄을 투척하거나 강도와 살인 등, 필요한 모든 수단을 동원해 반갑지 않은 정치 활동을 방해하는 일을 저질렀음을 알 수 있다. 코인텔프로 하나만을 봐도 그 목표가 공산당, 사회주의노동자당, 푸에르토리코 독립운동, 1960년대의 다양한 흑인 운동, 그리고 '신좌파' 전체를 포함했음을 알 수 있다. (…) 활동 범위와 폭력의 강도에 있어서 미 연방수사국의 범죄 수사 프로그램은 다른 산업화된 민주국가들의 프로그램보다 훨씬 강력했다.

▶출처─「미국민중사를 만든 목소리들」, 하워드 진 앤서니·아노브 엮음, 황혜성 옮김, 이후, 2011, 885쪽~886쪽

단으로 구사하던 미 연방수사국은 불법 전화 도청이나 무단 침입, 증거 조작, 협박, 유언비어 유포 등의 불법적인 방법까지 활용할 수 있게 됐다. 시민권 증진 단체, 여성 권리 증진 단체, 평화 운동 단체, 환경 단체, 이슬람 국적 소유자, 흑인 인권 단체가 주요 염탐 대상이 되었고 범죄를 저지른 단체를 자극하기 위한 잠입 활동은 기본이었다.[23] 이를테면 미 연방수사국은 마틴 루서 킹을 모스크바와 내통하는 위험 인물로 만들기 위해 많은 공을 들였다. 노벨상을 수상하지 못하면 마틴 루서 킹의 인기가 시들해질 것이라고 기대한 미 연방수사국은 마틴 루서 킹의 '사생활'에 대한 거짓말로 점철된 자료를 스웨덴에 보내 노벨상 수상을 방해했다. 존 레논과 제인 폰다도 후버 국장의 피해 망상에 희생된 대표 주자들이지만 수천 명의 평범한 미국인과 외국인들 역시 후버 국장의 수사 선상에서 벗어나지 못했다.

1924년부터 미 연방수사국 국장을 지낸 후버 국장은 1972년 세상을 떠날 때까지 그 자리를 지켰다. 그 동안 미국 의회는 후버 국장을 한결같이 지지했다. 아무도 그를 해임할 수 없었기 때문이었다. 닉슨 대통령은 이런 말을 내뱉었다. "모든 사람의 파일을 만들었다니, 후버 국장은 정말 지독한 놈이었소!"[24]

냉전 시대의 첩보전

내부의 적을 색출하는 일은 진정 전 세계를 아우른 전쟁인 냉전의 전초전이었다. 서구권이라 불린 자본주의 진영과 동구권이라 불린 공산주의 진영이 소리 없는 전쟁을 벌였다. 식민지였던 지역과 이웃 국가로부터 더 이상 저렴한 가격에 원료를 공급받지 못할 수도 있다는 사실이 서구권이 직면한 가장 큰 위협이었다. 따라서 미 중앙정보국은 서구권에서 이뤄지는 감시를 강화했고 유럽의 식민 권력으로부터 독립한 제3세계 국가의 치안 역량을 강화해 미국의 손아귀에서 빠져나가지 못하도록 고삐를 죄었다.

1953년 미 중앙정보국과 MI6는 국민의 지지 속에 총리로 선출된 무함마드 모사데크Mohammed Mossadeq 이란 총리를 실각시키고 이란 민주주의를 말살했다. 모사데크가 〈영국석유회사(BP)〉 소유인 이란의 유전을 국영화하려 한 게 발단이었다. 모사데크 총리가 실각한 뒤 이란은 샤Shah가 통치하는 전제군주제로 돌아갔다. 샤는 페르시아 최초의 근대적 비밀경찰 제도를 운영해 권력을 유지했다. 이란의 비밀경찰 사박SAVAK은 미 중앙정보국과 이스라엘 비밀 정보기관인 모사드MOSSAD의 훈련을 받은 만큼 효과적이고 위협적이었다.[25] 핵심 요원 5천 명과 부정기적으로 활동하는 요원 5만 명을 거느린 사박은 모든 출판물을 검열했고 공무원 지원자들의 신원을 일일이 검증했다. 공산주의자가 됐든 극작가나 시인 또는 교사가 됐든, 반체제인사로 지목된 사람은 붙들려 투옥되고 잠을 재우지 않거나 손톱을 뽑는 등, 무자비한 고문을 당했다. 사박은 해외에 있는 반체제 인사를 색출하기 위해 해외 지부도 운영했다. 사박의 활동은 이란 사람들의 공분을 불러일으켰고 그 공분은 1979년 아야톨라 호메이니Ayatollah Khomeini가 부패한 샤 정권을 타도하는 자양분이 되었다. 그러나 혁명을 막는 데 실패한 사박은 이번에는 근본주의자로 변신해 혁명의 수혜자가 되었다. 혁명 이후 사박은 알라와 국가에 충성하지 않는 사람들을 그 어느 때보다 효과적으로 색출했다.

1980년 이웃 국가 이라크가 이란을 침공했다. 당시 서구권은 이라크의 독재자 사담 후세인Saddam Hussein을 은밀하게 지원해 호메이니 정권의 몰락을 기도했다. 사담 후세인은 미 중앙정보국의 지원을 받아 쿠데타를 성공시키며 우여곡절 끝에 권좌에 올랐고 권좌에 오른 뒤에는 비밀경찰 무카바라트Mukhabarat에 의존해 권력을 유지했다. 사박처럼 무카바라트도 억압, 고문, 살인을 일삼았다. 영국이 설립한 이집트의 비밀경찰도 이라크의 비밀경찰과 비슷한 경로를 걸어갔다. 이집트 비밀경찰은 온 몸에 동물 지방을 덕지덕지 바른 죄수를 개와 한 감방에 두는 등의 고문 기법을 미 중앙정보국으로부터 전수받았다.[26]

칠레 경제의 숨통을 조이기 위해 경제 제재와 금융 기술을 은밀한 방식으로 활용한 워싱턴의 미국 정부와 1973년 아우구스토 피노체트Augusto Pinochet가 일으킨 쿠데타를 지원한 미 중앙정보국은 힘을 합쳐 민주적으로 선출된 칠레 대통령 살바도르 아옌데 Salvador Allende 정권을 무너뜨렸다. 쿠데타 과정에서 아옌데 대통령을 살해한 피노체트는 비밀경찰기관인 국가정보국Direccion de Inteligencia Nacional을 설립해 신문사를 폐쇄했다. 정치인, 언론인, 학자, 시인, 노동조합원, 교사, 학생, 동료할 것 없이 3천 명 남짓한 사람들이 끝나지 않는 '국가비상사태'를 지휘하는 군사 정부를 '위협하는 급진 분자'로 분류되어 구금되고 고문당했으며 실종됐다.

● 추악한 전쟁─1976년 군부 쿠데타를 통해 아르헨티나 정권을 장악한 호르헤 비델라 Jorge Rafael Videla가 좌익 게릴라를 척결한다는 명분으로 민주 세력을 대대적으로 탄압한 사건을 가리킨다. 3년간 계속된 공포정치로 희생된 사람들은 최소 1만 명, 많게는 3만 명에 이르는 것으로 추산된다. 옮긴이

● 처치위원회Church committee ─공식 명칭은 〈정부의정보활동기구조사를위한 미상원특별위원회〉로 위원장 프랭크 처치 Frank Church 상원 의원의 이름을 따 처치위원회로 불린다. 옮긴이

이웃 국가 아르헨티나의 경우에는 비밀 정보기관이 '추악한 전쟁'을 벌인 끝에 9천 명 남짓한 사람들이 실종되었다. 이들은 모두 군부 독재를 위협하는 집단으로 분류된 사람들이었다.

워터게이트 사건과 어두운 첩보의 세계

그 무렵 미국인들은 워싱턴에 자리 잡은 미국 정부가 감시와 협잡의 종결자라는 사실을 깨닫게 됐다. 1974년 리처드 닉슨Richard Nixon 대통령은 미국 최초로 사임한 대통령으로 이름을 올렸다. 대통령을 권좌에서 끌어내린 주범은 대통령 집무실에 설치된 녹음기였는데, 그 녹음기에는 워터게이트 사건을 덮으려는 닉슨 대통령의 꼴사나운 노력이 고스란히 녹음되어 있었다. 워터게이트 사건이란 전직 미 중앙정보국 요원이 워터게이트 호텔에 꾸려진 민주당 사무실에 잠입해 도청 장치를 설치하려다 실패한 사건으로, 당시 후버 국장이라는 위험 인물의 그늘에서 겨우 벗어나고 있던 미 상원은 다시 한 번 충격에 빠졌다. 이 사건을 계기로 미 상원은 미국 시민을 대상으로 첩보 활동을 펼친 미국 안보 기구의 실상을 파헤치겠다며 결의를 다졌고 그 결과 1970년대 중반 처치위원회와 록펠러위원회가 구성되었지만 첩보 활동이

라는 어두운 세계의 핵심을 파고들지는
못했다.

아옌데 칠레 대통령에 맞서기 위해 미
중앙정보국이 꾸민 음모도 충격적이었지
만 미국인들에게 가장 큰 충격을 던진 것
은 대對 공산 방첩 사업, 카오스CHAOS, 미
나렛MINARET 같은 작전을 통해 이뤄진

● 록펠러위원회Rockefeller
Committee–공식 명칭은 〈미
중앙정보국의 미국내활동에관
한위원회〉로 위원장을 맡은 넬
슨 록펠러Nelson Rockefeller 부
통령의 이름을 따 록펠러위원
회로 불린다. 옮긴이

미국 내 감시 활동의 실상이었다. 미 국가안보국 관련 기관인 카오
스는 외국에서 사주를 받는 것이 명백해 보이는 진보 단체를 조사
한 뒤 1천1백 쪽 분량의 자료를 미 중앙정보국에 넘겨줬다. 1967
년에서 1973년 사이 미나렛은 미 연방수사국, 미 중앙정보국, 미
국방정보국이 '용의자'로 지목한, 마약 운반 조직에서 반전 단체에
이르는 천여 개 단체의 미국인 회원 1천6백8십 명과 외국인 회원 5
천9백2십5명의 전화 통화 내용과 통신 내용을 가로채 미 국가안보
국에 제공했다. 1973년 미 법무장관은 합법성이 의심되는 이 작전
들을 중단시켰다.

그때까지 상원 의원 대부분과 대중은 미 국가안보국의 존재조
차 모르고 있었다. 미 국가안보국은 제1차 세계대전 당시 구성된
기밀실Black Chamber에서 출발했다. 암호를 해독하고 정보를 가로
채는 소규모 비밀 조직인 기밀실은 검열법이 허용한 대로 미국 내
에서 주고받는, 그리고 미국을 거치는 모든 전보를 검사한 뒤 통과
시켰다. 제1차 세계대전이 끝나자 전보를 검열할 필요성이 사라
졌다. 그래서 기밀실은 전보를 제공받기 위해 〈웨스턴유니언 통신

회사Western Union〉와 비밀리에 협약을 맺어야 했다. 1929년 기밀실을 해체한 헨리 스팀슨Henry Stimson 국무장관은 "누구든 타인의 편지를 읽어서는 안 된다"고 말했지만 1941년 전쟁장관에 임명되자 그럴 필요가 있음을 깨닫게 되었다. 비밀 정보기관으로 부활한 기밀실은 〈웨스턴유니언 통신회사〉와 다시 계약을 체결하고 제2차 세계대전 내내 밀접한 관계를 유지했다.

군에 비밀 정보를 수집, 제공하는 기관으로 성장한 기밀실은 1952년 미 국가안보국으로 승격되었다. 의회에는 보고조차 되지 않았다. 메릴랜드 주 포트 미드에 있는 미 국가안보국 본부에 미국 최초의 슈퍼컴퓨터 하비스트Harvest가 설치되어 미국에서 발신하거나 미국으로 들어오는, 그리고 미국 내에서 주고받는 모든 전보를 녹음한 사본을 전산화했다. 녹음 사본은 뉴욕 뒷골목에서 요원에게 전달되거나 AT&T 같은 '비밀 보관소'에 보관되었다.[27] 미국인들은 민간 기업이 자진해서 대중을 염탐할 수 있다는 사실에 경악을 금치 못했고 1975년 〈미국시민자유연맹American Civil Liberties Union〉은 미 국가안보국과 미 중앙정보국 그리고 〈RCA글로벌커뮤니케이션RCA Global Communications〉, 〈ITT 월드커뮤니케이션ITT World Communications〉, 〈웨스턴유니언 통신회사〉, 〈미국케이블 및 라디오주식회사American Cable & Radio Corp.〉를 상대로 5억 달러 배상을 요구하는 소송을 청구했다.[28] 의회는 연방 정부가 미국 시민을 도청한 일은 수정 헌법 제4조*를 위반한 것이며 정부의 은밀한 감시 활동은 사법부와 의회가 관리하고 미국 시민에 대한 염탐은 법원 명령을 받도록 규정한 "해외정보감시법Foreign Intelligence

Surveillance Act"을 위반한 것이라며 분통을 터뜨렸다. 흠도 많고 회피하기 쉽다는 단점이 있었음에도 1978년 제정된 "해외정보감시법"은 정부의 시민 감시에 대한 미국인들의 인식을 일깨우는 중요한 계기가 되었다.

세계화와 통신 회사

"해외정보감시법"에 따르면 외국인은 여전히 미 국가안보국의

<table>
<tr><td></td><td>• 깊이 읽기</td></tr>
</table>

휴지조각이 된 헌법

미국 헌법은 1787년 제정되어 세계에서 가장 오래된 헌법으로 알려져 있다. 이 헌법은 오늘날까지 거의 원형 그대로 전해 내려오는데, 그동안 단 27개 조항만이 새로이 추가되었다. 이 추가 조항을 '수정 헌법'이라고 하며 특히, 수정 헌법 제1조에서부터 제10조까지는 미국의 '권리 장전'이라고도 불린다. 예를 들어 수정 헌법 제1조는 종교, 언론 및 출판의 자유를 명시하고 있고, 제6조는 공정한 재판을 받을 권리를 명시하고 있다.

그 가운데 수정 헌법 제4조는 '수색 및 체포 영장'에 관한 조항으로 "부당한 수색, 체포, 압수로부터 신체, 가택, 서류 및 통신의 안전을 보장받는 인민의 권리"를 보장하고 있다. 이는 신체의 자유에 근거해 미국인들의 사생활을 보호하는 조항으로 여겨진다. 그러나 헌법만으로는 정부에 의해 이루어지는 광범위한 감시 활동을 막기에 역부족이어서 미국 정보기관이 헌법 파괴 행위인 '도청'을 통해 정보를 수집하는 것을 막지 못했다. 옮긴이

손쉬운 먹잇감이었다. 따지고 보면 미 국가안보국은 처음부터 해외 정보 감시를 목적으로 설립된 기관이었다. 오늘날 달라진 점이 있다면 전 세계 구석구석에 뻗어 있는 통신 기술을 활용한다는 점뿐이다. 미 국가안보국은 영국, 캐나다, 오스트레일리아, 뉴질랜드 같은 백인 앵글로색슨족 개신교 국가 도당과 손을 맞잡고 지구 전역에서 부상하고 있는 국제 통신망을 도청한다. 제2차 세계대전이 막바지로 치닫던 1943년, 미국과 영국은 추축국에 대한 정보를 공유하고 그들의 통신을 차단하는 영미 간 조약BRUSA agreement을 체결했다. 냉전기로 접어든 1947년 영미 간 조약은 영연방비밀정보수집기구Commonwealth Signal Intelligence Organization로 확대 개편되어 캐나다, 오스트레일리아, 뉴질랜드 등, 스러져가는 대영제국과 이제 막 기지개를 펴기 시작한 미 제국 전역에 감청 시설 설치를 허가했다. 지구 전역을 아우르는 이 통신망의 이름은 에셜론ECHELON으로 대륙, 대양, 공중, 우주에 전초 기지를 두고 전화, 이메일, 팩스, 텔렉스, 라디오 방송, 텔레비전 방송, 극초단파 통신, 휴대용 통신, 위성통신, 광통신을 통해 주고받는 모든 메시지를 가로챘다. 어느 비밀 정보기관이든 슈퍼컴퓨터에 검색어만 집어 넣으면 해당 검색어가 들어간 메시지가 문서로 출력된다. 보이스캐스트VOICECAST는 개개인의 발화 특성을 인식하고 매지스트랜드MAGISRAND나 패스파인더PATHFINDER 같은 프로그램을 이용해 말하는 내용을 자동으로 기록하며 검색어와 일치하는 내용이 담긴 문장을 추출한다. 그렇게 추출된 문장은 비밀 정보기관으로 전송되어 심도 깊게 분석된다.

중국은 과거의 적이 오늘의 동지가 될 수 있다는 사실을 극명하게 드러내 주었다. 1997년까지 미국은 홍콩에서 중국을 감시했다. 그러나 P415 사업이 시행된 뒤 중국과 미국의 관계는 중국과 소비에트연방의 관계보다 더 안정적으로 변모했다. 중국 군부는 캘리포니아로 인력을 파견해 에설론 사용법을 익혔고 중국

• P415 사업Project P415－에설론 사업의 확장판으로, 미국과 영연방뿐 아니라 독일과 일본, 중국이 참여한 전 지구적 전자 감시 체계 사업이다. 미국가안보국의 지휘 아래 기획되어 21세기에도 시민들 간의 통신을 감시하고 분석하는 게 목적이었다. 옮긴이

신장 지구 두 곳에 미국과 중국의 공동 감청 시설이 설치되었다.[29) 이제 중국은 공산주의 국가로서 미국에 위협을 가하는 세력이 아니라 상업적인 면에서 미국에 위협을 가하는 세력이 되었다. 세계화된 세계에서는 기업의 이익도 '국가 안보'에 포함되기 때문에 외국 기업을 염탐하는 일도 에설론의 임무 중 하나가 되었다.[30)

시간 지연과 간섭이라는 단점이 있음에도 누구나 극초단파 통신이나 위성통신을 통해 주고받은 내용을 해독하고 감시할 수 있다. 통신망의 경우에는 통신망을 통제하는 민간 기업의 협조를 받아야 하지만[31) 염탐이 이득이 된다면 민간 기업은 반대보다는 협조하는 편을 택할 것이다. 이윤의 기치 아래 단결한 세계에서 에설론은 비용 대비 효과가 우수하다. 국가의 감시와 정부의 사생활 침해에 맞서 "해외정보감시법"이 승리를 거둔 것은 기쁜 일이지만 작은 기록 하나까지도 모두 긁어 모으려는 은행과 민간 기업의 노력은 또 다른 오점으로 남았다.

　　중앙집권화된 국가였던 공산주의 국가는 사람들이 생각하는 방식과 행동하는 방식을 규정한 뒤 감시를 통해 개인을 집단의 필요에 강제로 끼워 맞췄지만 '자유국가'였던 서구권에서는 민간 기업이 개개인의 생각을 관찰해 수집한 정보를 분석해서 전체적인 흐름을 파악한 뒤 개개인의 필요를 충족시키는 방식을 택했다. 그러나 서구 정부도 시장이 '실패하는' 영역에 대해서는 직접 자원을 관리했다. 전면적인 강압 정책을 펴기 위해서라기보다는 보건 의료와 교육, 복지 혜택과 사회 서비스를 제공하기 위해서였지만 어쨌든 효과적인 운용을 위해서는 민간 부문이나 공공 부문 모두 강도 높은 '감시'가 필요했다.

　　1980년대에 우파는 국가 개입을 최소화해 "민간 부문에 자유를 주었고" 낮은 이율로 대출을 제공해 모두의 주머니를 넉넉하게 채워 주었다. 그 대가로 사람들은 개인 정보에 대한 통제권을 잃었지만 그 비용은 숨겨져 눈에 보이지 않았다. 저렴한 가격의 컴퓨터가 대량 생산되어 평범한 사람도 컴퓨터를 소유하게 되면서 사람들의 개인 정보가 수집되어 급속히 유포되기 시작했고 사회는 로저 A. 클라크Roger A. Clarke 교수가 '정보 감시' 사회라고 부른 사회로 변모해 갔다. 서구 사회는 단 하나의 빅 브라더가 지배하는 사회가 아니라 1천여 개의 작은 빅 브라더들이 지배하는 사회가 되었다. 규제에서 자유로워지면서 급부상한 미국과 영국의 금융 부문은 대량 보급된 컴퓨터에 힘 입어 개인 맞춤형 금융 상품을 여럿 개발했다. 대출을 받은 개인들의 소비가 러스트 벨트가 남기고 떠난 빈 공간을 메웠다. 그리고 공장이 떠난 뒤 버려진 공단 부지에는 쇼핑센터가 새로 지어졌고 금융 산업 종사자들은 그곳에서 새로 발급받은

●러스트 벨트rustbelt―미국 중서부와 북동부의 사양화된 중공업 지대. 옮긴이

신용카드를 마구 긁어댔다. 덕분에 정부의 재정 지출도 확대됐다.

대출 열풍의 중심에는 은행이 있었다. 은행은 예금자들이 맡긴 돈을 대출 상품으로 전환해 수백만 명에게 돈을 빌려 줬다. 유례없이 많은 사람들이 대출을 받았다. 예금을 유치하고 대출을 제공하는 은행은 대출받는 사람의 소득, 자산, 과거의 신용 기록, 타 금융기관에서 과거 대출 받은 기록 같은 정보를 바탕으로 대출 자격이나 대출 한도 금액을 반드시 평가해야 한다. 바꿔 말하면 대출 받는 사람의 위험도를 평가해야 한다. 정보를 감시하는 컴퓨터가 등장하면서 은행, 보험회사, 여타 금융기관은 개개인의 인적 사항과 금융 정보를 신속하게 분석해 대출받는 사람의 위험도를 평가, 관리할 수 있게 되었고 과거에는 대출에서 제외되었던 수천만 명의 사람들에게 수십억 달러 규모의 대출을 시행할 수 있게 됐다. 컴퓨터 기술 덕분에 이 모든 일들이 멀리 떨어진 곳에서, 그것도 익명으로 진행될 수 있었다. 세계화가 진행되면서 수십억 명에 달하는 익명의 개인 신용 정보를 수집해 평가할 수 있게 되었고 실제 만남을 통해 신뢰를 쌓아가는 기존의 신용 평가 방식이나 지역별로 차별화되던 규범은 쓸모없게 되었다.

국가도 신용 평가의 대상이 되었다. 〈피치레이팅스Fitch Ratings〉,

〈스탠더드앤푸어Standard & Poor〉 같은 신용 평가 기관은 각 나라의 신용을 평가해 대학교 성적표를 연상시키는 B등급, B-등급, CCC+ 등급 등으로 분류한다. CCC등급을 받은 국가의 신용도는 "매우 취약해 산업, 금융, 경제 조건이 우호적이지 않으면 채무를 이행하기 어려운" 수준이다. 주권국가가 채무불이행을 선언하면 지정학적인 불안이 야기되고 사회적 소요가 일어날 수 있으며 최악의 경우 전쟁이 일어날 수도 있다. 사실 가장 큰 문제는 투자자들이 투자 자금을 회수할 수 없다는 것이다.

위험도 평가가 잘못될 수도 있다. 2008년 지구 전역을 강타한 금융 위기는 미국의 서브 프라임 모기지론이 일으킨 위기에서 출발했다. 서브 프라임 모기지론 덕분에 극빈층, 즉 신용 위험이 가장 높은 계층이 자신들이 감당할 수 있는 수준보다 더 많은 대출을 받았고 은행은 그 채권을 구입해 재구성한 뒤 일반적으로 나라, 소비자, 시민에게 적용되는 철저한 검토도 거치지 않은 채 다른 금융 기관에 팔아 넘겼다.

기업 홍보와 허위 과학

영국의 기업 홍보는 1937년 시작되었다. 그 해 더프 쿠퍼Duff Cooper 정보 장관은 사회 조사 기관인 대중조사국Mass Observation을 설립하고 영국인의 '행태'를 조사했다. 우비를 입고 손에 기록지를 든 조사원들이 거리에 나가 서 있거나 대중 집회, 운동 경기장을 방문해 사람들의 차림, 구입하는 물건, 대화 내용, 읽는 신문을 기록했다. 대중조사국은 본인의 생활과 가족, 이웃, 친구들의 일상을 보고할 기록원을 영국 전역에서 모집했고 기록원들은 자신이 기록한 내용을 대중조사국 본부로 보냈다. 영국이 제2차 세계대전에 휘말릴 무렵, 사람들은 쿠퍼의 염탐꾼이라 불리게 된 대중조사국 직원들이 자신의 사생활을 크게 침해한다는 사실을 인식하고 분노하기 시작했다.[32] 그러나 대중조사국은 개개인이 무슨 생각을 하는 지에는 큰 관심이 없었다. 대중조사국의 관심은 대중 사이에 여론을 형성하는 것이었다. 조사원들이 조사한 내용은 군의 신병을 매우 효과적으로 모집하는 데 기여했고 정부가 전쟁에 승리하기 위해 기울이는 노력을 대중에게 선전하는 데도 매우 유용하게 쓰였다.

1950년대로 접어들면서 제2차 세계대전에서 승리한 영국인의 소비가 급증했고 대중조사국은 변화한 시대상에 발맞춰 조사 방법을 정교화시켰다. 2만 5천 명을 대상으로 한 시장 조사가 이뤄져 삶은 콩에서 텔레비전 방송에 이르는 모든 소비재에 대한 의견을 청취했다. 이렇게 수집된 정보는 소비자의 정서를 가늠하기 위해 〈영국시장조사기관British Market Research Bureau〉으로 보내져 그곳에서 분석되었다. 수집된 정보는 계급, 성별, 사회적 지위 등 개인의 여러 특성을 기준으로 세분화되어 각각의 집단이 느끼는 사회에 대한 만족도를 평가하는 데에도 사용되었다. 사회 조사 기법은 나날이 발전해 이제는 놀라울 만큼 복잡한 허위 과학으로 전 세계에 군림하게 되었다.

〈클래리타스Claritas〉라는 미국 기업은 사회를 15개 집단으로 분류하고 그 집단을 다시 하위 집단으로 세분한다. 각각의 분류에는 충격적인 이름이 붙었다. 〈클래리타스〉가 분류한 소비자 계층도의 맨 꼭대기에는 교외에 사는 전문직군이 있다. 전문직군은 다시 명문 귀족 가문, 자수성가 전문직, 기업가, 수영장 딸린 주택 거주자, 자녀를 둔 초호화 주택 거주자라는 하위 집단으로 세분화된다. 그 아래 중간쯤에는 도심 거주군이 있고 도심 거주군은 다시 독신, 히스패닉계로 세분화된다. 다시 그 아래 중간쯤에는 노동직군이 있고 노동직군은 다시 사무직, 공장 근로자, 철강 근로자로 세분화된다. 〈클래리타스〉가 분류한 소비자 계층도의 맨 아래에는 농촌 주민군이 있고 농촌 주민군은 다시 노인, 허름한 주택 거주자, 빈민 등으로 세분화된다.

조사 대상에 오른 개인은 이름, 생일, 사회보장 번호, 결혼 여부, 재산, 신용도, 소득, 인종, 키, 몸무게, 체질량 지수, 전화번호, 직업, 교육 수준에 대한 정보를 제공해야 한다. 그러나 조사 내용은 더 있다. 구독하는 잡지, 좋아하는 음악과 책, 가입한 동호회, 식습관, 알레르기, 요실금, 시력 같은 정보도 제공해야 한다. 기업 홍보 전문가들이 불특정 다수의 고객에게 홍보 전단이나 대량 이메일을 보내기 위해 필요한 정보는 이렇게나 많다.

미국에서 이뤄지는 개인 정보 수집 활동 뒤에는 〈직접홍보협회 Direct Marketing Association〉가 버티고 있다. 〈직접홍보협회〉는 고객 집단을 세분화한 "직접 홍보 명단Direct Media List Showcase" 같은 자료를 제공한다. 그 명단은 고객을 『뉴스위크Nesweek』를 구독하는 가톨릭교도 등으로 분류한다. 〈레오나르드 박사가 추천하는 건강식품Dr. Leonard's Healthcare Lifelines〉회사나 "미국 상위 5퍼센트에 해당하는 백만장자, 수백만장자, 억만장자"만 상대하는 〈미국의부유층Affluent America〉같은 단체에서도 인종과 종교 같은 개인의 특성 정보를 활용한다.[33] 활용할 수 있는 개인 정보는 돈이 된다. 이름 1천 개당 65달러에 팔리기 때문이다. 한편 정보 소유자가 개인 정보 활용에 동의하지 않아도 〈직접홍보협회〉는 돈을 번다. 개인 정보 활용에 동의하지 않는 사람은 〈직접홍보협회〉에 5달러를 지불해야 하기 때문이다. 그러고도 자기 정보가 〈직접홍보협회〉의 개인 정보 목록에서 지워지기까지 무려 5년이라는 세월을 기다려야 한다.

현금 없는 사회로의 전환

사람들이 구입하는 물건의 세부 내역을 하나도 빠짐 없이 기록할 수 있는 것은 신기술 덕분이다. 오늘날 사람들은 현금 대신 사용 유무를 추적할 수 있는 신용카드나 직불 카드를 선호하고 인터넷 쇼핑을 즐긴다. 결제 속도는 점점 더 빨라져 〈텍사스인스트루먼트Texas Instruments〉와 〈아메리칸익스프레스American Express〉가 개발한 익스프레스페이ExpressPay 시스템, 〈마스터카드MasterCard〉가 개발한 페이패스PayPass, 〈핼리팩스Halifax〉가 개발한 비자 페이웨이브Visa payWave처럼 '찍으면 바로 결제되는' 경지에 이르렀다. 요즘은 오이스터Oyster 카드처럼 신용카드에 교통카드 기능을 통합하는 추세다. 〈몰로리워드MoLo Reward〉가 개발한 RFID를 슈퍼마켓 고객 카드에 내장하면 고객은 해당 카드에 쿠폰을 내려받을 수 있고 인터넷 쇼핑을 하더라도 포인트를 받을 수 있다.[34]

전자 결제는 현금 결제와 달라서 모든 거래 내용이 회계에 반영될 수 있기 때문에 세금을 부과하기 쉽다. 따라서 국가는 대중에게 직접 세금을 걷지 않고도 금고를 가득 채울 수 있다. 은행의 거래 시스템을 이용해 모든 거래에 대해 과세할 수 있기 때문이다.[35] 따라서 지금까지 현금으로 지급하던 급여 지급 방식이 은행 계좌이체 방식으로 변경됐다. 이로 인해 노동자들은 호시탐탐 그들을 노리는 고금리 대출 대상자가 되어 시도 때도 없이 은행으로부터 대출 안내를 받게 된다. 국가로부터 사회복지 급여를 받거나 연금을 수령하는 사람들도 과거에는 수표로 지급받았지만 이제는 반드시 은행 계좌를 이용해야 하며 예금을 유치한 은행은 이를 이용해 더 많은 대출을 받으라고 유혹한다.

새로 등장한 전자 금융 시스템 덕분에 보험회사는 보험 가입자 개개인의 위험도를 더 정확하게 평가해 제조업체 종사자나 서비스업 종사자를 목표 고객 명단에 올리거나 제외할 수 있게 되었다. 수표는 점차 케케묵은 지불 수단이 되어가고 있다. 어떤 상점에서는 수표를 받지 않으려 하기 때문에 사람들은 직불 카드 같은 전자 결제 수단을 사용할 수밖에 없다. 전자 결제 수단을 사용하면 현금을 지니고 다녀야 하는 불편함이 사라지지만 대금 지불의 통제권은 지불하는 사람에게서 지불받는 사람에게로 넘어간다. 지불받는 사람의 실수로 물건값이나 서비스 요금이 과다 청구될 수도 있고 지불 한도를 초과해 마이너스 통장이 되면 은행에 이자를 물어야 한다. 아무래도 소득이 낮고 위험도가 높은 계층이 고금리 대출의 희생자가 되기 쉽다.

현금이 사라질 것이라는 예측은 과장된 측면이 없지 않다. 그러나 전자 거래가 민간 기업에 여러 모로 이득이기 때문에 우리 사회가 현금 없는 사회로 바뀌어 가고 있는 것만은 틀림없다. 〈미래단체〉라는 베일에 가려진 연구 집단이 유럽연합 집행위원회에 제출한 보고서에는 이런 말이 적혀 있다. "신용카드와 직불 카드로 결제한 모든 거래는 실시간으로 검색되고 통제될 수 있는 정보다. 전자 결제를 더 많이 이용할수록 우리 사회는 현금 없는 사회로 이행하게 될 것이다. (…)"[36] 민간 기업의 눈에는 카드를 마구 긁고 다니면서 위험을 무릅쓰는 사람이 '정상적인' 사람이다. 반면 신용카드를 쓰지 않고 자동차를 몰지 않으며 주택을 소유하지 않은 채 전자 거래를 기피하는 사람은 기인으로 낙인 찍힐 것이다.[37]

그러나 새롭게 모습을 드러내고 있는 전자 금융 사회, 통신 사회, 신용 이행 사회는 그 자체로 커다란 위험을 안고 있다. 범죄자나 테러리스트들도 전자적 수단을 활용해 세계 어느 곳에서든 공격 계획을 수립할 수 있기 때문이다. 21세기가 시작되자마자 터진 9.11 사건을 계기로 전 세계인은 전 지구적 테러리즘과 이민을 위협으로 인식하게 되었다. 그리고 전 세계의 정부들은 그런 위험에 대처하기 위해 감시 활동을 강화하고 있다.

3 사생활이 사라지다

GLOBAL SURVEILLANCE

오늘날 시민에 대한 광범위한 감시를 정당화하는
논리는 무엇인가?
대국민 감시 체계를 합법화하려는 정보기구와 정부
의 시도들을 살펴보고 국민의 동의 없이 정부 간 정
보 공유가 이루어지는 현상에 대해 알아보자.
'전자 정부'는 마냥 환영할 만한가?

03

사생활이 사라지다

테러의 공포와 기술 발전이 결합되면서 정부, 안보 기관, 보안 업체는 개인의 사생
활을 그 어느 때보다도 더 심하게 침해하고 있다. 그들은 개인의 사생활을 침해해
서라도 더 많은 정보를 확보하고 그 정보를 바탕으로 개인의 사생활을 더 정교하
게 통제하고자 한다. 그 욕망의 끝은 어디일까?

　세계화와 발전된 기술 덕분에 21세기의 소비자는 지리적으로
멀리 떨어진 곳에서 물건을 구입하는 것은 물론, 실시간으로 금융
거래를 할 수 있게 되었다. 인터넷을 통해 소비재를 구입하고 지구
상 어디에서든 RFID를 통해 추적이 가능한 신용카드를 사용하는
소비자의 경제활동은 회계에 곧바로 반영된다. RFID 칩은 수백만
명에 달하는 이민자들의 여권에도 내장된다. 따라서 사람들의 모
든 활동을 실시간으로 추적할 수 있다.

　전 세계 정부도 민간 기업의 후원 혹은 사주를 받아 전 세계를
무대로 활동하는 범죄자와 테러리스트 문제를 해결하려고 한다.
2001년 9월 11일에 일어난 사건 덕분에 정부와 기관은 잠재적인
위협을 감지한다는 명분으로 지금까지 자신들에게 부과돼 온 정

치적, 도덕적, 법적 제약을 벗어 버렸다. 이제 정부와 기관은 기술의 도움을 받아 용의 선상에 오른 사람을 쉽게 추적할 수 있다.

'자유 세계'의 수장 자리를 꿰찬 미국의 신보수주의 진영은 미국을 하루 아침에 경찰국가로 바꾸기로 마음 먹었다. 9.11 사건이 터지고 6주 뒤, 미국 상원에서는 98대 1의 표결로 "애국자법USA Patriot Act"＊＊이 통과되었는데 이는 미국인의 사생활과 자유에 가해진 최초의 공격이었다. 훗날 많은 상원 의원은 "애국자법"을 읽어 보지도 못했다고 털어 놓았다. 상원 의원들이 "애국자법"을 검토하지 못한 건 어찌 보면 당연한 일이다. 사실상 "애국자법"은 9.11 사건이 터지기 오래 전부터 준비되고 있었으며 그 분량이 300쪽에 이를 정도로 방대하고, 끔찍하리만큼 복잡했기 때문이다

■ 깊이 읽기

하워드 진이 말하는 "애국자법"의 진실

9.11 공격의 여파로 미 정부는 시민의 자유를 제약하는 많은 법안들을 통과시켰다. 그중 "애국자법"이 가장 악명 높다. 이 법은 테러범과 관련이 있다고 '의심되는' 사람들을 도청하거나, 체포하거나, 구속할 수 있는 광범위한 권한을 정부에 주었다. 민주당과 공화당 의원 대부분은 이 법안을 제대로 읽지 않았다고 고백했지만 법안은 압도적인 표로 승인되었다. 비록 부시 대통령은 법안에 반무슬림 편견이 없다고 했지만, 무슬림, 남아시아인, 다른 유색인들이 표적인 건 확실했다. 이 집단에 속한 사람들은 거리에서, 작업장에서, 그들의 집에서 언어 폭력과 신체적 습격을 받았다.

▶출처─『미국민중사를 만든 목소리들』, 하워드 진 앤서니·아노브 엮음, 황혜성 옮김, 이후, 2011, 1053쪽.

"애국자법"이 시행된 뒤부터 미심쩍은 데이터베이스가 우후죽순 생겨났고 단기 계획이 봇물을 이뤘다. 그 가운데 미 국방부의 통합 정보 인식 프로그램이 가장 악명 높았다. 이 프로그램은 미 국방안보고등연구계획청Defense Advance Research Projects Agency에서 개발한 것으로 이란-콘트라 사건을 주도한 존 포인덱스터John Poindexter 퇴역 제독이 후원한 것으로 알려졌다. 이러한 통합 정보 인식 프로그램은 "눈에 띄는 테러리스트의 활동 사이의 관계와 양상을 규명하기 위해 광범위한 정보를 추적하는 게 가능한지 여부를 밝히는 것"을 목표로 삼는다. 어디에든 존재할 수 있

● 이란-콘트라 사건 – 1986년 레이건 정권하에서 미국 정부가 적국인 이란에 무기를 불법으로 판매하고 그 대금의 일부를 니카라과의 친미적인 콘트라 반군에게 지원한 사건을 가리킨다. 레바논에 억류돼 있던 미국인 인질을 석방시키기 위해서였지만 테러리스트와 협상하지 않고 반군을 지원하지 않는다는 원칙을 어기면서까지 진행시킨 비밀 공작으로, 국내외의 비난을 샀다. 옮긴이

는 테러리스트를 감지하고 사전에 제압한다는 미명 아래 모든 사람이 의심의 대상이 되었고 모든 데이터베이스가 검색 대상이 되었다.[1] 미국이 최우선 목표로 삼은 테러 단체는 알-카에다였는데 1990년대에 오사마 빈 라덴의 주도로 형성된 점조직망을 일컫는 알-카에다는 '명단' 또는 '데이터베이스'라는 의미를 지닌 말로 미국의 비밀 정보기관이 지어준 이름이라는 점에서 의미심장하지 않을 수 없다.

오늘날에는 실시간 거래를 할 수 없다면 생활이 아예 불가능할 지경에 이르렀는데 이러한 실시간 거래는 통합 정보 인식 프로그램이 추적할 수 있는 여지를 남긴다. 2002년 테드 세너터Ted

Senator 미 국방안보고등연구계획청 프로그램 관리부장은 이렇게 설명했다. "비행기표와 호텔방, 공항에 오갈 교통수단을 예약해야 했습니다. 동료와 친구에게 이메일을 보내 일정을 짜고 집사람이나 아이들과도 일정을 조정해야 했고요. 항공사 웹사이트에 들어가 항공권 예약 상황도 확인했죠. 물론 내 신상 정보를 입력했습니다. 그 밖에 오늘 이 연설문도 수많은 이메일을 주고받으며 논의한 끝에 나온 것입니다."

금융 산업이 산정하는 위험 등급은 테러리즘이나 금융 범죄를 감시하는 기술에 발맞춰 조정될 것이다. 이 감시 기술은 주로 통계상 '정상 범위'를 벗어나는 행동을 하는 개인을 의미하는 '범법자'를 감시하기 위한 것이다. 그러나 가장 위험한 적은 '법을 준수'한다고 여겨지는 사람들이다. 그들은 "개인적인 거래를 정상적이고 합리적이며 적법한 것으로 보이도록 위장할 능력이 있는 사람들"이다. 다시 말해 정직하게 법을 준수하는 시민이야말로 더 많은 의심을 받아야 한다. 그러므로 통합 정보 인식 프로그램은 금융 거래, 교육 수준, 여행 기록, 의료 기록, 동물 병원 진료 기록, 주택, 중요한 자원, 동료에 대한 정보를 비롯해 가족 구성원, 이웃, 사업상 만나는 지인 등을 포함한 개인의 일상사 전부를 감시하는 프로그램으로 설계되었다. 잠재적인 테러리스트와 그들의 후원자를 식별하기 위해서라면 통합 정보 인식 프로그램은 전 세계 데이터베이스가 마치 "하나로 통합된 데이터베이스인 양" 마음대로 접속해 검색할 수 있다. 어떤 정보가 증거 자료로 활용될지 알 수 없으므로 모든 사람의 모든 정보를 확보해 사생활 속에 남아 있는 범죄의 흔적을 찾아내야 한다.

　연방긴급사태관리청Federal Emergency Management Agency은 특히 화물차 운전수, 열차 기관사, 우편 배달부, 배관공같이 통근하는 사람들이나 가정주부들과 정기적으로 대면할 수 있는 직업군의 사람들에게 의심스러운 행위를 발견할 경우 테러리스트 정보 및 예방 시스템Terrorist Information and Prevention System에 곧바로 보고하도록 독려했다. 무려 수백만 명의 노동자가 이 '시민 군단Citizens' Corps' 시범 사업에 동참해야 하는 직군에 속해 있다.

　다행히 9.11 사건 같은 엄청난 일을 당하고도 미국인들은 이러한 감시 프로그램을 인정하지 않았고 통합 정보 인식 프로그램과 테러리스트 정보 및 예방 시스템은 파기되었다.[2] 그러나 그 포자는 살아남아 〈해양감시단Marine Watch〉, 〈이웃감시단Neighborhood Watch〉, 〈부동산감시단Real Estate Watch〉이 되었다. 어선으로 구성된 해양 감시단은 수상한 장비를 장착한 선박에 대한 정보를 수집했다. 해당 지역의 자율 방범대가 주축이 된 이웃 감시단은 절도를 예방하고 주택가에 대한 테러 공격을 미연에 방지하기 위한 순찰 활동을 했다. 공인중개사들도 염탐꾼 노릇을 했다. 한편 통합 정보 인식 프로그램은 수천 개의 '작은 형제들'로 분산되어 〈주간州間 반反테러정보교환소Multistate Anti-Terrorism Information Exchange〉 같은 조직체가 되었다. 〈주간 반테러정보교환소〉는 코네티컷 주, 플로리다 주, 유타 주를 비롯한 주 정부 차원에서 운영하는 조직체였지만 연방 정부인 미 법무부와 미 국토안보부Department of Homeland Security에서 재정 지원을 받았다. 또한 통합 정보 인식 프로그램이 추적해 온 데이터베이스를 모두 물려받은 〈주간 반테러 정보교환소〉는 테러리스트나 범죄 성향을 지닌 반사회 분자를 색출하려는 경찰이나 비밀 정보기관과도 개인 정보를 공유했다.

자금을 추적하라

이 같은 감시 프로그램은 어떤 정보든 가리지 않고 융단 폭격을 가한다. 범죄와 테러리즘에 맞서 싸우는 과정은 단순히 은행이 산정한 위험 분석과 연계되는 데 그치지 않고 자금을 추적하는 데까지 나아간다. 워터게이트 사건이 터진 뒤 사생활 보호에 대한 대중의 인식이 높아지면서 1978년 "금융거래정보보호법Right to Financial Privacy Act"이 제정되었고 그 덕분에 개인의 은행 거래도 수정 헌법 제4조에 의거해 보호받게 되었다. 그러나 미 연방수사국은 의회를 상대로 로비를 벌여 "금융거래정보보호법"을 수정하는 데 성공했다. 따라서 미 연방수사국은 "특수하고 명백한 사실"을 바탕으로 국가 안보 명령서National Security Letter를 발급받을 수 있고 국가 안보 명령서를 지닌 요원은 외국 국적자 및 국내 관련자의 금융 거래 정보를 확보할 수 있게 되었다. 국가 안보 명령서만 있으면 수색영장을 발부받을 수 있고 금지 명령을 내릴 수 있다. 훗날 "애국자법"은 국가 안보 명령서의 발급 대상을 외국 국적자 및 '명백한' 용의자에서 '국제 테러리즘으로부터 국가를 보호하기 위한 모든 비밀 정보활동'으로 확대했다. 따라서 미 연방수사국은 국가 안보 명령서를 발행해 모든 미국인의 금융 거래 내역 및 동신 내용을 수색할 수 있게 되었다. 2000년에는 8천5백여 건의 국가 안보 명령서가 발행되어 외국 국적자의 금융 거래 기록을 수색했고 2004년까지 발행된 국가 안보 명령서는 총 5만 6천5백7건에 이른다. 그 대부분은 미국 시민을 상대로 발행되었으며 미 연방수사국은 코네티컷 주가 운영하는 공공 도서관 26곳의 데이터베이스까지 수색했다. 이 일을 계기로 도서관 관계자들은 〈미국시민자유연맹〉과 공동으로 정부를 상대로 소송을 제기했다. 이들은 수정헌법 제1조와 제4조에 의거해 국가 안보 명령서의 위헌성을 주장했다. 그러나 2003년과 2005년 사이에도 국가 안보 명령서는 15만 건이나 발행되었고, 행정상의 부주의, 혼동, 실수, 오판 등으로 정책과 규제를 위반한 사례가 수천 건에 이르렀다.[3]

국제 무대로 눈을 돌려보자. 돈 세탁 및 테러 단체에 대한 자금 지원을 우려한 G7은 1989년 유럽의 지지를 받아 〈자금세탁방지금융대책기구Financial Action Task Force on Money Laundering〉를 발족했다. 정부간 협력 기구인 〈자금세탁방지금융대책기구〉는 은행이 고객 정보를 고스란히 보관하고 있다가 필요한 경우 고객을 식별하는 데 사용하게 만들었다. 테러 단체에 대한 자금 지원을 막기 위해서는 국제적 협력이 필요한 게 사실이다. 이러한 국제 협력에 필요한 '정치적 의지'를 창출하는 '정책 결정' 기구로 출발한 〈자금세탁방지금융대책기구〉는 1999년 유엔이 제정한 "테러자금조달억제협약International Convention for the Suppression of the Financing of Terrorism"을 비롯한 여러 협약의 뒷받침을 받았다. 이 모든 활동은 "정형, 부정형 그리고 동산, 부동산을 막론한 모든 종류의 획득 가능한" 자산을 더 잘 감시하고 현금, 채권, 주식 등 모든 금융거래를 1원 한 장까지 투명하게 기록하려는 노력의 일환이다. 오늘날 〈자금세탁방지금융대책기구〉에 가입한 34개국 핵심 구성원과 산하 단체는 (위험을 미연에 방지하려면 위험한지 아닌지 검증하기 위해 위험을 감수해야 하는) '위험' 분석의 역설을 이해하지 못하거나 돈 세탁을 의뢰한 의뢰인이나 테러리스트들의 비밀을 지켜 주지 못하면 고객을 잃는다고 생각하는 금융 기관의 업무를 투명하게 만들기 위해 신중한 노력을 기울이고 있다.

그러나 이 같은 노력의 성과는 쉽게 나타나지 않는다. 브뤼셀에 본부를 두고 전 세계 은행 거래와 무역 거래 및 통신 내역을 총괄하는 〈세계은행간 금융전자통신기구(Society for Worldwide Interbank Financial Telecommunication, 이하 SWIFT)〉같이 고객 정보를 유출시키지 않으려는 단체가 있을 경우 더욱 그렇다. SWIFT는 2009년 당시 208개국 8천3백여 은행과 기업 고객이 가입한 단체로, 1990년대 이후 미국 수사기관은 SWIFT의 데이터베이스를 여러 차례 요청했지만 각국 정부와 은행은 사생활 보호와 비밀 보장을 근거로 데이터베이스 공개를 거부했다. 그러나 9.11 사건은 그러한 근거를 무력화시켰다. 부시 대통령은 테러리스트 감시 사업을 추진해 "국제비상경제권법International Emergency Economic Powers Act"을 제정했다. "국제비상경제권법" 덕분에 미 중앙정보국이나 미 재무부는 "비정상적이고 특이한 위협"에 연계된 해외 금융 거래를 "조사, 규제, 근지"할 수 있게 되었다. SWIFT의 정보를 직접 활용하는 건 여전히 불가능했지만 이제는 영장 없이 바로 정보를 요청할 수 있세

되었다.[4]

2006년 중반 이러한 사실이 알려지자 국제사회는 미국 일방주의가 가진 영향력에 큰 충격을 받았다. 벨기에 의회 위원회는 SWIFT와 〈더치라보뱅크Dutch Rabobank〉 미국 지점이 몇 년에 걸쳐 "명백하고 유효한 법적 근거도 없는 상태에서 벨기에 법과 유럽연합 법의 통제를 받지 않고 오로지 감시를 목적으로 다량의 개인 정보를 비밀리에 조직적으로 전송해 왔다"고 결론 내렸다. 그러나 위원회는 이 같은 개인 정보 전송 행위가 SWIFT를 법적으로 문제 삼을 정도는 아니라고 결론지음으로써 세간을 놀라게 했다. 따라서 각국의 사생활 침해 위원회Privacy Commissioners, 유럽의회 European Parliament, (은행업계의 거물인) 스위스로부터 비난의 화살이 쏟아지는 와중에도 유럽연합은 고객에게 SWIFT가 고객 정보를 미국에 넘겨 주었다는 사실을 고지하는 조치만을 취했다.[5]

서로 충돌을 일으키는 가치지만 반드시 필요한 가치인 사생활과 안보 사이의 균형을 찾기 위해 SWIFT 의장인 프란시스 밴베버 Francis Vanbever는 유럽의회에 참석해 유럽연합이 미국과 '대화'에 나서야 한다고 볼멘 소리를 했다. 결국 유럽연합 회원국 외무장관들이 직접 미국과 대화에 나섰다.[6] 유럽이사회European Council 가 대외 활동에 나설 때에는 유럽의회의 승인을 받아야 한다는 법적 의무가 있음에도 유럽연합 회원국 외무장관들과 미국의 대화는 유럽의회의 동의 없이 이뤄졌다. 어느 유럽연합 관계자는 이렇게 설명했다. "유럽이사회는 대체로 유럽연합 법을 지킵니다만 항상 그런 것은 아닙니다."[7] 유럽연합 법은 안보를 앞세우는 미국의 요구에 부합하는 방향으로 해석될 수 있는 것처럼 보였고 결국 유럽에서 이뤄지는 은행 거래 정보를 미국이 조회할 수 있다는 협약서가 작성되었다. 협약을 인정하게 되면 유럽인이 누리고 있는 개인 정보 보호 수준을 논란의 여지가 있는 방향으로 개정해야 한다. 그럼에도 유럽의회는 협약을 신속히 추인하라는 압력을 받게 되었다.

미국의 도청 실태

통신, 그중에서도 인터넷에서는 사람들이 전 세계를 상대로 자유롭게 발언할 수 있기 때문에 비밀 정보기관들은 인터넷에 각별한 관심을 가지고 감시하려 한다. 9.11 사건은 인터넷에 대한 감시의 필요성을 대두시켜 사람들의 양해를 얻어 내는 주요 계기가 되었다. 그러나 인터넷 감시는 9.11 사건이 터지기 전부터 이뤄져 왔다. 1990년대 초 미국 전역의 전화망이 디지털화되면서 통신 회사의 장비나 소프트웨어가 비밀 정보기관의 도청 장치와 맞지 않아 비밀 정보기관들이 도청에 많은 어려움을 겪었다. 이에 따라 1994년 미국 의회는 "법집행을위한통신지원법Communications Assistance for Law Enforcement Act"을 통과시키라는 압력에 시달렸다. "법집행을위한통신지원법"은 통신 회사가 디지털 통신망을 새로 구축할 때 미 연방수사국이 정한 장비 사양과 미 연방수사국이 사용하는 도청 장치에 부합하는 장비와 소프트웨어를 사용하도록 규정한 법으로, 비밀 정보기관의 도청을 수월하게 하기 위한

미국의 도청 실태(1979년~ 2009년)*

미국 시민을 상대로 한 도청 요청에 대해 연방이나 주에서 승인한 총 도청 건수는 지난 30년 동안 꾸준히 증가해 왔다. 1979년에서 2009년 사이 승인이 반려된 도청 요청은 겨우 12건에 불과했다.

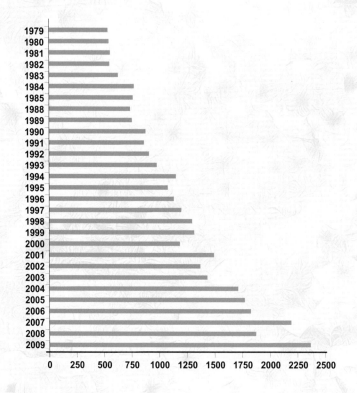

▶출처─〈전자프라이버시정보센터〉

* 1986년과 1987년 자료는 소실됨.

것이다.[8] 법을 지키는 데 들어가는 비용은 통신 회사가 부담하거나 아니면 고객에게 전가된다. 하지만 고객들은 자신들이 미국을 감시 국가로 일보 전진하게 만드는 일에 자금을 지원했다는 사실을 알지 못할 것이다. 인터넷 서버 및 광대역 통신망이 빠른 속도로 성장함에 따라 "법집행을위한통신지원법"도 개정되어 인터넷 전화를 포함하는 음성 통화와 문자메시지까지 이 법의 테두리 안에 들어가게 되었다. 외부 도청이 용이하도록 고유 접속 번호를 부여하는 시스템 개발은 특히 위험하다. 비밀 정보기관뿐 아니라 해커도 그 시스템에 접속해 도청할 수 있기 때문이다. 도청은 승인받지 않아도 '진행'될 수 있다.[9]

이제 미 국가안보국을 비롯한 비밀 정보기관은 우라늄의 성질에 관한 정보든 알록달록한 고무 찰흙에 대한 정보든, 필요하다고 판단되는 정보는 무엇이든 속속들이 캐낼 수 있다. 9.11 사건이 일어나고 몇 주 지나지 않은 시점에 정보기관에 이러한 권한을 부여하는 대통령의 승인이 비밀리에 떨어졌기 때문이다.[10] 대통령은 미국과 해외를 오가는 전화 통화 내용 가운데 테러리즘에 연루되는 것으로 의심되는 통화 내용을 도청해도 좋다고 승인했다. 그러나 의심된다는 이유만으로 영장도 없이 도청하는 행위는 "해외정보감시법"이나 수정 헌법 제4조에 부합하지 않는다. 이처럼 무조건적인 도청이 이뤄져 왔다는 사실이 2005년이 되어서야 드러났다. 이에 백악관은 도청을 대통령 직속 감시 사업의 일환이라고 밝히면서 정당성을 부여했다. 결국 "해외정보감시법"은 대통령 직속 감시 사업을 승인했고 무수한 소송이 진행되고 갖가지 의견이 난무하는 와중에도 암암리에 도청은 계속 이뤄졌다.

2007년 〈미국시민자유연맹〉은 도청 혐의로 미 국가안보국을 고소했지만 법원은 도청의 증거가 없으며, '증거'가 있더라도 그것은 국가 기밀이기 때문에 밝힐 수 없다는 이유로 고소를 기각했다. 〈알-하라마인 이슬람재단Al-Haramain Islamic Foundation〉도 미 국가안보국의 도청 행위를 도왔다는 혐의로 AT&T를 고소했지만, 이 역시 비슷한 이유로 기각되었다. 미 국가안보국이 그렇게 신속하게 도청을 시작할 수 있었던 이유는 9.11 사건이 일어나기 몇 달 전 AT&T가 미 국가안보국의 도청 계획에 협조했기 때문이다.[11] 2007년 당시 민주당이 다수당이던 의회는 "미국보호법 Protect America Act"을 통과시켰다. "미국보호법"은 미국의 통신망을 거쳐 해외를 오가는 모든 통신을 영장 없이 감시할 권한을 정부에 부여했고 참여하는 통신 회사에게는 면책특권을 주었다.[12] 훗날 오바마 정부에서 법무장관을 지내게 될 사람이 〈전자프런티어 재단Electronic Frontier Foundation〉이 제기한 소송에 맞서 바로 이 면책특권을 주장하기도 했다.[13]

이미 2000년대 초부터 비밀 정보기관은 개인의 휴대전화를 추적해 왔다. 안테나나 휴대전화에 내장된 GPS를 이용해 통화 내용만 도청한 것이 아니라 해당 휴대전화를 미 상무부가 언급한 "마이크 및 전송 장치"로 바꾸어 "인근에서 이뤄지는 대화 내용까지 도청"했다. 원격으로 도청 프로그램을 장착해 개인의 휴대전화를 도청 장치로 이용했던 것이다. 휴대전화가 꺼져 있어도 도청은 가능하다. 비밀 정보기관이 도청을 하려면 상당한 근거를 제시해야 한다는 내용을 두고 오랜 공방이 이어졌지만 결국 미 법무부는 "이동식 도청 장치를 통한" 감시를 추인했다.[14]

유럽의 도청 실태

유럽인들도 도청에서 자유롭지 않다. 엔포폴ENFOPOL이라는, 법적 타당성이 의심스러운 체계가 1990년대 말 영국에 도입되었기 때문이다. 엔포폴 덕분에 법 시행 기관은 인터넷 서비스 제공업체[15]가 운영하는 통신망에서 케이블 텔레비전([조지 오웰의 소설『1984』의 주인공] 윈스턴 스미스Winston Smith 씨는 텔레비전 없이는 한 시도 살 수 없다)에 이르는 모든 통신망에 '온종일 실시간으로' 접속할 수 있게 됐다. 국경을 자유롭게 넘나드는 인터넷의 속성과 기업이 자율적으로 '규제'하도록 내버려 두는 미국식 규제 방식 때문에 유럽연합의 정보 보호 조치가 그렇지 않아도 불안정한 상황에서 엔포폴이 위풍당당하게 등장한 것이다.[16]

2000년 영국은 엔포폴과 함께 "조사기관규제법Regulation of Investigative Powers Act"을 통과시켰다. "조사기관규제법" 덕분에 경찰과 비밀 정보기관은 사람들의 우편물, 인터넷, 이메일, 통화 내역을 조사할 권한이 생겼고 조사관들에게 비밀번호를 알려 주지 않는 행위는 불법이 되었다. 이 모든 일은 범죄, 아동 성폭행, 테러와의 전쟁이라는 명분 아래 정당화되었다.

의회의 명령과 기능이 그 어느 때보다 심하게 전도된 가운데 "조사기관규제법"은 "개인의 사생활과 집단의 안전" 사이에 존재하던 균형을 깨뜨렸다. "조사기관규제법"의 적용을 받는 기관은 당초 9개였지만 2008년에는 474개 위원회, 소방서, 고용센터를 비롯한 792개 기관으로 늘어났고 "조사기관규제법"에 따라 합법적으로 이뤄지는 감시도 테러리스트에서 애완동물의 배설물을 방치한 사람, 흡연한 미성년자, 자녀를 학교에 입학시키면서 주소지를 허위로 기재한 학부모 등으로까지 확대되었다. 2007년에는 통화 내역 및 이메일 전송 내역 제출 요청 건수가 매일 1천5백 건 남짓으로 치솟았다. 그러는 사이 수사권 재판소Investigatory Powers Tribunal에는 "조사기관규제법" 남용을 고발하는 800여 건의 소송이 접수되었지만 그중 단 세 건만이 정식 재판에 회부되었다.

영국 정부는 유럽이사회 의장국이던 2005년 영국에서 시행 중이던 "조사기관규제법"의 원칙을 유럽연합으로 확대했다. 2006년 시행된 유럽연합 지침(Directive 2006/24/EC)은 "유럽연합 회원국이 법률에서 중대 범죄로 규정하는 범죄"를 조사하고 사법 처리하는 데 도움이 되도록 인터넷, 이메일, 통화 내역을 보관한다고 규정했다. 마피아와 전쟁을 치르고 있는 이탈리아, 분리주의 테러 단체와 전쟁을 치르고 있는 아일랜드는 그와 같은 법안을 이미 시행 중이었고 그럴 만한 이유도 충분했다. 그러나 오늘날 개인의 사생활에 관련된 디지털 정보를 보관해도 된다고 생각하는 시민은 단 한 명도 없다. 게다가 모두가 아닌 특정 용의자만을 대상으로 정보를 수집하더라도 비밀 정보기관이 원하는 목적은 얼마든지 달성할 수 있다.[17] 하지만 12개월 동안만 정보를 보관하도록 제한하고 유럽연합 차원에서 체포 영장이 발부될 만한 수준의 범죄를 조사하는 경우에만 영장을 발급받은 뒤 해당 정보를 열람할 수 있도록 제한하려고 한 유럽의회 의원들의 노력은 결국 수포로 돌아갔다.

용의자의 집 컴퓨터에 숨겨져 있을지도 모를 정보를 입수하기 위해 영장을 발부받아 사람들의 눈에 띄는 위험을 감수하면서까지 경찰력을 동원해 급습한다면, 오히려 거대 범죄 조직에게 그들이 용의 선상에 올랐다는 정보만 주고 말 수 있다. 그러면 새로운 수준의 국제 협력이 필요해질지도 모를 일이다. 그래서 독일에서는 테러리스트를 체포하기 위해 '루트킷'이나 '원격 수사용 소프트웨어'를 이용해 원격으로 하드 드라이브에 접속하는 일을 합법화했다. 그리고 2008년 유럽이사회 의장은 독일과 같은 방식으

● **루트킷** – 해킹을 할 때 시스템 침입 사실을 숨기기 위해 사용하는 도구를 말한다. 시스템의 제어권을 해커의 통제하에 둬서 해킹을 하는 방법이다. 옮긴이

로 유럽 전역의 컴퓨터를 감시하는 데 암묵적으로 동의했다. (유일한 문제는 염탐 행위가 "국경을 넘나들어도 되는 성격의 것인가"였다.) 이 '결정', 혹은 성문화되지 않은 법률은 유럽 각국의 경찰과 사법부가 협력해 테러 단체뿐 아니라 그 밖의 여러 범죄를 소탕할 수 있으며, 그 활동 범위가 유럽연합을 넘어설 수도 있다는 걸 의미했다. 2008년 유럽연합 회원국 가운데 강대국 모임인 G6의 내무장관들은 미 국토안보부의 유력자들과 만나 하드 드라이브에 원격으로 접속하는 방식을 합법화하기 위한 입법 문제를 논의했다.[18]

감시 전문가 데이비드 리용David Lyon은 이렇게 기록했다. "2001년 9월 11일에 일어난 사건은 지구 전역을 강타한 세계적인 사건

이었다. 세계화의 산물인 9.11 사건은 전 세계에 충격을 주었고 그 충격으로 인해 세계화 과정은 더 빨라졌다. 9.11 사건을 계기로 감시 활동도 증가했다. 이는 새로운 권력과 사회구조의 도래를 시사한다."[19] 그렇지 않아도 각국 정부와 비밀 정보기관이 이미 자국의 통신망에 연결된 컴퓨터와 거기서 떠도는 정보를 낱낱이 수집하면서 감시 영역을 넓혀가는 상황이었다. 여기에 9.11사건이 더해지면서 정부와 비밀 정보기관의 정보 수집 활동은 거칠 것이 없게 되었다. 정보 수집 활동은 법적인 허가를 받지 않은 상태에서도 이뤄질 수 있다. 정보 수집이 이뤄지고 있다는 사실을 폭로한다고 해도 그 활동을 멈출 수 없을 가능성이 높다. 오히려 폭로로 인해 정보 수집 활동을 승인하는 법률이 뒤늦게 제정되기 쉽다. 이와 같은 감시 활동이 과거에는 특정 용의자만을 대상으로 이뤄졌고 법의 제재도 받았지만 이제는 불특정 다수를 대상으로 광범위하게 적용되고 규제도 받지 않는 일상적인 활동이 되었다.

과거의 수사관들은 정보를 은밀히 수집했지만 9.11 사건이 일어난 뒤에는 민간 기업의 도움을 받아 공개적으로 인터넷 서버를 뒤진다. 전에는 정보를 열람하기 위해 영장을 받아야 했지만 이제는 영장 없이 정보를 요구해도 민간 기업이 주저 없이 정보 제공에 동의하는 시대가 되었다.

민주적으로 선출된 정부라고 해도 대량 살상을 막을 비밀 정보기관의 활동보다 사생활 보호를 우선시한 정부는 없었다. 한편 비밀 정보기관은 건초에서 바늘을 찾듯 자신이 원하는 정보를 찾기 위해 엄청난 양의 정보 속에서 헤매게 될 것이다. 비밀 정보기관이 찾는 바늘은 지구 전역을 여행하거나 이주하는, 실제로 살아 숨 쉬는 사람들이다. 이민자들과 여행객들을 통제할 필요성이 늘면서 감시를 통한 사생활 침해의 새 장이 열리고 있다.

전 세계로 퍼져 나가는 이민의 물결

통합 정보 인식 프로그램이나 테러리스트 정보 및 예방 시스템의 사례에서 알 수 있듯, 미국은 9.11 사건을 계기로 미국을 드나드는 여행객을 직접 통제하고 감시하기 위한 목적에서 야심찬 감시 계획을 수립했다.

먼저, 9.11 이후 비행 금지 명단이 등장해 '위험'하다고 여겨지는 사람은 항공기로 미국을 드나들 수 없게 되었다. 비행 금지 명단은 운송조사청Transportation Screening Administration이 운영하는 승객 사전 차단 프로그램II에 연결되어 활용될 예정이었다. 승객 사전 차단 프로그램II는 승객의 여행 형태, 시민권 정보, 사법당국의 정보에다 신용 정보까지 보태 해당 여행객이 비행기를 폭파할 가능성이 있는지 사전에 판단할 목적으로 설계되었다.

승객 사전 차단 프로그램은 대중의 항의와 실패 가능성 때문에 폐기되었다. 미 중앙정보국이 운영하는 IT업체 중 최고의 기량을 자랑하는 〈인-큐-텔In-Q-Tel〉 사장은 표준화된 공식은 신용도를 나타내는 지표로 사용하기에는 신뢰도가 떨어지며 따라서 개인의 테러 성향을 나타내는 지표로 사용할 수 없다고 지적했다.[20] 그런데도 비행 금지 명단은 계속 사용되었다. 비행 금지 명단에 특정인

의 이름을 올리기 위해서는 그 사람이 저지른 잘못에 대한 증거가
필요했지만 그런 증거는 첨부되지 않았다. 비행 금지 명단에 이름
이 오른 사람은 공항 검색대를 통과할 때가 되어서야 비로소 자신
이 용의 선상에 올랐다는 사실을 알게 되지만 자신이 테러리스트
가 아니라는 사실을 입증하기란 쉽지 않다. 반대로 '위험 인물'이
되기는 참 쉽다. 에드워드 '테드' 케네디Edward 'Ted' Kennedy 상원
의원은 '테드'라는 별명 때문에 심심치 않게 '위험 인물'로 분류되
었다. 어느 테러 용의자가 'T 케네디'를 가명으로 쓴 탓이었다. 그
밖에 7천여 명의 무고한 미국 시민도 테러 용의자가 쓴 가명과 이
름이 같다는 이유만으로 '위험 인물' 명단에 올랐다. 가수 캣 스티
븐스Cat Stevens도 수십 년 전에 이슬람교로 개종했다는 이유로 비
행 금지 명단에 이름이 올랐고 그 덕분에 테드 스티븐스Ted Stevens
상원 의원의 부인 캐서린 스티븐스Catherine Stevens도 비행 금지 명
단에 이름을 올리게 되었다. 아무도 캐서린 스티븐스를 '캣'이라는
애칭으로 부르지 않았는데도 말이다. 2007년 월터 F. 맥코믹Walter
F. McCormick 법학 교수는 부시 대통령이 헌법을 어겼다고 비난하
는 강연을 했다는 이유로 비행 금지 명단에 이름이 올랐고, 2008년
까지는 넬슨 만델라Nelson Mandela의 이름도 비행 금지 명단에 올
라 있었다.

반면 2009년 속옷 속에 폭탄을 숨겨 크리스마스에 대서양을
오가는 항공기를 폭파하려 했던 우마르 파루크 압둘무탈랍Umar
Farouk Abdulmutallab은 자살 폭탄 테러를 저지를 가능성이 농후한
용의자였지만 비행 금지 명단에 오르지 않았다. 우마르 파루크 압

둘무탈랍은 〈국가대테러센터National Counter Terrorism Center〉가 작성한 테러리스트 데이터베이스에 올라 있었지만 미 연방수사국이 작성하고 관리하는 비행 금지 명단에는 없었다.[21] 2009년에는 '의심할 만한 사유가 충분한' 용의자가 하루 평균 1천6백여 명씩 새로 나왔다. 우마르는 무려 5백50만여 명의 용의자가 등재된 건초더미에 숨은 바늘이었지만 아무도 우마르에게 주목하지 않았다.[22]

우마르가 속옷 속에 폭탄을 숨겨 테러를 저지르려 했다는 사실이 드러나자 영국에서는 비행 금지 명단 작성에 속도가 붙었고 미국은 기관 사이에 손발이 맞지 않던 문제를 해결했다. 여행객들은 비행기에 가지고 들어가는 짐을 투명한 가방에 넣고 노트북을 압수당하는 것으로도 모자라서 완전히 벌거벗은 신체 영상을 보여 주는 전신 스캔 방식의 검색대를 통과해야 할 수도 있다. 전신 스캔은 2002년 〈미국시민자유연맹〉이 "알몸 검색이나 다름없다"고 우려를 표하면서 공항 배치가 몇 년 째 미뤄져 왔었다. 그러나 유엔 특별보고관이자 사생활 침해 문제 전문가인 마르틴 샤이닌Martin Scheinin은 속옷 폭탄 탓에 "분위기가 급변했다"고 논평했다. 현재 미 국토안보부는 2억 달러를 투입해 2011년 말까지 천여 개의 전신 스캔 검색대를 공항에 배치할 계획이다.[23] "음란물금지법"에 따라 아동은 전신 스캔을 받지 않아도 된다는 것이 그나마 위안이 된다. 전신 스캔 검색대는 가슴 보형물이나 목젖 같은 몸 안의 작은 신체 부위까지 속속들이 비추지만 정작 찾아내야 할 액체 폭탄이나 폭발력 강한 4질산窒酸 펜타에리트리트로 만든 폭탄이나 뱃속에 든 물체는 찾아내지 못한다.[24]

무고한 시민을 불편하게 만들거나 그들에게 굴욕감을 안기는 이 모든 노력의 이면에는 모든 여행객의 정보, 즉 신용카드 거래 내역에서 생체 정보에 이르는 모든 정보를 수집하겠다는 장기적인 계획이 숨어 있다. 세상이 거꾸로 돌아간다는 것을 이보다 더 잘 보여 주는 사례는 아마 없을 것이다. 과거에는 범죄자나 수감 예정자에게나 해당될 일이었지만 이제는 무고한 대다수의 시민도 해외로 여행을 떠나거나 자유의 땅으로 들어오려면 지문과 사진을 제출해야 한다.

1990년대부터 미국 의회는 외국인의 출입국을 자동으로 감시하는 시스템이 필요하다고 요구해 왔다. "애국자법"은 여기에 생체 정보 제출을 추가했고 2002년 제정된 "국경안보강화및비자입국개혁법Enhanced Border Security and Visa Entry Reform Act"은 정부 기관의 정보 공유를 허가했다. 9.11 사건이 일어난 이후로 이슬람 교도와 중동 지역에서 이민 온 3천여 명 남짓한 사람들(이스라엘과 사우디아라비아 출신은 제외됐다)과 중앙아시아 및 인도네시아에서 이민 온 사람들은 이민국에 가서 면접을 보고 지문을 찍어야 했다. 중복된 이름으로 넘쳐나고 오류도 많은 용의자 명단을 보유한 바로 그 이민국에서 말이다. 뒤이어 국가 안보 출입국 등록제National Security Entry-Exit Registration System가 시행되면서 '면제국'도 없어졌다. 이제 미국에 입국하는 모든 외국인은 미국 방문자 및 이민자 지위 표시 기술US Visitor and Immigrant Status Indicator Technology이 정한 입국 절차를 반드시 거쳐야 한다.[25] 2004년에는 방문객들이 하나의 지문만 제출했지만 지금은 열 개의 지문 일체를 제출해야 하며 디지털 사진도 찍어야 한다. 지문 채취 및 디지털 사진 제출은 당초 비자를 발급받아야 하는 나라에서 미국을 방문하는 1천9백만 명의 방문객에게만 적용되었다. (브라질은 비자 발급국 방문객만을 대상으로 지문을 채취하고 사진을 촬영하는 미 당국의 조치에 반발해 브라질에 입국하는 모든 미국인 방문객의 지문을 채취했다.) 그러나 이 조치는 이내 일본, 싱가포르, 오스트레일리아 및 유럽연합 회원국 대부분을 비롯한 비자 면제국으로까지 확대 적용되었다. 이는 미국이 미국을 제외한 모든 나라에 공평하게 외국인 혐오증을 들이댄 결과라기보다는 비자 면제국이 당초 약속했던 생체 인식 여권 (108~109쪽 참고)을 발급하지 않았기 때문이다.[26] 미국이 영향력을 행사하는 〈국제민간항공기구〉는 "국제민간항공기구 규약 9303"을 제정해 2006년부터 디지털화된 지문이나 얼굴 사진 같은 생체 정보를 입력한 새 여권을 사용하게 했다. 앞으로는 지문과 사진이 표준화된 RFID 칩에 '안전하게' 보관될 것이다.

이미 오래 전부터 미국은 자국에 입국하는 모든 방문객의 정보를 요청해 왔다. 9.11 사건이 일어나기 전에는 이러한 미국의 요구에 저항할 수 있었지만 이제는 그럴 수 없게 됐다. 2002년 유로폴과 미국 당국은 여행객 정보를 교환하기로 합의했다. 교환되는 정보에는 "인종, 정치 및 기타 신념, 신앙, 건강과 성적 취향" 같은 항목이 포함되었다. 유로폴의 규정에 따

• 유로폴Europol − 정식 명칭은 〈유럽형사경찰기구European Police Office〉로, 유럽연합의 범죄 대책 기구다. 1992년 "마스트리흐트 조약"에 의해 창설됐으며, 수사 권한이나 체포 권한이 있다기보다는 각국의 경찰 기관과 제휴해 정보를 공유하거나 정보를 분석하고 기술을 지원하는 게 주된 임무다. 옮긴이

누구를 위한 생체 여권인가?

2009년 여권법이 개정되어 국내에도 전자 여권이 도입되었다. 정부의 애초 계획은 여권에 지문 정보를 싣는 것이었지만 시민사회의 여론 악화로 한발 물러 선 상태다. 국내에서 정부의 생체 여권 추진 정책에 지속적으로 문제 제기해 온 단체인 〈진보넷〉의 말을 빌어 그 문제점을 진단해 보자.

Q: 생체 여권(전자 여권)이란 무엇입니까?

A: 성명, 여권 번호, 만료일 등의 여권 정보와 얼굴, 지문으로부터 추출해 낸 생체 정보biometrics를 전자화하여 RFID 칩에 저장하여 내장한 여권을 말합니다. 겉모양은 기존 사진 전사식 여권과 똑같습니다.

Q: 위변조 방지를 위해 생체 여권 도입이 필요한 것이 아닌가요?

A: 한국은 이미 2005년 9월 30일부로 위변조가 불가능한 최첨단의 사진 전사식 여권을 도입한 바 있습니다. 또한 생체 여권에 적용되는 기술들은 기존의 사진 전사식 여권 부분에 대한 위변조는 전혀 방지하지 않습니다. 물론 외교통상부는 사진 전사식 여권에 대한 위변조 사례가 있었는지, 있었다면 어떻게 가능했었는지 전혀 밝히지 않고 있습니다.

Q: 생체 여권에 담기는 정보들이 안전하게 보호되나요?

A: 그렇지 않습니다. 생체 여권에는 PKI 중 전자 서명 기법만 사용됩니다. 이것은 인터넷뱅킹 공인인증서에 사용되는 방법으로, 데이터의 암호화와는 상관없고, 위변조 방지와 발급자 확인만을 제공하는 기술입니다. 또한 RFID를 이용하기 때문에 원거리에서 여권 소지자 몰래 정보를 빼내 가는 것도 가능해집니다.

Q: 생체 여권을 통해 테러를 방지할 수 있나요?

A: 생체여권으로 테러리스트를 색출해 내는 것은 불가능합니다. 이것이 가능하려면 세상의 모든 테러리스트들이 테러 활동을 시작하기 전에 미 국토안보부(DHS)에 생체 정보를 제출한 이후에 테러 활동을 시작하는 것이 전제되어야 합니다. 미 스탠포드 대학의 로렌스 웨인Lawrence Wein의 연구에 따르면 미국의 테

러리스트 목록에 등록된 사람이 미 출입국 심사대에서 색출된 확률은 53퍼센트에 불과했습니다. 물론, 등록되지 않은 사람의 경우 0퍼센트입니다.

Q: 생체 여권이 왜 인권 침해인가요?
A: 감시하기 때문입니다. 생체 여권 시스템에는 내 삶이 기록됩니다. 내가 누구라는 것만으로는, 내가 테러리스트인지 아닌지 알 수가 없기 때문입니다. 그것을 알기 위해선 그 동안 내가 어떤 삶을 살아왔는지 알아야 합니다. 생체 여권은 더 이상 자유로운 여행을 도와주기 위한 증명서가 아닙니다. 생체 여권은 감시 사회로 들어가는 입장권입니다.
또한 생체 정보는 개인에게 내재되어 있는 민감한 정보로 개인에 대한 식별자로 사용이 가능합니다. 즉, 개인이 알지 못하는 사이에 여기저기 흩어져 있는 개인의 정보를 연결해서 개인에 대한 구체적인 묘사가 가능한 것입니다.
나아가 여권에 담긴 생체 정보를 개인이 여행하는 각 국가에서 수집해 가서 얼마나 오래 저장할지, 어떻게 사용할지에 대한 정보도 통제권도 전혀 존재하지 않습니다. 나의 정보를 국가가 맘대로 거래하는 것은 프라이버시를 침해하는 것입니다.

Q: 생체 정보가 유출되면 어떻게 되나요?
A: 생체 정보가 점차 신원 확인의 목적으로 사용되고 있는 이상, 한 번이라도 유출된다는 것은, 완벽한 신원 위조identity theft가 가능해진다는 말입니다. 생체 정보는 영원히 변하지 않기 때문에 유출된 생체 정보가 오남용될 수 있는 기간도 영구적입니다.

▶출처─〈진보넷〉 생체 여권 대응팀http://biopass.jinbo.net/

라 개인의 동의를 얻는 절차가 필요했지만 무시되었고 잘못된 정보에 대해 수정이나 삭제를 요구할 시민의 권리 역시 무시되었다. 어떤 기관이 어떤 정보를 열람할 권한을 가지는지에 대한 규정도 없었다. 〈스테이트워치Statewatch〉는 유로폴과 미국 당국의 합의를 두고 "내용이 빈약하고 모호할 뿐 아니라 모순적"이라고 언급하면서 합의 내용이 "유로폴의 권한" 밖의 일이며 "[유럽연합의] 정보 보호 원칙에도 위배"된다고 결론지었다.[27]

2004년까지는 유럽연합이 항공권 예약 데이터베이스에 저장된 정보를 미국관세및국경보호청에 제공해야 한다는 내용을 명시한 협정서가 없었다. 그럼에도 유럽연합은 승객의 신용카드 번호, 이메일 주소, 예약한 뒤 탑승하지 않은 항공편, 최초 항공권 구매 시간, 식사나 좌석에 관련된 특별 요청 사항 등 모두 34가지나 되는 정보를 제공했다. 미국은 유럽연합으로부터 넘겨받은 정보를 자동 선별 시스템에 3년 6개월 동안 보관하면서 언제든 정보를 꺼내 승객의 '점수를 매겼고' 높은 점수를 받은 승객은 면접을 보거나 미국 입국을 거부당했다. 유럽의회 의원들은 유럽재판소에 정보 공유와 사생활 침해 문제를 제기했고 2006년 유로폴과 미국이 맺은 협정은 무효가 되었다. 그러나 바로 그 시점에 34개 항목의 절반인 19개 항목에 해당하는 정보를 제공하기로 하는 새로운 협정이 등장했다. 정보

●유럽재판소European Court of Justice─유럽연합 내 최고 재판소로, 유럽연합 산하 기관이 제정·집행한 법률이 로마 조약이나 마스트리흐트 조약 등 유럽연합의 기본 조약과 충돌할 경우 그 법을 심사하고 판단하는 권한을 가진다. 또한 유럽연합 가입국이 조약상 의무를 이행하지 않을 경우 그 위법성을 따져 벌금 등을 청구할 수 있다. 옮긴이

는 15년 동안 보관되며 모든 미국 정부 기관이 열람할 수 있다는 조건이었다. 유럽연합이 규정하는 시민의 기본권을 보장할 수 있을지 "심히 우려되는" 가운데 협정이 발효되었다. 그럼에도 유럽 의회는 이 새로운 협정을 부결시킬 방법을 끝내 찾지 못했다.[28]

유럽의 기획

위험한 법을 무책임하게 마구 제정하는 권력 덕분에 유럽연합의 기능도 확대되었다. 막대한 권력을 거머 쥔 유럽연합은 금융과 에너지에서 사법 및 내무 문제에 이르는 온갖 사안에 관여하게 되었다. 로마 조약에서 리스본 조약에 이르는 일련의 협약을 거치면서 유럽연합은 공동 외교 안보 정책Common Foreign and Security Policy을 갖추고 외교권과 군사권을 휘두르는 중앙집권적인 연방 정부가 되었다. 유럽연합에 새로 가입하는 회원국은 자국 시민을 그 어느 때보다 철저하게 의심하면서 강도 높게 조사해야 한다.

사람들은 유럽이 오래 전부터 상품, 물자, 사람이 범 유럽 차원에서 자유롭게 이동할 수 있도록 장려하는 체계를 기획해 왔다고 생각했다. 1985년에는 프랑스, 독일, 베네룩스 3국이 각자의 국경을 포기하는 대신 당사국을 모두 아우르는 셍겐 지역을 형성하고 그 지역을 셍겐 정보 시스템을 통해 관리한다는 내용을 골자로 하는 셍겐 조약Schengen Agreement이 체결되었다. 셍겐 조약에 따르면 당사국들은 치안, 안보, 이민, 관세 정보 및 장물, 수배자 정보를 공유하며[29] '보안상 위험 인물'로 간주되는 사람의 입국을 거부할 수 있다.

　유럽 특유의 느림의 미학 덕분에 셍겐 조약 당사국들의 국경은 1990년까지 유지되었고 1995년이 되도록 셍겐 정보 시스템은 발효되지 않았다. 그러는 사이 유럽연합 회원국들은 1991년 유로닥EURODAC으로 알려진 지문 자료 정보 검색 시스템 구축에 합의했다. 유로닥에는 14세 이상의 난민과 망명 신청자의 생체 정보가 등록될 예정이었다. 셍겐 조약에 가입한 회원국이 13개국으로 늘어난 데다가 아이슬란드와 노르웨이가 새로 회원으로 가입한 2003년까지 유로닥의 시행이 보류되자 "더 많은 안전을 보장하고 변화된 조건들을 반영하기 위해" 셍겐 정보 시스템을 보완해야 한다는 의견이 대두되었다.[30] 예상대로 셍겐 정보 시스템은 보고 시스템에서 조사 도구로 변모했다. 그 과정에서 접속 지점도 12만 5천 개소로 늘어났다. 접속 지점은 계속 증가해 지금은 50만 개소가 넘는다.[31] 범 유럽 경찰 조직인 유로폴과 차량 등록 기구, 유럽연합 사법협력국Eurojust, 유럽 경찰 기구 같은 정부 기관이 접속 지점에 접속할 권한을 가지고 있다. 1999년 유럽연합이 발표한 "범죄 대책" 덕분에 유럽의 경찰 기관은 정보를 교환하고 샅샅이 조사하며 새로운 정보가 나타날 경우 정보를 추가할 수 있게 되었다.[32] 유럽연합은 비자 정보 시스템Visa Information System을 새로 도입해 유럽연합 비자를 신청하는 전 세계인들의 정보를 데이터베이스에 저장했고 셍겐 정보 시스템은 유럽연합이 새로 도입한 비자 정보 시스템 데이터베이스에서 생체 정보와 디지털 사진을 얻었다. 2005년부터는 유럽연합 회원국 시민의 여행 기록, 여권, 신분증 같은 개인 정보도 유럽연합 비자 정보 시스템 데이터베이스에 담을 수 있게 되면서 유럽연합 회원국 간의 정보 교환 능력이 강화되었다.

　　"유럽에 오신 것을 환영합니다. 이곳은 폭력적인 테러리스트와 범죄자, 무해한 이민자들의 정보가 하나의 데이터베이스와 관리 시스템 안에 통합돼 있는 안전한 곳입니다!"

　　최근 들어 데이터베이스와 관리 시스템이라는 개념은 서로 바꿔 쓸 수 있는 개념이 되어 가고 있다. 유럽연합의 헤이그 프로그램Hague Programme은 '사생활과 안보 사이의 균형을' 적절하게 유지하는 활동을 명문화하자고 제안했지만 "유럽연합 회원국은 법 집행을 위해 필요한 정보를 상대방에게 제공해야 한다"고 선언함으로써 오히려 안보 쪽으로 치우치고 말았다.[33]

　　유럽연합 차원에서 이루어진 만큼 헤이그 프로그램도 진행이 느렸다. 그래서 2005년 독일, 오스트리아, 에스파냐, 프랑스, 베네룩스 3국은 셍겐 조약을 바탕으로 한 프륌 조약Treaty of Prüm을 따로 체결했다. 프륌 조약에 따르면 법 집행 기관은 지문과 DNA 정보를 보관한 데이터베이스에 접속할 수 있을 뿐 아니라 인종이나 민족 배경, 정치적 견해, 신앙, 성적 취향이나 건강 같은 '특별 항목'의 정보도 열람할 수 있다. 또한 조약 당사국의 무장 경찰관은 비상 상황에서는 사전 동의 없이 다른 국가에 들어갈 수 있으며 '임박한 위험'을 피하기 위해 임시적인 조치를 취할 수도 있다.[34]

프룀 조약은 유럽연합의 공식 조약이 아니었지만 조약이 지향하는 바는 헤이그 프로그램의 목표와 매우 유사했다. 사실 헤이그 프로그램은 독일이 유럽이사회 의장국이었을 당시 유럽연합 회원국 시민의 의견을 물을 필요도 없이 반드시 채택해야 한다고 제안한 것이었다. 유럽이사회 소속 정보 보호 전문가 피터 허스팅스Peter Hustinx는 프룀 조약이 제시한 정보 보호 수준이 법적으로나 윤리적으로 "상당히 부족한 수준"이라며 맹공격했다. 그러나 프룀 조약은 온갖 반대를 무릅쓰고 법제화되었고 유럽연합 회원국 정부는 3년 안에 자국 법률을 그에 맞게 수정해야 할 처지가 되었다.[35)]

프룀 조약에 관련된 논쟁이 끊이지 않자 2006년 6월 G8 국가 법무장관과 내무장관이 모스크바에서 만났다. 〈스테이트워치〉는 논의 내용을 물었지만 영국 내무부는 "정보공개법Freedom of Information Act"중 몇 개 조항을 삭제하는 문제를 논의했지만 자세한 내용은 기밀이라며 즉답을 피했다.

프룀 조약 외에도 국제적 정보 공유를 못 박은 국제조약은 또 있다. 2009년 캐나다, 오스트레일리아, 뉴질랜드, 미국, 영국의 5개 국이 이민과 국경 안보 컨퍼런스에 참석했다. 그 자리에서 캐나다, 영국, 오스트레일리아의 3개국은 국외로 추방될 궁지에 몰린 망명 신청자와 범죄자의 지문 정보를 공유하기로 합의했다. 한편 정보를 활용한 국경 수비 계획Smart Border Plan이 제정되면서 미 국토안보부는 캐나다 사람이나 멕시코 사람에 대한 모든 정보를 입수할 수 있게 되었다.[36)]

유럽연합과 러시아도 그와 유사한 '공동 구역'을 설정했다. 공동 구역 내에서는 유럽 국경 수비대 〈프런텍스FRONTEX〉와 러시아 연방국경안보국Federal Border Security Service의 협력이 강화된다. 〈프런텍스〉는 비행기, 헬리콥터, 선박 및 무인 항공기를 동원해 유럽연합의 영해와 주변의 제3국을 순찰한다.[37] 〈유엔난민기구(UNHCR)〉, 〈유럽난민위원회European Council on Refugees〉, 〈영국난민위원회British Refugee Council〉는 불법 이주자뿐 아니라 1951년 제정된 "난민협약Refugee Convention"에 따라 난민 지위를 얻으려는 사람들까지 무차별적으로 저지할 우려가 있다며 〈프런텍스〉의 활동을 비판했다. 이런 것들이 바로 전자 정부라는 새로운 차원의 원격 세계를 구성하는 요소들이다.

전 세계를 아우르는 전자 정부

전 세계 정부는 법 위반을 일삼으면서 이민자 통제, 통신 내역 및 금융 거래 내역 추적, 그 어느 때보다 심각한 사생활 침해, 개인에 대한 감시 같은 악행을 저지르지만, 표면적으로 그 일들은 지극히 일상적인 업무로 포장된다.

전 세계 정부는 효율적인 통치를 위해 정보 통신 기술에 의존해 왔다. 그러다가 1994년 G7 회의에 참석한 각국 정상들은 "지구촌 정보 사회"라는 원칙에 합의했고 전자 정부를 가장 효율적으로 실현할 수 있는 방법을 찾는 과제를 영국과 캐나다에 위임했다.

정부의 기능과 정부가 소유한 정보를 전산화하면 각 기관들이 더 '생생한' 정보를 확보할 수 있기 때문에 정부 활동이 더 효율적으로 이뤄질 것이며 자원을 배분하는 역할을 하는 일선의 공무원들도 더 효율적으로 일을 처리할 수 있을 것이다. 나아가 공무원과 정치인들이 이메일이나 블로그 같은 IT 기술을 활용해 시민들과 열린 대화를 하게 되면 정부는 지금보다 더 '열린 정부'가 될 것이라는 점에서 전자 정부는 바람직하다고 할 수 있다. 평범한 개인이나 기업도 세금 환급 사이트를 이용하거나 건강 정보를 제공하는 사이트에서 의료 기록을 확인하는 등, 전자 정부의 혜택을 누리게 될 것이다. 그러나 전자 정부는 거기에서 그치는 것이 아니다. 오늘날 전자 정부 사업은 지구 전역에서 추진되고 있다. 유엔은 전 세계 192개국의 전자 정부 사업 추진 현황을 전자 정부 준비 지표■로 정리해 유엔 공공 행정 네트워크 웹사이트(www.unpan.org)에 게시했다. 그러면서 전자 정부가 국가의 기능과 제도를 "바꾸어 놓을 것"이라며 긍정적인 전망을 내놓았다. 그러나 세계 시민 사회에서 전자 정부를 둘러싼 논쟁이 한창이라는 내용은 상세히 전하지 않는다.

영국이 추진하는 '전자 정부로의 전환' 사업이 좋은 사례다. 이 사업을 홍보하기 위해 영국 정부가 만든 홍보물에는 정부가 무슨 대형 마트라도 되는 양 시민을 고객으로 표현하고 있다.[38] 게다가 전자 정부와 대형 마트의 기본 운영 원칙은 사실상 동일하다. 즉, 조세 및 관세청이나 운전자 등록청 같은 부서에서 따로 '보관'하고 있던 정보가 한 곳에 모이게 되고 부처나 기관이 그 정보를 공유할 것이다. 그리고 지극히 사적이고 개인적인 출처를 통해 확보한 정보를 기존의 개인 정보에 덧입힌 새로운 디지털 정보가 탄생하게 될 것이다. 이런 정보가 확보되면 전자 정부는 '과거의 정보'를 바탕으로 개개인의 수요를 파악해 '맞춤형' 서비스를 제공할 수 있을 것이다. 2002년 에드워드 카슨 경Lord Edward Carson은 이와 같이 수집되어 편집된 정보를 두고 "개인의 모든 것을 까발리는 정

■ 깊이 읽기

전자 정부 평가 세계 1위,
그러나 숫자가 중요한 게 아니다

〈유엔경제사회국(UNDESA)〉은 2002년부터 전 세계 각국의 전자 정부 발전 수준을 비교·평가해 왔다. '웹 서비스 수준', '인프라 수준', '인적 자본 수준'이라는 세 가지 평가 지표를 활용해 전자 정부 발전 지수를 산출하는데, 한국은 2010년에 이어 2012년에도 1위에 올랐다. 그 밖에 온라인 참여 지수 부분에서도 1위를 차지했다.

그러나 전자 정부를 추진하는 과정에서 〈교육행정정보시스템(NEIS)〉이 인권과 보안 의식 없이 일방적으로 추진되다가 문제가 되었고, 지난 2005년에는 여러 지방자치단체에서 공동으로 사용하는 전자 정부 시스템에 주민등록번호가 무방비로 노출되기도 했다. 2011년에는 더 많은 개인 정보를 전자 칩에 담은 전자 주민등록증 제도를 골자로 한 "주민등록법" 개정안이 국회에서 통과될 뻔하다 시민단체의 반발로 겨우 무산되기도 했다.

행정의 효율과 편의만을 목적으로 추진되는 전자 정부 정책은 오히려 시민들의 정보 인권을 침해할 수 있다는 점에서 전자 정부 1위라는 소식이 마냥 반갑지만은 않은 게 사실이다. 옮긴이

▶참고─유엔 공공 행정 네트워크 웹사이트 www.unpan.org
한만수, "새로운 빅 브라더의 목소리, '사랑합니다. 고객님!'", 〈프레시안〉, 2012.6.11.
김유나영, "전자 주민증 상임위 통과, '감시 사회' 재앙 부르나?, 〈프레시안〉, 2011. 12.16.
강양구, "지자체 홈피, 주민등록번호, 법인등록번호 무차별 노출", 〈프레시안〉, 2005. 3. 10.

보"라고 꼬집은 바 있다. 한편 데이비드 바니 경Sir David Varney은 2006년 작성해 영국 재무부에 보고한 보고서에서 영국 정부가 보유한 정보는 "개개인의 행동, 경험, 신념, 욕구, 권리를 바탕으로 시민 개개인에 대한 심도 깊은 정보를 만들어 내는 데" 활용될 수 있다고 언급했다. (포인덱스터가 만든 통합 정보 인식 프로그램과 매우 유사하다.) 이처럼 '미리 예측해 제공한다'는 식의 생각은 정부가 시민의 목소리에 귀를 기울이겠다는 말로 들리지만, 사실은 개인의 정신적인 측면까지 들여다 보겠다는 이야기나 다름 없기 때문에 주의를 기울여야 한다.

바니 경은 2020년 전자 정부의 모습을 이렇게 예측했다. "고객 [시민]은 각자의 필요에 맞춤한 공공서비스를 선택할 수 있다. 공공 부문과 민간 부문 그리고 제3부문 협력체는 맞춤형 공공서비스망을 구축하기 위해 개개인의 필요와 선호를 알려 주는 정보를 한 곳에 모아 관리한다. 그 과정은 대중이 알 수 없다. 중앙정부와 지방 정부를 막론하고 모든 정부 부처가 그렇게 모인 정보를 바탕으로 공공서비스망을 구축하고 개인이나 집단에 맞도록 특화한 맞춤형 서비스를 구축한다. (…) 그러나 대중은 공공서비스가 생성되는 과정을 전혀 알 수 없다."[39]

이런 것이 '열린' 정부란 말인가? 그것은 사실상 개인 정보를 모두에게 공개하는 일에 지나지 않는다. 영국 정부는 시민의 정보가 해외로 빠져나가지 않을 것이라고 장담하지 못한다. 각국 정부는 통합 정보 인식 프로그램을 시행한 미국 정부가 확보했던 만큼의 통찰력과 권력을 얻게 될 것이고 그렇게 새로 얻은 힘을 무자비하게 활용할 것이다.

「데이터베이스 국가Database State」 보고서는 영국 정부가 보유한 46개 데이터베이스의 4분의 1이 "인권법"이나 "정보보호법"에 비춰볼 때 "거의 확실히" 불법이고 절반 남짓은 심각한 사생활 침해 문제를 안고 있으며 사생활을 보호하는 가운데 작성된 데이터베이스는 15퍼센트에도 못 미친다고 평가했다.[40] 전자 정부로의 전환 사업이 실패했을 경우 발생할 비용이 얼마나 될지는 분명치 않지만 과거 정부가 추진한 IT 사업 중 30퍼센트 정도만이 성공했고 대부분 보안상 취약했다는 사실만은 새겨두어야 하겠다.

그러나 이런 걱정을 하는 사람들은 그 옛날 러다이트 운동이 그랬던 것처럼 배척당하기 십상이다. 오늘날 전 세계의 정부가 추진하는 혁명의 대의에 기여하는 핵심 도구는 '신분 관리'다. 즉, 우리의 정체성은 개개인의 일상 생활을 낱낱이 추적하는 신분증에 의해 관리된다.

4 위험한 신분증

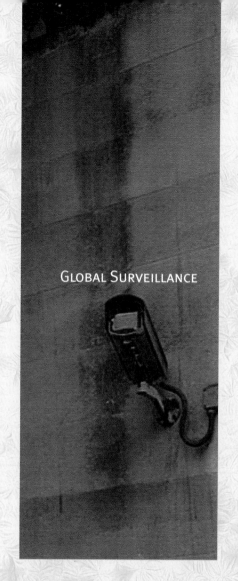

GLOBAL SURVEILLANCE

각국 정부는 왜 단일한 신분증 제도를 만들고자 하
며 시민단체는 왜 반대하는가?
개발도상국에서 신분증 제도는 어떤 식으로 강요되
는가? 그리고 신분증 제도로 실제 이득을 얻는 것은
누구인가?

위험한 신분증

신분증은 안보에 혈안이 된 각국 정부들이 애지중지하며 몇 년째 추진 중인 사업
이다. 서구 일부 나라에서는 제도 시행에 따른 비용이 너무 크다는 우려와 일단 신
분증 제도가 시행되면 생활이 달라질지도 모른다는 불안 때문에 신분증 제도 도
입이 좌초되기도 했다. 그래도 서구 정부들은 계속해서 개발도상국에 신분증 제도
도입을 촉구하고 있다. 개발도상국에서 시행하는 신분증 제도가 지구 전역에서 통
용될 미래 신분증 제도의 시금석이 될 것이기 때문이다.

대형 마트는 효율성을 추구하는 기관들의 귀감이 되었다. 영국
최대 소매업체 〈테스코Tesco〉(한국 법인명 〈홈플러스〉)가 보유한 고
객 정보는 얼마나 정확했던지 정부가 작성한 인구 통계를 "너무 부
정확해서 도저히 신뢰할 수 없다"고 여긴[1] 영국의 지방의회들이
인구 통계 작성을 위해 〈테스코〉에 도움을 요청할 정도였다.

대형 마트는 고객의 충성심을 끌어내기 위해 카드를 활용하고
정부는 복종을 강요하기 위해 카드를 활용한다. 2010년부터 집권
한 보수당은 영국인의 비만 문제를 해결하기 위한 대책으로 "건강
마일리지 카드" 도입을 제안했다. 카드를 발급받은 시민이 체중

을 줄이거나 담배를 끊거나 체육 시설에 등록하거나 신선한 채소를 섭취하면 "건강 마일리지가 올라간다." 그 밖에도 건강 마일리지를 쌓을 수 있는 다양한 사회 서비스가 존재한다. 반대로 건강에 나쁜 영향을 미치는 생활방식을 고수하는 사람들은 국가에서 제공하는 일부 의료 혜택이나 다른 사회 서비스 이용에 제한을 받을 수 있다. 일부 지역의 국민 의료보험은 이미 다른 질병을 치료하기에 앞서 비만을 먼저 치료할 것을 의료 기관에 권고하고 있다.[2]

그러나 신분증의 위력은 그 정도에서 그치지 않는다. 전자 신분증(e-ID)으로 알려진 RFID를 장착한 생체 정보 신분증이 세계 전역에서 사용되고 있다. 몇 년 사이 국가 신분증*은 마치 돌팔이 의사가 병 고치겠다고 무턱대고 나서는 것처럼 세계 전역으로 유행처럼 번져 나가고 있다.[3]

오스트레일리아의 신분증

1985년 오스트레일리아 정부는 오스트레일리아 카드라는 애국심을 고취하는 이름을 붙인 신분증 도입 계획을 선보였다. 개개인에게 고유 번호를 부여하고 중앙 데이터베이스에 등록해 수시로 정보를 확인할 수 있는 신분증 도입 계획이 발표되자 오스트레일리아 전역에서 찬반 논란이 뜨겁게 달아올랐다. 정부 부처와 13개 기관은 금융 거래, 은행 계좌 개설, 부동산 거래 등의 기록을 남겨 과세 자료를 확보하고 불법 사회 서비스 수혜자, 불법체류자, 범죄자, 음주 청소년을 가려내기 위해 신분증을 발급하려 했다. 이후 발급 대상은 의료 서비스인 메디케어 이용자 및 메디케어 가입 신청자에게로 확대되었다. (외국인이 불법으로 메디케어 서비스를 받지 못하게 하려는 조치였는데, 카드를 발급받지 않으면 의료 서비스를 받지 못해 생명이 위험해질지도 모를 일이었다.) 신분증에는 사진도 붙여야 했다. 정부가 최종적으로 제안한 "오스트레일리아신분증법 Australia Card Bill"에는 "임의"라는 표현이 남아 있어 정부가 의회의

■ 깊이 읽기

당신의 신분을 등록하라!

주민등록 제도는 전 세계에서 한국만이 가지고 있는 독특한 제도다? 그렇지는 않다. 미국이나 캐나다처럼 주민등록 자체를 하지 않는 나라도 있지만 대부분의 나라에서는 주민들의 거주지 파악을 위해 주민등록 제도를 시행하고 있다. 그러나 한국과 달리 주민등록은 강제가 아닌 선택이며 중앙정부가 모든 개인 정보를 통합 관리하는 시스템이 아니라 지방자체단체별로 관리·운영되는 시스템이다. 그리고 주민등록을 할 때 요구하는 정보의 양에 현격한 차이가 있다는 점(한국의 경우 무려 141개 정보를 요구하는데 반해 대부분의 국가는 이름과 주소지 정도를 요구한다)도 다르다.

지난 2012년 2월 국회 대회의실에서 "주민등록 제도 50년, 비판과 대안 심포지엄"이 열렸다. 참석자들은 일제 강점기에 뿌리를 두고 1960년대 간첩 식별 목적에서 만들어진 "주민등록법"이 이제는 개선되어야 한다는 데 목소리를 모았다. 무엇보다 주민등록 번호만으로 무수히 많은 개인 정보가 유출될 수 있다는 것이 가장 큰 문제로 지적됐다. 주민등록 제도가 그대로 유지되는 한, 개인 정보의 자기 결정권이 심각한 침해를 받을 수밖에 없으며, 정부의 감시와 통제로부터도 자유로울 수 없다는 지적이다. 옮긴이

▶ 참고―서동현, "간첩 색출 위해 만든 주민등록법 50년, 이제는 바꾸자", 〈참세상〉, 2012.2.16. 〈지문날인반대연대〉 http://finger.jinbo.net/

승인을 받지 않고 신분증을 활용할 여지
를 남겼다. 신분증을 분실하거나 규정대
로 사용하지 않는 시민에게는 정부가 몇
만 달러나 되는 벌금을 물릴 수도 있었다.
그러나 의회는 정부가 신분증 제도를 제
대로 운영할 수 있을지, 사생활 침해 문제
는 없을지, 기능이 확장되는 현상이 나타

●메디케어Medicare－오스트
레일리아를 비롯해 미국, 캐
나다 등에서 실시하고 있는 공
공 의료보장 제도로, 65세 이
상이거나 일정한 자격을 갖춘
사람에게 제공하는 건강보험
을 말한다. 옮긴이

나는 건 아닐지에 대해 논의한 뒤, 시민을 대상으로 여론조사를 시
행했고 90퍼센트의 반대 의견이 나오자 1986년과 1987년 두 차례
에 걸쳐 신분증 법을 부결했다. 상정한 법안이 두 차례에 걸쳐 부
결되자 정부는 의회를 해산하고 조기 총선을 단행하고서도 결국
뜻을 이루지 못했다. 오스트레일리아의 신분증 제도는 신분 도용
과 불법 복지 혜택 수혜를 막는다는 명분을 내세워 국민 신분 보호
계획National Identity Security Strategy이라는 이름으로 2005년 부활했
지만 결국 17개 보건 의료 서비스 및 사회 서비스 카드를 '액세스
카드Access Card'라는 단일 카드로 대체하는 방식으로 2006년 4월
26일 다시 제안되었다. 액세스 카드에는 가입자 본인과 자녀의 일
반 정보 및 질병 등의 세부 정보가 기록된 첨단 소형 칩이 내장되
어 2010년부터 전 국민이 의무적으로 가입할 예정이었다. 이 문제
의 핵심이 사생활 침해라는 것을 이해한 의회는 액세스 카드 정책
을 부결했지만 결국 2007년에 액세스 카드 도입을 둘러싼 논의가
도로 부활했다. 액세스 카드 정책을 전면 무효화한 사람은 케빈 루
드Kevin Rudd 총리였다.

미국의 신분증

〈9.11위원회9.11 Commission〉가 테러 대응책의 일환으로 전 국민에게 신분증을 도입해야 한다고 언급한 뒤로 미국 역시 신분증 공포에 빠졌다. 2005년에는 주에서 발급하던 운전면허증을 연방에서 발급하는 단일 신분증으로 바꾸는 "리얼아이디법Real ID Act"이 통과되었다. "테러리스트의 입국을 차단하고 미국 내에서의 활동을 어렵게 하기 위한" 연방 신분증은 기계로 판독할 수 있는 형태로 제작돼 생체 정보가 담길 예정이었다.[4] 그러나 9.11 사건도 신분증에 대한 미국인의 저항을 막아내지는 못했다. 1936년, 개개인에게 고유한 사회보장 번호를 부여하겠다는 정부 방침을 미국 시민들이 거부한 뒤부터 신분증 도입 시도가 지속적으로 이뤄졌지만 단 한 번도 뜻을 이루지 못했다. 1993년 클린턴 대통령이 도입하려던 건강보험증 제도도 건강보험 개혁이 무산되면서 함께 사라졌다.

이에 따라 "리얼아이디법"은 9.11 사건이 터진 지 무려 4년이 지나도록 의회에 상정조차 되지 못하다가 9.11 사건을 연상시키는 "안보, 테러와의전쟁, 쓰나미구호를위한 긴급추가세출예산법 Emergency Supplemental Appropriations Act for Defense, the Global War on Terror and Tsunami Relief"에 묶여서 논의 한 번 제대로 거치지 않은 채 졸속 통과되었다. 마이클 처토프Michael Chertoff 미 국토안보장관은 "리얼아이디법"에서 말하는 신분증은 전 국민 신분증과는 다르다고 말했지만 2008년 5월부터 "수표를 현금으로 바꿀 때, 아기 돌보미를 고용할 때, 비행기에 탑승할 때" 그 신분증을 활용하게 될 것이라고 내다봤다. 그 뒤 진전이 있었다면 19개 주에서 "리얼아이디법" 거부안을 발의했다는 것 정도다. 미 국토안보부는 각 주 관할하에 운전면허 등록 업무를 처리하던 차량관리부Department of Motor Vehicles를 연방 기관으로 전환하는 데만 10년이 걸리며 231억 달러 남짓 소요될 것으로 추정했다가 2008년에는 99억 달러가 소요될 것으로 추정치를 수정했고 2017년을 목표로 차량관리부 전환 사업을 강행하고 있다.

미국 정부는 신분증이 도입되면 낮은 임금을 받으며 농장에서 일하는 지저분한 불법 노동자를 색출해 본국으로 송환할 수 있다고 설명했다. 그러나 불법 노동자는 어차피 신분을 증명할 만한 제대로 된 서류를 갖추고 있지 않기 때문에 신분증이 도입되든 말든 달라질 것이 없다. 〈미국시민자유연맹〉은 고용인 자격 확인 시스템Employment Eligibility Verification System을 거론하면서 생체 정보를 담은 신분증이 도입되면 오로지 합법적으로 운영되는 규모가 큰 기업만이 행정적인 요구 사항을 수용하고 이행할 수 있을 거라고 말한다. 값비싼 생체 정보 인식기나 미국에서 일하는 1억 5천만 명의 노동자에게 접속할 아이피(IP) 따위가 필요하기 때문이다. 이런 시스템을 구축하게 되면 이미 정부의 감시망 밖에서 일하고 있는 1천2백만 명으로 추정되는 미등록 이주 노동자를 착취하는 암시장 고용주만 이득을 볼 것이다.[5] '부정직한 내부자'는 언제나 있게 마련이어서 그들이 위조 증명서를 판매할 게 뻔하기 때문이다. 예를 들어 19세기 말 미국 내 이민정책이 까다로워지고 미국 내 인종

차별이 노골적으로 변해감에 따라 중국에서 미국으로 입국한 이민자들은 태평양을 넘나들며 위조 신분증을 제작해 판매하고 가족력과 개인 이력을 위조하는 회사를 차리기도 했다.

블레어의 유산

영국의 신분증 제도는 장장 10여 년에 걸쳐 추진됐는데 표리부동과 기능 확장이라는 차원에서 연구를 해봄직한 사례다. 신분증 제도가 영국에 도입된 시기는 9.11 사건이 터진 직후였다. 블레어 정부는 사회보장 서비스 부정 수급자를 없애기 위해 신분증을 도입하려 했다. 그러나 미국과 오스트레일리아가 안전하다고 여겨지는 단일화된 신분 증명 수단을 보편화시킨 뒤에 오히려 더 큰 부정에 시달리고 있다는 점은 간과되었다. 신분증 도입과 관련해 영국 국민의 여론은 찬반 양론으로 갈렸다. 그러나 그런 사실은 G8의 법무장관과 내무장관이 생체 정보를 담은 신분증 도입을 추진하고 2004년부터 국가 간에 정보를 공유하기로 합의하는 데 아무런 걸림돌이 되지 않았다.[6] G8의 결정에 고무된 영국은 유럽이사회 의장국이던 2005년 생체 정보를 담은 신분증 제도를 유럽 전역으로 확대했다. 따라서 2006년, 유럽연합은 영국을 압박해 신분증 제도를 '억지로' 법제화하게 만들었다는 비난을 면치 못하게 되었고 영국 국민의 불만은 날로 쌓여 갔다. 한 때 영국 정부는 셍겐 조약에 따라 50여 종에 이르는 개인 정보, 얼굴 사진, 열 개의 지문, 기타 생체 정보를 비롯한 다량의 정보가 필요하다고 주장했다. 그러나 셴겐 조약에서는 그런 정보를 요구한 바 없으며 그나마 영국은 셴겐 조약 가입국도 아니었다.

이 모든 정보는 국가 신원 등록부National Identity Register에 보관될 예정이었다. 국가 신원 등록부는 중앙에서 관리하는 "메타-데이터베이스" 기지로, 공적 정보 및 민간 정보를 담은 다른 데이터베이스 수백 개를 모두 참조할 권한을 가질 예정이었다. 즉, 주택담보 대출 신청, 담배 구입, 우체국에서 소포를 찾아 오는 일 같은 사소한 기록까지도 참조할 수 있었다. 그럼에도 국가 신원 등록부에 사용될 기술은 한 번도 사용된 적 없는 신기술이었다. 그만큼 실패할 가능성이 크다는 얘기다.

일단 신분증이 도입되면 "테러리즘, 범죄, 불법 이주를 억제하는" 수단으로 활용될 것이었다. 신분증과 여권을 통해 9.11 사건, 7.7 사건, 2004년 마드리드 폭탄 테러에 연루된 테러리스트를 색출했지만 사건을 사전에 막지는 못했다. 스텔라 리밍턴 전前 MI5 국장은 신분증은 위조될 수 있기 때문에 비밀 정보기관은 신분증을 "전혀 쓸모 없는 것으로" 본다고 언급했다.

• **7.7 사건**—런던 지하철 테러 사건으로도 불린다. 2005년 7월 7일 런던 중심부 4곳에서 동시다발적으로 일어난 지하철 폭탄 테러 사건이다. 옮긴이

• **마드리드 폭탄 테러**—2004년 3월 11일 에스파냐 수도 마드리드 중심부에서 동시다발로 일어난 열차 폭발 테러 사건을 말한다. 옮긴이

신분증 제도에 대한 대중의 지지가 추락하기 시작했다. 때마침 〈전자신분증및안보에관한유럽협회European Association for e-identity and Security〉는 고맙게도 영국 정부에게 신분증의 "상업적·경제적 용도"를 강조하라고 권했다. 참고로 이 협회에는 런던경찰청,

유럽연합 집행위원회, 무기 제조업체이자 보안 업체인 〈탈레스 Thales〉와 〈지멘스Siemens〉를 비롯한 다양한 조직이 회원으로 가입 돼 있다.[7]

그러나 그 충고도 별 소용이 없었다. 2010년 5월 보수당-자유민주당 연정은 취임한 지 며칠 만에 신분증 제도를 쓰레기통에 던져 버렸다. 이것으로 끝이 아닐지도 모른다. 27개 회원국을 거느린 유럽연합과 셍겐 조약에 가입한 3개국 사이에서 영국은 신분증 제도를 운영하지 않는 비주류 국가로 분류될 것이기 때문이다. 유럽연합 각료이사회Council of the European Union는 신분증과 여권 통일을 계속 추진 중이고 더 많은 정보와 생체 정보를 수집해 신분증이나 여권에 담으려 하고 있다. 그 과정에서 신분증과 여권을 통일하는 절차를 가지고 유럽의회와 '상의'했을 수는 있겠지만 리스본 조약에 따르면 그러한 협의가 유럽연합 각료이사회의 의무 사항은 아니다.

남반구의 신분증

벨기에는 사생활을 보호하고 정보 공유를 방지하기 위해 최첨단 암호화 기법을 적용한 로컬 데이터 저장소를 운영하고 프랑스의 신분증 제도는 회계 거래 정보를 개인 정보 데이터베이스에 기록하지 않으며 독일은 정보를 집중시킨 중앙 데이터베이스를 운영하지 않는다. 반면 영국의 신분증 제도는 공공 기관에 속해 있든 민간 기관에 속해 있든, 권한만 있으면 외모나 행동이 눈에 띠거나 특정 인종에 속한다는 이유만으로 한 개인을 심문할 수 있게 했다. 이미 신분증 제도를 운영하고 있는 다른 나라들도 같은 문제에 시달려 왔다. 2001년 9월, 말레이시아는 영국 식민 정권이 남기고 간 신분증 제도를 개선해, 세계 최초로 개인의 생체 정보를 담은 초소형칩을 내장한 신분증 '마이카드MyKad'를 도입했다. 말레이시아 정부는 '마이'라는 표현을 사용해 국민이 국가 소유라는 의미를 은연 중에 강조하려 한 것 같다. 18세부터 의무적으로 발급받아야 하는 마이카드에는 생체 정보, (이슬람교도만 표시하는) 종교 정보와 (여권도 아니면서) 여권 정보를 비롯한 개인 정보 및 건강 정보가 담겨 있다. 마이카드는 신분증, 운전면허증, 직불 카드, 그다지 신뢰할 수 없는 은행에서 발행된 현금 카드로 사용되는데 도입되기 전 계획 단계에서는 인터넷 카페나 선거에도 활용할 생각이었다. (선거에 활용하게 되면 야당에 표를 던지려는 사람들, 그중에서도 특히 공무원의 투표 의욕이 떨어지는 효과를 낳는다.) 때마침 〈말레이시아 소비자협회〉가 마이카드에 기록된 개인 정보를 열람할 수 있는 사람의 범위와 열람 근거를 규정한 지침이 마련되지 않았다는 이유를 들어 반대 운동을 펼쳤기 망정이지 그렇지 않았다면 큰일 날 뻔했다. 사실 도입 당시에는 마이카드가 필수품은 아니었다. 그러나 다양한 정부 기관과 보안 업체를 비롯한 민간 기관이 건물을 출입하는 사람에게 신분증 제시를 요구하면서 점차 필수품이 되어 가고 있다.[8] 쿠알라룸푸르에 있는 이슬람교 단체는 이슬람교도 남녀가 "너무 가까이 붙어" 대화를 나누면 두 사람이 결혼한 사이인지 아닌지 "그 자리에서 바로 밝힐 수 있도록" 휴대용 카드 인식기 도

입을 추진했고[9] 경찰과 종교 단체는 신분증을 활용해 성전환자를 비롯한 특정 집단을 괴롭혔다.[10]

2009년 인도는 '세계 최대의 빅 브라더 프로젝트'를 선포했다. 이 프로젝트는 인도 국민 12억 명에게 생체 정보가 내장된 신분증을 발급하는 사업이다. 이 신분증 하나면 인도의 여러 주에서 발급했던 수십 가지의 신분 확인 수단을 대체할 수 있다. 오늘날의 인도는 전 국민의 7퍼센트만이 소득세를 납부하고 있으며 부패에 찌든 선거위원회는 정치적 입장에 따라 선거인 명부를 조작하는 게 현실이다. 또한 60여 개 남짓한 정부 부처는 서로 간에 치열한 영역 다툼을 벌이고 있다. 이런 현실을 감안할 때 인도가 과연 전 국민 신분증 제도를 기치로 하나로 단결할 수 있을 것인지는 둘째치더라도 일차적인 개인 정보를 확보할 수 있을지조차 불투명한 상태다. 인도 정부가 제안한 신분증 제도를 운영하려면 지금까지 인도에서는 볼 수 없었던 어마어마한 규모의 정보 통신 관련 기반 시설이 필요하다. 인도 정부는 전자 제품 제조 산업 단지를 가동해 필요한 기반 시설을 구축할 예정이라고 하지만 인도에는 아직 그럴 만한 시설이 없다. 인도의 신분증 도입 문제에 조언을 하는 자문 업체 〈언스트앤영Ernst & Young〉조차 인도의 신분증 사업은 정보통신업계 역사상 유례가 없었던 일이라면서 인도 정부의 계획은 "실현 불가능하다"고 말했다.[11]

부유한 나라 정부가 채택하거나 제안한 신분증 제도는 주로 개발도상국의 시험대에 오르곤 했다. 벨기에 식민 정권이 르완다에 남긴 유산 중 하나인 신분증 제도는 투치족과 후투족을 구분하는 용도로 사용되었다. 분리하여 통치한다는 르완다의 통치 방침 덕분에 1994년 후투족은 불과 100여일 만에 투치족 100만 명을 살해하는 기염을 토했다. 르완다 난민 수십만 명이 콩고민주공화국으로 탈출했는데 2002년 〈유엔난민기구〉 킨샤사 지부 직원은 르완다 난민 44만 명에게 신분증을 발급받으라고 엄포를 놓았다. "보안상 어쩔 수 없다"는 이유였다. 신분증을 발급받지 않은 난민은 정부 기관의 의심을 받고 오만 가지 문제에 시달리다가[12] 결국 거지 중에서도 상거지가 되거나 정부의 탄압을 받게 될 것이 불 보듯 뻔했다.

남반구 정부들 사이에 유행처럼 떠도는 신분증 제도에는 데이터베이스 구축이 반드시 뒤따른다. 코트디부아르에서 시행 중인 〈세계은행〉 원조 프로그램은 데이터베이스가 "민주주의의 기본 필수품"이자 신뢰할 만한 선거를 치르는 데 없어서는 안 될 존재라고 표현했다.[13] 그러나 서구 나라들은 신분증 없이도 선거를 잘 치러 왔다. 그럼에도 2009년 콩고민주공화국은 선거 기간에 맞춰 1천1백8십만 유권자에게 신분증을 발급했다.

사실 신분증은 민주주의를 말살한다. 2002년 로버트 무가베 Robert Mugabe 대통령이 이끄는 짐바브웨 정부는 헌법에 위배된다는 대법원의 판결도 무시한 채 범죄 및 테러리즘과 싸운다는 명분을 내세워 신분증을 소지하지 않고 다니는 행위를 불법으로 규정하고 벌금을 부과하거나 투옥했다. 사실 신분증이야말로 이듬해 치러진 대통령 선거를 만신창이로 만든 장본인이었다. 그 선거에서 무가베 대통령이 '승리'하면서 짐바브웨는 세계에서 고립되어 무자비한 독재의 길로 들어서게 되었다. 신분증은 안보, 특히 무가베 정권의 안전을 보장하는 데 없어서는 안 될 요소였다.[14)]

한편 잠비아는 근대 사회로 도약하는 하나의 방편으로 2009년 8월, 기존에 사용하던 신분증을 생체 정보를 내장한 신분증으로 교체하겠다고 공표했다. 그러나 잠비아는 독립한 지 불과 수십 년밖에 되지 않은 국가다. 따라서 누가 시민이고 시민의 권리는 무엇인지, 그리고 무엇보다 '배제된 사람들'의 문제는 어떻게 처리할 것인지 등, 신분증 말고도 잠비아 국민 전체의 합의가 필요한 일이 산더미처럼 쌓여 있는 상황이었다.[15)] 출생 기록과 사망 기록을 제대로 관리하지 못하고 출생한 시민의 신분 번호를 제대로 부여하지 못하며 출생한 지 몇 년이 지나도록 종이 신분증조차 제대로 발급해 주지 못하는 행정부의 무능함이 생체 정보를 담은 신분증을 도입한다고 해서 단번에 해결되는 것은 아니다.[16)]

남아프리카공화국은 국가가 시민에게 기대하는 것과 국가가 실제로 하는 일 사이에 괴리가 얼마나 큰지 제대로 보여 주는 사례다. 2005년 남아프리카공화국 정부는 기존에 사용하던 종이 신분증을 생체 정보를 담은 칩을 내장한 카드로 교체하는 데 120랜드가 들어가며 새 신분증을 전국에 배포하는 데 무려 5년이란 시간이 소요될 예정이라고 발표했다. 문제는 남아프리카공화국의 시간당 최저임금이 4랜드 10센트밖에 되지 않는 데다가 출생증명서를 발급받는 데 무려 4년을 기다려야 하며 운전면허증을 갱신하는 데 12시간을 줄 서서 기다려야 한다는 점이다.[17)] 시민들에게 일상 속에서 활용할 수 있는 신분증을 발급한다고 해서 남아프리카공화국 정부의 무능이 한꺼번에 사라지는 것은 아니다. 2009년 네 자녀를 둔 스물두 살의 한부모 남성이 신분증이 없으면 일자리를 구할 수 없다는 사실에 절망해 자살하는 일이 벌어졌다. 한 지방 공무원이 이 남자의 신분증 발급을 거부해 신분을 증명할 수 없게 만든 뒤 그를 외국인으로 기소한 탓이었다. 이 일을 계기로 남아프리카공화국 내무부는 긴급 상담 전화를 설치해 전문성이 부족하거나 무능하거나 또는 고자세여서 일을 제대로 처리하지 못하는 공무원을 신고할 수 있게 조치했다.[18]

많은 비용을 들여 생체 정보를 담은 신분증을 도입한다고 해서 작심하고 업무를 태만히 하는 관료제의 병폐를 해소할 수는 없다. 우간다 정부의 고질적인 부정부패, 과도한 비용, 무능력은 절망에 빠진 우간다 시민을 괴롭혔다. 우간다 시민은 투표증, 출생증명서, 운전면허증, 거주 허가서 등을 발급받기 위해 고군분투해야 했다. 전 국민 신분증은 이 모든 난국을 타개할 방안으로 추진되었지만 2003년 신분증 조달 과정이 위법 행위, 뇌물 수수, 부정부패로 얼룩지면서 중단되었다.[19] 그러나 2012년 시행될 예정인 전국 인구 총조사 같은 정부 사업을 앞두고 신분증 재도입 논의가 다시 고개를 들고 있다. 2009년 10월 우간다 외무부는 신분증 제도의 시행에 많은 어려움이 있는 것은 사실이지만 소말리아에 근거지를 둔 알-카에다 관련 군사 조직이 우간다 수도 캄팔라를 공격할 위험이 있으므로 조속히 신분증 제도를 도입해야 한다고 주장했다. 신분증 한 장으로 무장 공격을 어떻게 막아 내겠다는 것인지에 대해서는 설명하지 않은 채 외무장관은 우간다에 체류하는 소말리아 난민이 억류되는 일은 없을 것이라는 말만 되풀이하면서 시민을 안심시키는 데만 급급했다.[20] 우간다 정부가 신분증 도입을 추진하는 것은 석유가 나는 곳에는 언제나 말썽이 따라다닌다는 슬픈 현실과도 무관하지 않을 것이다. 서구의 석유 회사들이 아프리카의 주요 석유 수출국으로 발돋움하고 있는 우간다 정부에 사회 안정을 요구하기 때문이다.

〈동아프리카공동체East African Community〉 회원국인 우간다는 케냐, 탄자니아, 르완다, 부룬디와 공동으로 신분증 제도를 도입하려 한다. 유럽연합을 귀감으로 삼아 2012년에는 통화 동맹으로 발돋움하려는 〈동아프리카공동체〉는 자본과 시민이 회원국을 자유롭게 드나들 수 있도록 하는 제도를 추진하고 있다. 그에 걸맞게 〈유럽중앙은행European Union Central Bank〉이 〈동아프리카공동체〉 회원국의 통계 부처, 금융 부처, 신분증 관련 부처의 도움을 받아 〈동아프리카공동체〉 결성 및 공동체 회원국 간의 자본시장 조성과 향후 계획 수립, 회원국 간의 문제 처리 방안 작성, 무역 활성화 등의 전반적인 사안을 감독하고 있다.[21] 그러나 여권으로도 활용할 수 있는 단일 신분증 도입은 〈동아프리카공동체〉가 협상할 수 없는 불변의 사안이다. 현재 신분증 제도를 운영하고 있지 않은 탄자니아 시민이 저항했지만 〈동아프리카공동체〉 회원국은 시민들의 저항을 묵살한 채 단일 신분증 제도 도입에 '동의'했다.

사람들을 속여 신분증을 도입하는 행위는 민주주의와 아무런 상관이 없는데도 서구의 '원조'는 신분증 도입을 전제로 하는 경우가 많다. 〈국제통화기금〉은 부룬디에 원조를 제공하면서 "공적 자금 관리에 투명성을 높이는 차원에서" 신분증 제도를 도입할 것을 조건으로 내걸었다. 이에 따르면 장관에서 말단 교사에 이르는 부룬디의 모든 정부 공무원에게 신분 번호가 부여되며 각자의 정보가 담긴 파일이 생성되어 중앙 데이터베이스에 저장된다. 이로써 〈국제통화기금〉 본부는 부룬디 학교에 근무하는 교사가 구입하는 분필 하나까지도 실시간으로 파악할 수 있었을 것이다.[22] 2001년 〈국제통화기금〉으로부터 3년 동안 원조를 받게 된 시에라리온이 제일 먼저 한 일은 교사에게 신분증을 발급한 일이었다.[23] 〈국제통화기금〉은 이와 비슷한 방식으로 우간다에도 신분증 도입을 강요했고, 우간다 정부는 금융기관에서 금융 거래를 하는 모든 고객에게 생체 정보를 담은 신분증을 발급하겠다고 약속했다. 그러나 신분증 도입 비용이 높아 벽에 부딪힌 우간다 정부는 2008년 6월 〈국제통화기금〉에 신분증 도입 시기가 예상보다 "약간 지연될"지도 모른다고 보고할 수밖에 없었다. 신분증 제도가 없었던 탄자니아도 얼마 안 가 신분증을 도입했다. 빈곤 여성을 돕기 위해 2009년 중반 설립된 은행은 신분증을 소지한 여성에게만 2달러로 계좌를 개설할 권한을 주기도 했다.[24] 최근 〈레이저카드LaserCard〉는 석유 수출국인 앙골라 정부가 '근대화' 정책의 일환으로 신분증 제도를 도입하려 하자 생체 정보를 담은 신분증을 앙골라에 납품하기 시작했는데, 〈국제통화기금〉이 강요한 신분증 제도를 통해 탄자니아 시민과 우간다 시민이 누린 혜택은 탄자니아나 우간다에 신분증을 공급한 〈레이저카드〉 같은 미국의 민간 기업이 누린 혜택에 비하면 아예 없는 것이나 다름 없었다.[25]

빅 브라더를 키울 셈인가?

2011년 12월 23일, 국회 행정안전위원회 전체 회의에서 일명 전자 주민증을 도입하는 방안이 담긴 "주민등록법" 일부개정안이 통과되면서 비난 여론이 커진 바 있다. 개인 정보 유출과 더불어 정부가 개인 정보를 수집할 유혹에 빠질 수 있다는 우려 때문이었다.

정부가 발의한 "주민등록법" 일부개정안의 핵심은 개인 정보를 주민등록증의 IC 칩에 삽입한 전자 주민증을 도입하는 것이었다. 정부가 설명한 전자 주민증에는 성명, 성별, 생년월일, 주소, 사진, 주민등록번호, 지문, 발행일, 발행 번호가 표시된다.

정부는 개정안이 통과되면 현행 주민등록증을 2013년부터 2017년까지 점차적으로 갱신하면서 전자 주민증을 도입한다는 계획이었지만 결국 2012년 법사위에 상정되지도 못한 채 불발로 끝이 나고 말았다.

당시 행정안전부는 현 주민등록증이 위변조가 쉽고 주민등록번호나 지문 등, 민감한 개인 정보가 카드 표면에 노출돼 있어 이를 보완하기 위한 방안으로 전자 주민증 도입을 추진하는 것이라고 설명했다. 또한 전자 주민증이 개인 정보를 유출할 위험이 있다는 시민단체의 지적에 대해서는 "리더기로 읽어 낸 개인 정보는 화면을 통해 육안으로 확인만 하고 저장, 수집하지 못하도록 운영할 계획이고 기술적으로는 정보의 저장, 수집 등 유출 방지 기능을 적용하여 주민등록증 리더기 전용 소프트웨어를 보급하여 이용하도록 하며, IC칩 안의 정보를 소지자의 동의 유무와 관계없이 저장, 수집할 수 없도록 제도적 장치를 마련할 계획"이라며 일축했다.

이에 대해 시민단체는 전자 주민증이 개인 정보 유출에 취약하고, 개인 정보들이 집적될 위험성까지 안고 있어 범죄에 이용될 수 있고 나아가 정부가 개인 정보를 통제해 활용할 수 있다고 정부 주장을 반박한다. 이러한 시민단체의 우려는 기우가 아니었다.

지난 2006년과 2007년 행정안전부가 외부에 용역 의뢰한 보고서를 통해 전자 주민증의 모습을 일정 부분 알 수 있는데,「정보화 시대에 적합한 주민등록증 발전 모델 연구」보고서에 따르면 "전산 자원의 장애에 대처하기 위해 백업의 방안이 마련돼야 한다"고 나와 있다. 재해·재난 시 발생될 수 있는 자료 유실을 위해 백업 방안이 마련돼야 한다는 것이다. 그러나 백업 센터를 두는 것 자체로 해킹의 표적이 될 수 있다는 지적이 나온다.

보고서에서는 또 개인 신원의 인증 방법으로 바이오 인식 방안을 제시하면서 "일단 이용자가 등록한 다음 자신임을 인증할 필요가 있을 때 센서에 의해 이용자의 생물학적 특성이 획득되고 센서로 획득된 아날로그 정보는 디지털 형태로 변환돼 이 디지털 정보는 등록 시 저장된 바이오 인식 형판과 비교된다"고 설명하고 있다. 바이오 정보는 프라이버시 침해 문제와 직결돼 있어 사생활 침해 논란이 일 수 있다.

전자 주민증에 RFID 방식을 채용한 것도 문제가 될 수 있다. RFID 방식은 버스카드와 같이 일정 거리에서 기기에 갖다 대면 정보가 인식되는 형식이다. 보고서에서도 RFID 방식의 주민등록증 적용 가능성에 대해 "원거리 인식 특성으로 프라이버시 침해 소지가 있다"고 지적하고 있다. 보고서는 또한 전자 주민증을 전자 투표와 건강 카드로 활용하는 방안까지 제시하고 있다.

〈참여연대〉는 시민단체와 공동성명을 발표하면서 "전자 주민증이 일단 도입되면 나중에는 칩 안에 건강보험도, 운전면허도, 이것저것 넣자는 계획들이 넘쳐날 것이다. 삼성과 조폐공사의 본래 아이디어가 그러했다"면서 "네트워크로 연결하면 실시간 감시도 가능하다. 정부는 그럴 일이 없다고 믿어 달라고 하지만 그 장담을 보장할 법률 조항은 법안에서 전혀 찾아볼 수 없다. 특히 이런 정보가 경찰 등 정보 수사기관에 수시로 제공되는 일을 막을 수 있는 법적 규범은 어디에도 존재하지 않는다. 감시 사회의 미래가 멀지 않았다"고 맹비난했다.

▶출처 – 이재진, "전자주민증 백업 서버, 해킹 막을 수 있을까?", 〈미디어오늘〉, 2011.12.27.

〈안데스공동체Andean Community of Nations〉, (멕시코에서 생체 정보를 담은 신분증 제도를 도입한 뒤 단일 신분증 도입을 추진하게 된) 〈남미연합Union of South American Nations〉, 〈걸프만아랍협력협의회Co-operation Council for the Arab States of the Gulf〉 같은 다른 지역 협의체에서도 단일 신분증 도입을 추진하고 있다. 지역별로 단일 신분증을 도입하려는 현 추세는 전자 정부 시대에 국제적으로 신분을 관리할 수 있는 든든한 기반을 마련해 줄 것이다.

감시와 이민 통제

북반구 정부들이 채무 경감과 신분증 제도 도입을 하나로 엮으려고 애쓰는 데는 향후 쏟아져 들어올 이민 물결을 통제할 능력을 확보하려는 의도가 숨어 있다. 유럽연합은 불법 이주를 골치 아픈 문제로 생각해 이를 '뿌리 뽑기' 위해 제3국과 협력할 방안을 모색 중이다. 2007년부터 유럽연합 산하 기관 〈프런텍스〉는 신분증을 활용해 국경을 넘는 불법 이주자들을 근절하자고 줄기차게 제안해 왔다. 사실 북반구 정부들이 가장 두려워하는 것은 환경 난민이 이민 물결의 주축을 이루게 되는 경우다. 마거릿 대처 영국 수상은 이미 1990년대 초에 기후변화로 인해 "홍수, 가뭄, 사막화의 위험이 가파르게 증가해 거대한 난민의 행렬로 이어질지 모른다. 그들은 석유가 아닌 물을 찾아 헤맬 것이다"고 경고한 바 있다.[26] 북반구의 부유한 나라들은 기후변화를 부채질하는 온실가스 배출을 통제할 생각보다 난민을 차단하고 보안을 강화할 생각을 먼저

한다. 방글라데시의 금융장관은 "우리를 도와 개발을 추진하는 선진국은" 국토의 60퍼센트가 해수면보다 5미터나 낮은 저지대에 거주하는 1억 6천5백만 명의 영혼들에게 "이민은 주어진 권리라는 점을 인정해 줘야 할 것"이라고 발언한 바 있다. 그러나 북반구의 부유한 나라들은 이 같은 간청 따위는 무시하고 자국 영토를 버리고 떠날 수밖에 없는 인류의 물결을 차단할 댐 건설에만 골몰하고 있다.[27]

유엔의 추산에 따르면 1990년 이후 환경 파괴, 기후 관련 재난, 사막화를 이유로 부유한 세계와 가난한 세계 사이의 국경을 넘어 이주한 인구는 1천만 명에 달한다. 유엔은 다음 50년 사이에 같은 이유로 이민을 선택하게 될 인구가 15배까지 치솟을 수 있다고 내다본다. 게다가 기후변화로 '심각한 위기'에 처한 28개국 중 22개국이 아프리카에 있다. 신분증을 만들 돈이 있다면 차라리 지역 개발에 투입해 지역 주민을 행복하게 만드는 게 낫지 않을까? 그렇게 되면 그곳을 떠나려는 주민은 아무도 없을 테니 말이다.

5 놀라운 통제 기술

최신식 안면 인식 기술

무선 주파수 식별기

생체 정보

DNA

GLOBAL SURVEILLANCE

CCTV로 개인의 안전을 지킬 수 있을까?
안면 인식부터 DNA 인식까지, 인간의 생체 정보를
활용한 감시 기술에 대해 알아보자.
전 세계가 생체 정보 인증 시스템 구축에 열을 올리
는 이유는 무엇일까?

05

놀라운 통제 기술

유비쿼터스 감시 카메라, 추적 가능한 초소형칩, 생체 정보 인식기, DNA 검사기 같은 기기는 과거 첩보 영화에나 등장하던 기술이었다. 그러나 오늘날에는 그런 기술이 우리의 일상생활 구석구석에 파고들게 되었다.

감시는 기술에 의존한다. 데이터베이스는 다양한 경로를 통해 수집한 어마어마하게 다양한 정보를 보관하고 있다. 지금까지 선보인 감시 기술 중 가장 눈에 띄는 기술이자, 사람을 가리지 않는 기술은 CCTV라고 줄여 부르는 폐쇄 회로 텔레비전 카메라로 버스, 열차, 비행기, 공공장소, 화장실, 휴대전화 등 전 세계 구석구석 설치되지 않은 곳이 없다.

CCTV는 1942년에 처음 등장했다. 그해 〈지멘스주식회사Siemens AG〉는 독일 페네뮌데에 카메라를 설치해 런던과 로테르담 폭격용으로 개발 중이던 V2로켓 시험 발사 장면을 감독했다.[1] 교통량 관제를 목적으로 공공장소에 CCTV 카메라가 처음 도입되었고 1960년대 후반부터는 고객을 감시할 목적으로 백화점에도 설치되었다. 신용카드로 물건을 구매하는 열기가 절정에 달했던 1970년대와 1980년대에 들어서면 CCTV 카메라는 대형 쇼핑센터를 설계할 때 반드시 포함되는 기본 설비가 되어 상점 관리에 큰 몫을 하게 된다.

전 세계 CCTV 시장의 가치는 2009년 말 기준으로 130억 달러에 달한다. 중국에서의 폭발적인 수요 탓에 2010년에서 2012년 사이에는 매년 21퍼센트씩 증가할 것으로 예상된다.[2] 중국에서 CCTV는 교통량 관제용으로 베이징에 처음 도입되었는데, 1989년 터진 톈안먼 사건을 계기로 시위대 검거에도 매우 유용하다는 사실이 밝혀졌다. 오늘날 선전(Shenzhen, 深圳)은 CCTV에 중독된 중국의 모습을 여실히 보여 주는 도시다. 선전에는 2011년까지 2백만 개 남짓한 CCTV 카메라가 설치될 예정인데, 모든 카메라는 전국의 CCTV 카메라를 통합 관리하는 단일망에 연결된다. 〈허니웰Honeywell〉, 〈제너럴일렉트릭General Electric〉, 〈유나이티드 테크놀로지스United Technologies〉, 〈아이비엠〉 같은 미국 기업은 2007년 한 해에만 41억 달러가 오간 중국 CCTV 시장에 뛰어들었고 중국 기업 〈아벨전기기술Aebell Electrical Technology〉은 나스닥에 상장되고 미국 보안 시장에서 2천억 달러의 매출을 올리는 기염을 토했다.

조지 오웰의 고향 영국은 지난 몇 년간 꾸준히 CCTV를 도입해

조지 오웰George Orwell, 1903~1950
감시가 전면화된 미래 전체주의 사회를 그린 소설, 『1984』로 유명한 영국의 작가. 오웰이 그린 가상의 나라 오세아니아는 일당 독재를 위해 선 국민의 행동과 말, 정신까지 지배하는 촘촘한 감시 체계를 갖추고 있다. 소설에 등장하는 독재자 '빅 브라더'는 감시 사회의 상징이 되었다. 옮긴이

왔다. 1993년 잉글랜드 부틀에 있는 쇼핑센터 CCTV에 열 살 난 소년 두 명이 겨우 두 살난 어린 아기 제임스 벌저를 납치하는 장면이 포착됐다. 두 소년은 결국 제임스 벌저를 살해하고 말았는데 이 사건이 일어난 뒤 영국에서는 CCTV 카메라 수요가 폭발적으로 증가했다. '도덕 불감증 공포'가 영국 전역을 휩쓰는 가운데 지방의회 480여 곳은 공공장소에 설치할 CCTV 카메라 구입 비용을 지원해 달라고 정부에 요청했다. 1996년에는 영국의 주요 도시 중심부에 CCTV가 설치되었고 1997년 브라이턴에서는 처음으로 CCTV 카메라 설치 반대 운동이 벌어졌다.

그 뒤 영국은 전 세계 CCTV 시장을 선도하는 나라가 되었다. 공식 집계에 따르면 공공, 민간 가릴 것 없이 4백만 개 남짓한 CCTV 카메라가 영국 전역에 설치되어 있는데 이는 지구 전체에 설치된 CCTV 카메라의 4분의 1에 해당한다. 평범한 런던 시민의 경우 하루 평균 3백 번 정도 카메라에 모습이 잡히는 셈이다.[3] 그러나 이 수치조차도 매우 저평가된 것이다. 비디오 카메라의 크기가 작아짐과 동시에 가격도 상당히 저렴해졌기 때문에 CCTV 카메라는 세계 전역을 돌아다니는 휴대전화에도 장착되고, 택시나 골목길에 있는 작은 가게에도 설치되었다. 예전에 커다란 곤충의 턱 모양을 한 채로 건물 위에서 공공장소를 감시하던 카메라는 이제 아네모네 꽃만큼 작아졌다. ▪

CCTV가 범죄 소탕에 탁월한 도구라고 해도 무조건 용인해야 하는 것은 아니다. 1999년 〈스코틀랜드범죄학센터Scottish Centre for Criminology〉는 범죄를 줄여 범죄에 대한 공포를 사라지게 하겠다는 CCTV의 약속은 '과장'이라고 결론지었고 2002년 〈범죄자사회복귀협회National Association for the Care and Resettlement of Offenders〉는 CCTV를 설치한 24개 도시 중 13곳에서만 범죄가 감소했다는 사실을 밝혔다. 미국에서 수행된 연구는 주차장 전등 밝기를 높인다거나 더 많은 경관을 순찰 활동에 투입하고 사회경제적 문제를 폭넓게 개선하는 등의 다른 범죄 소탕 기법과 비교했을 때 CCTV가 범죄율을 낮추는 데 더 크게 기여하지는 않았다고 결론지

▪ 깊이 읽기

대한민국 방방곡곡 CCTV

우리는 하루에 몇 번이나 CCTV에 찍힐까? 2010년 국가인권위원회가 조사한 바에 따르면 수도권에 거주할 경우 하루 평균 80차례라고 한다. 거리에 나가면 9초에 한 번꼴로 CCTV와 마주치는 셈이다. 지하철에서 환승할 때는 50여 차례, 백화점에서는 3시간당 45차례에 걸쳐 CCTV에 노출되는 것으로 드러났다.

2010년 기준으로 한국에 설치된 CCTV는 약 350만 개에 이른다. 영국과 비교해서도 결코 적지 않은 수다. 더욱이 최근에 잇단 강력 범죄 영향으로 CCTV 설치 대수는 계속해서 늘어날 것으로 보인다. 차량용 블랙박스를 설치하는 사람들이 늘어나고 있는 현상도 주목할 만하다. 정부는 2011년 3월부터 시행되는 "개인정보보호법"을 통해 공공 기관이라도 함부로 CCTV를 설치할 수 없게 했지만 다른 한편으로는 CCTV 통합 관제 센터를 지자체 곳곳에 설치해 정보를 통합·운영하려는 시도를 하고 있다. 바야흐로 대한민국은 세계적인 감시 국가가 되어 가고 있다. 옮긴이

▶ 참고 – 장진영, "거리의 CCTV로부터 사생활 지키기", 『신동아』, 2012. 9월호
 "하루 83번 CCTV에 찍힌다. 사생활 침해 우려", 〈SDG 아시 뉴스〉, 2011.09.19

었다.[4] CCTV 카메라가 포착할 수 있는 범위 안에서 일어나는 범죄는 퇴치될지 모른다. 그러나 범죄자는 모자 달린 티를 입거나 카메라를 요리조리 피해 다닐 수 있다. 실제로 런던 동부 아일오브독스에서는 CCTV가 설치되지 않은 곳만 골라 여섯 건의 폭행을 저지른 '영리한' 범죄 조직이 등장하기도 했다.[5] CCTV를 구입하는 영국 최대 고객이자 CCTV 설치를 적극적으로 지지했던 영국 내무부는 2005년 각기 다른 13개의 감시 사업에 대한 보고서를 작성하면서 이렇게 언급했다. "정책 결정자가 감시 사업을 중단해야 한다고 결론을 내려도 아무도 책임을 묻지 않을 것이다." 제품을 판매하기 위해 감시 사업의 장점을 과장하는 보안 업체의 전략에 넘어가 감시 사업의 방향이 잘못 설정되고 제대로 관리되지 못하는 경우도 있다.[6] 2008년 열린 보안 문서 국제 컨퍼런스Security Document World Conference에 참석한 어느 경감은 영국의 CCTV 시스템은 "완전한 실패작"이라고 언급했다. 런던 거리에서 벌어지는 강도 사건 중 CCTV가 해결한 사건은 고작 3퍼센트에 불과했다. CCTV 카메라를 설치하면 더 안전하다고 느끼기 때문에 주민들이 먼저 카메라 설치를 요구한다는 주장도 반론에 부딪혔다. 2005년 영국 내무부는 CCTV가 "마음을 다스리는 데 도움을 주는 담요"에 불과하다는 사실을 평범한 시민도 다 알고 있다는 내용의 보고서를 발간했다.[7] 그럼에도 그 보고서의 결론은 다음과 같았다. "[CCTV를] 철거하라는 요구는 없었다. 시민의 자유를 침해한다는 (…) 우려도 거의 없었다."

2006년에는 말하는 CCTV가 도입되었다.＊ 잉글랜드 미들즈브러 시에 확성기가 달린 CCTV가 설치된 것이다. 중앙 관제실 직원은 공공장소에 쓰레기를 버리는 사람을 발견한 즉시 그 사람에게 경고를 하고 방금 버린 쓰레기를 도로 주우라고 지시할 수 있게 됐다.[8] 그 다음에는 폭행에 관련된 소리나 비명 소리를 감지할 목적으로 개발된 듣는 CCTV 카메라가 등장했다. 네덜란드가 주요 도시, 교도소, 학교에 듣는 CCTV 카메라를 설치해 큰 효과를 거두었다는 사실에 고무되어 영국도 이 카메라를 도입했다.[9] 〈교사강사협회Association of Teachers and Lecturers〉가 시행한 설문조사에 따르면 교사 열 명 중 한 명이 학교 화장실에 CCTV가 설치돼 있는 것으로 알고 있다고 응답했다.

CCTV 시스템이 설치되어 운영 중이라는 사실은 외부에 알려지

■ 깊이 읽기

카메라가 말을 하네?

말하는 CCTV는 국내에서도 이미 상용화되어 널리 쓰이고 있다. 충남 서산시의 경우 2009년부터 시내 주요 쓰레기 배출 장소에 말하는 CCTV를 설치했다. 시청 사무실에서 직접 감시해 쓰레기 불법 투기시 곧바로 경고 방송을 보내는 식이다. 이처럼 쓰레기나 불법 주정차 등을 단속하는 목적 말고도 어린이 교통 사고와 학교 폭력을 예방하는 차원에서도 말하는 CCTV에 대한 수요가 늘고 있다. 경기도 양주시는 2007년부터 지역 내 29개 모든 초등학교에 말하는 CCTV를 설치했다. 그 뒤를 이어 충남 당진군과 전주시도 학교 주변과 우범 지대, 어린이 보호 구역을 중심으로 말하는 CCTV를 설치했다. 옮긴이

는 경우가 드물다. 사실 설치 사실을 모르기 때문에 CCTV 카메라를 용인한다고 해도 과언이 아니다. 사회단체 〈리버티Liberty〉는 감시 산업에 종사하는 감시자를 감시하는 문제에 관련된 자료가 전혀 없다고 지적하면서 감시 산업이 "위험할 정도로 규제되지 않는" 산업이라고 언급했다. 자문 단체 〈카메라워치Camera Watch〉는 설치된 CCTV 카메라의 90퍼센트가 규정을 위반했다고 밝혔다.

CCTV는 CCTV 화면을 뚫어져라 지켜보는 사람이 있을 경우에만 쓸모가 있다는 문제를 안고 있다. 화면을 20분 정도 지켜보고 나면 지켜보는 사람의 주의가 산만해진다는 연구 결과도 있다.[10] 또한 CCTV의 성능이나 녹화, 보관과 관리도 저마다 제각각이기 때문에 본래의 목적인 식별 기능조차 제대로 수행하지 못하는 경우가 많다는 사실도 문제로 지적된다.(테이프를 이용하는 아날로그 카메라라면 문제는 더 심각해진다.)[11]

최신식 안면 인식 기술

이 문제를 해결하기 위해 가장 선호되는 방법은 아날로그 이미지를 디지털로 바꾸고 화면을 지켜보는 사람을 컴퓨터로 대체하는 것이다. 최신식 안면 인식 기술Advanced Face Recognition로 안면 인식 컴퓨터가 개인의 모습을 식별하는 게 이론적으로 가능해져 감시의 수준을 완전히 새로운 차원으로 끌어 올렸다. 1993년 미국 정부는 마약과의 전쟁의 일환으로 이 기술을 도입했다.[12] 최신식 안면 인식 기술의 효율성은 여전히 의문투성이다. 런던 뉴엄 지역 지방의회는 상습 범죄자를 추적하기 위해 최신식 안면 인식 기술을 도입했다. 그러나 이 시스템은 완전 쓸모 없는 것으로 판명되었다. 결국 뉴엄 지역 지방의회는 최신식 안면 인식 기술을 포기하고 기존에 운영하던 CCTV 영상을 텔레비전 모금 방송에 연계시켜 범죄자의 세부 정보를 텔레비전을 통해 내보낸 뒤 해당 지역 주민들이 범죄자를 신고하도록 독려하는 방식으로 바꿨다. 그러나 이 방법은 범죄자 역시 피해자를 물색하거나 경찰을 피하는 수단으로 이 시스템을 이용할 수 있다는 문제를 안고 있다.

최신식 안면 인식 기술이 도입되면서 신분증, 운전면허증, 여권 사진을 디지털 사진으로 바꿔야 한다는 요구가 늘었다. 10억 달러짜리 "세계 안보 계획"에 최신식 안면 인식 기술을 포함시켜야 한다고 생각하는 인터폴은 각국의 이민국 직원들이 8억 명의 국제 여행객 정보를 인터폴의 도망자 및 용의자 데이터베이스와 교차 검토하기를 바란다. 영국은 2009년 맨체스터 공항에 처음으로 최신식 안면 인식 기술을 도입했다.[13] 영국 정부는 1천분의 1초 단위로 1조 개 남짓한 웹페이지를 검색해 결과를 보여 주는 〈구글〉처럼 최신식 안면 인식 기술도 수많은 사람 중에 숨어 있는 검색 대상자를 신속하게 찾아낼 것이라고 주장했다.[14] 〈구글〉도 도울 것이다. 구글 거리 검색은 전 세계 곳곳의 거리를 누비는 자동차에 카메라를 장착해 전 세계 모든 거리의 모습을 실시간으로 서비스할 방법을 모색하고 있다. 사생활 침해를 이유로 일본에서 거센 반발이 있었고 영국 정보 위원회에서도 문제를 제기했지만 〈구글〉은 아랑곳하지 않는다. 이미 구글 어스는 전 세계인들의 집 앞에 어떤 차가 주차되어 있는지를 볼 수 있을 정도로 세세한 위성 이미지를 일반인에게 제공하고 있다. 2009년 〈구글〉은 구글 거리 검색 서비스를 런던 경찰청과 웨스트민스터 의회가 운영하는 CCTV 시스템에 연계시키려는 계획을 수립했다.[15] 공공이나 민간이 설치한 CCTV 카메라 시스템이 '독자적으로 운영되는 폐쇄된 시스템'이 아닌 상호 연계되어 운영되는 시대가 된 것은 분명하다. 그리고 〈구글〉은 그 시스템을 공식적으로 전 세계적인 시스템으로 만든 것이다.

최신식 안면 인식 기술에는 영상 정보 분석 기술이 따라다닌다. 그래서 현금자동지급기 주변을 어슬렁거리는 사람, 런던, 뉴욕, 로마, 텔아비브를 드나드는 사람 가운데 폭탄 테러범일 가능성이 높은 사람, 또는 벽화 예술가를 가려낼 수 있는 것이다.[16] 〈비에이이시스템스BAe Systems〉가 개발한 기내 위험 방지 시스템은 유럽연합이 추진한 안보 사업의 일환으로 개발된 시스템으로, 손톱만 한 크기의 카메라를 여객기 좌석에 부착해 눈을 깜빡이는 승객의 작은 행동까지 낱낱이 감시한다.[17] 마이크가 속삭이는 소리를 잡아내면 컴퓨터는 소리를 분석해 승객 정보와 대조한다. 이 모든 일은 자살 폭탄 테러나 비행기 납치를 미연에 방지한다는 미명 아래 이뤄진다. 〈비에이이시스템스〉는 "대규모 대중 행사장에서 (…) 범죄를 저지르려는 듯한 자세"나 "걷는 모습, 웃는 모양에서 유별난 특징"을 자동으로 포착하는 CCTV 카메라도 생산한다.[18]

최근 들어 경찰이 무인 항공기를 활용하는 사례가 늘고 있다. 원래 무인 항공기는 정찰과 공습을 목적으로 개발된 것으로, 미국은 아프가니스탄 전쟁과 이라크 전쟁에서, 이스라엘은 팔레스타인에서 각각 사용한 바 있다. 영국군은 전쟁이 무슨 비디오 게임이 나 되는 양, 노트북을 이용해 무인 항공기를 무선으로 조종할 병사를 모집한다. 국경을 수비하는 경찰도 민간인을 상대로 무인 정찰기를 활용하는데, 러시아군은 코카서스 지역에서, 미군은 멕시코 국경에서, 유럽연합 세관과 국경 수비대는 영국해협, 지중해, 발칸 반도에서 무인 항공기를 활용하고 있다.[19] 영국 경찰은 영국 국민당 당 대회나 스톤헨지에서 사제들이 일으킨 폭동 때 무인 항공기로 사건 현장의 사진을 찍기도 했다. 〈비에이이시스템스〉와 켄트 경찰은 2012년 올림픽에서 법규를 위반하는 운전자, 시위대, 불법 쓰레기 투척자 등을 촬영하기 위해 무인 항공기를 활용할 계획을 세우는 중인데 용의자의 인상착의나 범죄 행위를 전 세계에 실시간으로 방송할 예정이다.[20]

무선 주파수 식별기

가면을 써서 얼굴을 감춘다면 CCTV로도 신원을 식별할 수 없을 것이다. 그러나 RFID라고 줄여 부르는 무선 주파수 식별기는 얼굴을 가려도 피할 수 없다. 소형 칩 형태로 제작되는 RFID에는 고유의 식별 정보가 담겨 있어 RFID를 장착한 물건이나 RFID가 이식된 사람의 위치를 추적할 수 있다. 정보를 전송하는 기능을 지닌 능동형 식별기도 있고 바코드 같은 전자 식별 기계에 읽혀야 하는 수동형 식별기도 있다. RFID는 화물 운송 경로 추적에 효과적이기 때문에 지구 전역으로 확산되고 있다. 한편 소형이기 때문에 화물,

포장용 종이 가방, 의류 등 어디에나 장착할 수 있어 물건을 판매하는 상점에도 널리 쓰인다. RFID를 사용하면 언제 어디서나 상품을 식별해 추적할 수 있다.

〈아이비엠〉은 RFID의 도입에 선구적인 역할을 했다. 〈아이비엠〉이 미국에 제출한 특허 출원서(특허 번호 20020116274)에는 〈아이비엠〉의 개발 의도를 짐작하게 하는 내용이 등장한다. "의류 산업 같은 상업 분야에서 RFID를 널리 사용한다면 사람, 동물, 사물을 막론하고 지구 전역에 있는 모든 사물의 위치를 파악할 수 있게 될 것이다. 즉 오웰의 소설에 등장하는 수준의 사생활 침해가 나타날 것이다."[21] 2003년 〈베네통〉이 자사 브랜드 시슬리의 여성 속옷에 1천5백만 개의 RFID를 장착해 고객의 위치를 파악하려고 한 사실이 세간에 알려지면서 "차라리 홀딱 벗고 다닐래요"라는 구호를 내세운 〈베네통〉 제품 불매 운동이 일어나기도 했다. 유럽연합 집행위원회도 기업들이 RFID를 이용해 영화 〈마이너리티 리포트 Minority Report〉에 나오는 방식[길거리를 지나는 행인의 망막을 인식해 개인을 위한 개별 광고를 홀로그램으로 영사하는 광고 방식. 옮긴이]으로 제품 홍보를 해서 소비자의 사생활을 침해할 수 있다고 우려했다. 그러나 사생활 침해 수준을 평가하고 위험을 최소화할 방안은 기업이 자체적으로 해결해야 할 문제로 남겨 둠으로써 사실상 더 많은 물건을 팔려고 혈안이 돼 있는 산업의 기득권자들에게 개인의 사생활을 맡겨 버린 셈이 되었다.[22] 미국의 여러 주에서는 RFID 남용으로 인한 사생활 침해로부터 시민을 보호할 법률을 통과시켰지만 보호 대상이 미국인에 국한된다는 한계를 지닌다. 미국인을 제외한 나머지 사람들은 언제든 추적당할 수 있다.

RFID를 사람의 몸에 심으려면 무엇보다 본인의 동의가 필요하다. 그러나 인도네시아에서는 본인의 동의를 받지 않고도 에이즈 감염인에게 RFID를 이식할 수 있고[23] 미네소타 주의 팬옵티콘 같은 감옥에서는 RFID를 재소자의 몸에 이식하면서도 털끝만큼의 가책도 느끼지 않는다.[24] 플로리다 주에서는 알츠하이머 병을 앓고 있는 환자가 병원을 벗어나 거리를 헤매게 될 때를 대비해 RFID를 이식할 수 있지만, 식별기를 이식받은 환자도 그 사실을 인지하고 동의했는지는 미지수다.[25] 반면, 같은 기능을 수행할 수 있는 의료 경보 팔찌는 왜 제대로 작동하지 않을 거라 생각하는지 이유를 알 수 없다. 물론 의료 경보 팔찌도 칩을 내장하고 있고 그것이 암을 유발하는

● **의료 경보 팔찌** — 일종의 의료 신분증으로 환자의 병력, 특히 당뇨병이나 알레르기 유무 등과 관련된 정보를 담고 있다. 비상시 구급대원이나 의료진의 적절한 대처를 돕는다. 옮긴이

원인이라는 주장도 있으며[26], 전자기 간섭이나 기능 장애를 유발한다는 주장이 있는 건 사실이다.[27] 연예인, 정치인, 상류층은 납치될 경우를 대비해 자발적으로 칩을 이식받는다. 하지만 납치범들도 바로 그 RFID를 이용할 수 있다는 단점이 있다. 납치범들은 납치 대상의 몸에 이식된 RFID를 통해 위치를 파악해 납치한 뒤 위치 추적을 피하기 위해 납치당한 사람의 몸에서 RFID를 빼내 훼손할 것이다.

자기 몸에 이식하지는 않더라도 대부분의 사람들은 편의를 위해 RFID를 가지고 다닌다. 미국의 방위 산업체 〈큐빅코퍼레이션

Cuboc Corporation〉의 자회사인 〈큐빅운송시스템Cubic Transportation Systems〉은 워싱턴 D.C.와 시카고, 런던, 델리, 홍콩에서 대중교통 수단을 운영하고 있는데, 이들이 운영하는 교통수단을 이용하려면 RFID를 내장한 전자 카드가 필요하다.

런던의 대중교통 담당자는 오이스터 카드를 이용할 경우 대중교통 요금을 낮게 책정하고, 현금을 이용할 경우 터무니 없이 비싼 요금을 물리는 방식으로 통근자들이 오이스터 카드를 발급받을 수밖에 없게끔 만들었다. (오이스터 카드는 워싱턴 D.C.의 스마트립 SmarTrip이나 뉴욕의 메트로카드MetroCard와 비슷한 카드다.) 전자 카드 결제 시스템을 통해 전자 카드를 사용하는 통근자의 이동 경로를 낱낱이 추적할 수 있기 때문에 전자 카드를 도입한 정부는 값을 매길 수 없을 만큼 귀중한 통근자 정보를 대량으로 확보하게 된다. (그런데도 오이스터 카드를 사용하지 않는 사람은 드물다.) 적어도 2008년까지는 오이스터 카드에 마이페어 칩이 내장되어 있었다. 그런데 네덜란드 보안 연구원이 노트북을 이용해 마이페어 칩을 해킹한 뒤부터는 수백만 장 넘게 발급된 오이스터 카드에 기록된 정보가 유출될 가능성

●마이페어Mifare─대표적인 비접촉식카드 프로토콜로, 읽기, 쓰기 등을 수행하고 증가, 감소 등을 나타낼 수 있다. 마이페어 카드는 전 세계 교통카드로 널리 쓰이다가 보안이 취약하다는 단점이 계속 제기되고 연산 능력까지 갖춘 코스Cos 방식의 스마트카드가 등장하면서 밀려나고 있다. 옮긴이

이 높아졌다. 마이페어 칩을 교통카드에 내장한 전 세계의 정부 기관, 병원, 학교를 아우르는 수천여 단체 역시 같은 위험에 노출되었다. 당시의 해킹 사건으로 네덜란드 정부는 12만여 공무원의 카

드를 즉시 교체하는 소동을 벌였다.[28]

그러나 쇼핑 산업에서는 전자 거래와 관련된 오류가 크게 줄면서 RFID 사용이 점점 더 빠르게 확산되는 추세다. 현금을 빼앗는 강도 사건은 일어날 일이 없어졌고 현금을 운송하고 은행에 보관하는 데 드는 비용도 줄어들게 되었다.[29] 또한 RFID 덕분에 신용카드, 여행자 카드, 휴대전화를 하나로 통합한 O2-노키아 콤보O2-Nokia combo 같은 카드가 등장하게 되었다.[30] 캐나다의 〈로열더치셸Royal Dutch Shell〉 소속 과학자들은 RFID 칩이 내장된 카드를 시험해 봤는데, 몇 센티미터 이내에서만 신호가 잡히도록 설계돼 있는 카드가 무려 65센티미터나 떨어진 곳에서도 인식되는 것으로 드러났다. 쇼핑센터나 승객으로 빼곡한 통근 열차같이 사람이 많은 공간에서 소형 인식기를 작동시키면 수천여 남짓한 무선 주파수 신호가 동시에 잡힌다.

RFID의 보안을 확신할 수 없는 상태에서 전 세계 모든 여권에 RFID를 내장하겠다는 것은 무모한 발상이고, 그 명분을 안보에서 찾는다면 정말이지 바보 같은 발상이다. 그런데 바로 그런 일이 9.11 이후 미국에서 일어났다. 어느 설문 조사에서는 심지어 90퍼센트 남짓한 미국 소비자가 사생활 침해를 이유로 RFID 내장을 반대했다.[31] 미 국무부가 RFID가 내장된 여권에 "비접촉식 스마트 카드"라는 새 이름을 부여하자 미국 도처에서 거센 반발이 일기도 했다. (일각에서는 RFID를 적그리스도의 상징에 비유해 온 〈그리스도를위한저항Resistance for Christ〉 같은 단체나 뼛속까지 공화당원인 사람들을 설득하는 것보다 보편적인 위치 추적에 대한 불안을 잠재우는 일이 더 어려울 것이라고 주장했다.)[32] 미국 내 여론은 우호적이지 않았지만 미국 정부는 흔들리지 않았다. 새로운 여권이 전 세계에 공통으로 적용되는 기준인 ISO14443[33]를 충족시킨다면서 생체 정보를 담은 RFID를 내장한 여권 발급을 꿋꿋이 추진한 것이다. 2006년 네덜란드 방송 프로그램 "뉴스리흐트Nieuwslicht"는 RFID를 내장한 여권과 인식기가 개인용 컴퓨터를 통해 얼마나 손쉽게 해킹되는지, 그리고 여권 안에 들어 있는 암호화된 정보로 얼마나 쉽게 복제 여권을 만들 수 있는지 직접 시연해 보였다.[34] 2009년 크리스 패짓Chris Paget이라는 해커는 자기 차에 앉아 주변을 지나는 차량에서 RFID가 내장된 전자 여권과 샌프란시스코에서 발급한 운전면허증 수십 장의 신호를 잡아 복제했는데 이 때 패짓이 사용한 기기는 고작 250달러짜리였다.[35]

● **포트 녹스**–연방 금괴 보관소가 있는 미국 켄터키 주에 위치한 지역의 이름. 이곳에서 보관하고 있는 금괴의 양이 전 세계의 유통량의 대부분을 차지하기 때문에 그 중요성이 무척 크다. 옮긴이

SWIFT가 마련한 전 세계 은행 거래 표준처럼, 전 세계를 망라하는 단일한 기술 표준을 세우게 되면 낡은 세면실 뒤쪽 창문을 통해 포트 녹스에 접근하기가 그만큼 더 용이해진다. 그렇기 때문에 새로운 보안 시스템은 사실상 사람들을 안전과는 거리가 먼, 더 불안한 상태로 내몬다. 그러나 누가 뭐래도 정부는 이득을 누리게 될 것이다. 대부분의 시위대는 얼굴을 가리고 휴대 전화를 꺼둔 채 신분증을 집에 두고 나온다. 그렇지만 입고 있는 옷에 RFID가 내장되어 있으면 시위대로 위장 잠입한 경찰이 소지한 휴대용 인식

기나 거리에 설치된 고정된 인식기에 위치가 노출될 수밖에 없다. 개개인의 정보를 식별해 추적한 뒤 개별적으로 면담할 수만 있다면 경찰은 폭력 경찰이라는 오명을 쓰지 않고도 수백만 명이 참여한 반전 시위를 쉽게 통제하게 될 것이다. 부패와 사회 불평등으로 전국적인 폭동과 시위가 끊이지 않는 중국은 2008년 시위 진압에 사용할 요량으로 무려 60억 달러라는 거금을 들여 RFID가 내장된 신분증 10억 장을 제작했다. 중국 정부는 물론 이 사업에 참여한 〈모토로라〉, 〈텍사스인스트루먼트〉, 〈인피네온코퍼레이션Infineon corporations〉 같은 기업도 큰 이득을 보았다.[36]

생체 정보

RFID에 내장된 정보 대부분은 생체 정보다. 주로 여권에 많이 쓰이지만 현금자동지급기나 자동차 시동 장치나 자판기를 이용할 때, 또는 각급 학교에 입학할 때 등, 다양한 곳에 생체 정보가 활용된다. 개개인에게 고유한 지문, 홍채, 용모, 혈관 모양을 디지털 정보로 저장한 생체 정보는 개인을 식별하는 데 쓰인다. 그러나 사람의 생체 정보가 개인의 고유한 정보라고 해도 변조되지 말라는 보장은 없다. 해킹으로 유출될 가능성은 항상 존재하는 법이다.

고대 바빌로니아의 관료는 점토판의 위조 여부를 가리기 위해 지문을 활용했고 고대 중국에서는 문서가 위조되지 않았음을 확인하기 위해 인장을 찍었다. 지문의 활용도를 인식한 19세기 영국 관료 윌리엄 허셜William Herschel은 인도에서 기승을 부리는 사기

RFID는 생각보다 가까운 곳에 있다*

우리가 제일 흔하게 볼 수 있는 현실화된 RFID 기술 중 하나는 책 대여점, 도서관에서 볼 수 있는 1-bit 트랜스폰더Transponder다. 도서관이나 책 대여점에서는 책에 알루미늄 판막과 스티커가 붙은 트랜스폰더를 붙여 놓는다. 도서관과 대여점의 입구에는 특정 주파수의 전파를 발생시키는 리더 혹은 판독기가 있어 책을 들고 그냥 지나가면 요란한 경보음이 울리게 되어 있다. 이러한 경보를 피하려면 트랜스폰더에 내장된 태그를 비활성화시키는 장치가 필요하다. 책을 대여할 때 책 등을 어떤 장치 위에 올려 놓고 문지르는 모습을 볼 수 있는데, 이 장치에서 전자장이 나와 태그를 비활성화시키는 것이다. 그렇게 되면 태그 내에 변형이 일어나 리더의 주파수를 받아들이지 않게 되어, 입구를 통과해도 경보가 울리지 않는다. RFID의 가장 기본적인 형태로, 이 시스템을 가리켜 전자 도난 방지 기기라고도 한다.

좀 더 최신의 RFID 기술로는 스마트카드 기술 위에 무선 통신 기술을 결합한 것이 있다. 스마트카드는 우리가 주로 쓰는 현금카드나 신용카드에 쓰인다. 한때 국내에서 IC 전화카드가 있었는데, 이것도 스마트카드의 일종이다. 스마트카드 기술은 메모리카드와 마이크로프로세서카드로 구분되는데, IC 전화카드의 경우 메모리카드를 이용한다. 마이크로프로세서카드는 은행에서 쓰는 신용카드, 현금카드를 겸할 수 있는 다목적 카드다. (컴퓨터 CPU와 같은) 마이크로프로세서가 내장되어 있어 외부 신호에 대해 여러 용도로 분류하여 쓸 수 있도록 되어 있다. 스마트카드에 무선 통신 기술이 접목된 이유 중 하나는 접촉식 스마트카드의 전극이 오염되면 인식이 어렵기 때문이었다. IC 전화카드의 경우 마구 훼손되는 전화기 때문에 인식이 힘들어졌고, 사용량도 줄었다. 반면 버스카드는 비접촉식으로 무선 RFID를 이용한 메모리카드였다. 결과는 무척 긍정적이었고, 마이크로프로세서카드에도 적용되어서 현재의 신용카드는 선·후불 방식의 비접촉식 버스카드 기능을 내장하게 되었다.

그 밖에 일부 지방자치단체의 경우 음식물 쓰레기를 버릴 때 RFID카드를 이용해 자동으로 세대별 음식물 쓰레기 무게를 측정하고 배출 비용까지 처리할 수 있는 시스템을 구축한 곳도 있다. 또한 대부분의 대학교에서는 학생증 하나로 은행 일은 물론이고, 열람실 자리 맡기, 도서 대출, 출결 상황 기록 등을 처리할 수 있는 스마트카드 시스템을 활용하고 있다. 직장인이라면 회사 출입 카드로 자신의 근태를 자발적으로 낱낱이 기록하고 있을 것이다.

RFID가 이처럼 상용화되었다는 것은 RFID 기술이 가진 헛점에 우리가 그만큼 노출되어 있다는 뜻이기도 하다. 어쩌면 우리도 모르는 사이에 우리의 행동 반경이, 우리의 독서 취향이, 그리고 사소한 생활 습관 하나하나가 기록되어 우리의 통제가 미치지 않는 곳에서 수집되고 있을지도 모른다. 옮긴이

---

* 〈진보넷〉 생체여권 대응팀의 자료를 참고했다.(http://biopass.jinbo.net/series03.php)

범죄를 억제하고 인도 사회를 통제할 요량으로 지문 날인 제도를 재도입했다. 식민 '권력'을 유지하기 위해서는 식민지 주민이 엄격한 성문법을 따라 일사불란하게 행동하도록 만들어야 했던 것이다. 도시화된 서구 유럽에서 치안을 유지할 때처럼 당시의 통치자도 '범죄 성향이 농후한 부족과 카스트'를 규정하고 다른 부족과 구분해 '통제하거나 절멸시킬' 필요가 있었다. 그리하여 범죄성은 일종의 인종적 특성이 됐다. 결국 카스트별로 신분을 분류하고 대중 개개인을 식별하기 위한 지문 날인 제도가 도입되어 인도 전역으로 퍼져 나갔다.[37]

19세기 말에는 재소자의 신원을 파악하는 간단하고 저렴한 방법으로 사진이 도입되었다. 그러나 재소자가 나이를 먹는다거나 수염을 기르거나 자를 경우 인식이 어려웠고, 피부의 명암 표현이나 사진을 찍을 당시의 조도같이 미묘한 차이들에 따라서 이미지가 왜곡되기도 쉬웠다. 게다가 당시에는 사진을 전달할 마땅한 수단도 없었다. 프랑스의 알퐁스 베르티옹Alphonse Bertillon은 용모, 손발 크기 등을 측정해 11개 범주로 분류한 뒤 각 범주에 숫자를 부여해 전 세계 공통 언어인 모스 부호로 발신할 수 있게 했다. 덕분에 '사진만으로는 할 수 없었던 시공을 넘어선' 추적이 가능하게 되었다.[38] 그러나 경험 부족, 편의 추구라는 인간의 단점 때문에 신체 정보를 정확히 측정해 기록을 보관해야 하는 베르티옹의 분류법은 좋은 평가를 받지 못했고 널리 사용되지도 못했다. 분류 체계에 들어 맞지 않는 경우가 많았고 오류도 자주 발생해서 흉악범을 놓치거나 엉뚱한 사람을 때려잡는 일이 다반사였기 때문이다.

인류학 연구가 발전하고 우생학 이론이 등장하면서 다듬어진 베르티옹의 분류 체계는 나치에게 영향을 주었다. 나치는 특정 민족을 '범죄' 민족으로 분류할 수 있는 신체적 특징이 있다고 믿었고, 유대인과 집시가 그 '범죄' 민족으로 지목되었다. 오늘날에도 지문과 DNA는 범죄자를 식별하는 데 사용되며 DNA를 연구하는 사람들은 범죄 성향이 DNA에 각인되어 있다고 믿는다.

여전히 문제는 인간의 실수 때문에 발생한다. 미 연방수사국이 오리건 주에서 활동하는 변호사 브랜든 메이필드Brandon Mayfield를 2004년 3월 11일의 마드리드 폭탄 테러에 연루된 인물로 지목해 17일 동안 억류하는 일이 벌어졌다. 근거는 폭탄의 기폭 장치에서 확보한 부분 지문이었다. 에스파냐 경찰은 미 연방수사국에 지문을 다시 확인해 줄 것을 요청했고 결국 그 지문은 알제리인 용의자의 것과 일치한다는 사실이 밝혀졌다. 메이필드 변호사는 모든 혐의를 벗었다. 미 연방수사국은 사과했지만 사실 메이필드 변호사의 경우처럼 구사일생으로라도 살아나는 경우는 드물다.[39] 실수로 엉뚱한 사람을 지목하는 일이 많이 줄었다고는 하지만 세계의 안전을 지킨답시고 무고한 사람을 희생시키는 사례가 여전히 존재한다는 것만은 분명하다.

신원 확인을 전제로 하는 '안전한' 시대의 산업과 상업 부문은 이미 여러 생체 정보 중에서 지문을 적극 활용하고 있다. 휴대전화, 컴퓨터, 자동차 시동 장치, 출입문 잠금 장치 등 여러 장치에 지문이 사용되고 있다.[40] 그러나 여권이나 신분증 제작을 위해 생체 정보를 의무적으로 제출해야 하는 경우에는 동의가 문제로 제기된다. 많은 사람들은 범죄자에게나 요구되는 지문 제출에 큰 반감을 가진다. 그러나 위기 관리 수단으로 지문 제출을 요구하는 세계에서는 모든 사람이 용의자로 탈바꿈된다는 사실은 거의 깨닫지 못한다.

2005년 말레이시아 경찰은 12세 이하의 아동에게 아동용 마이카드인 마이키드MyKid를 발급하면서 아동에게 지문을 날인하게 했다. 나이가 들어감에 따라 변화하는 지문 모양을 추적할 수 있는 소프트웨어가 개발되었기 때문에 모든 신생아의 지문을 날인하기로 결정한 것이다.[41] 이와 유사하게 2007년에는 영국 정부가 11세에서 15세 청소년들에게 새로운 신분증을 발급하면서 지문 날인을 요구했다. 안타깝게도 이러한 지문 날인은 큰 관심을 불러오지 못했다. 이미 전 세계 수만여 개의 학교가 학생에게 지문 제출을 요구하고 있기 때문이다. 학생의 지문은 도서 대출, 학생부 작성, 학교 구내식당 이용 등에 활용되는 신분증 제작에 쓰인다. 그렇지만 지금까지 활용해 온 도서관 카드가 갑자기 쓸모 없어진 이유는 무엇인지, 학생부를 작성할 때 학생의 이름만으로 충분하지 않게 된 이유는 또 무엇인지 분명하지가 않다. 학교에서 학생에게 생체 정보를 담은 신분증을 발급한다고 해서 왕따, 흉기나 총기 사고가 사라지는 것은 아니다. 생체 정보를 담은 신분증은 개별 학생의 독서 습관을 추적하거나 성별, 인종별로 구분하는 데 유용하다. 따라서 생체 정보를 담은 신분증은 통계적 가능성에 기대 문제를 사전에 차단하려는 의회, 사회 서비스, 경찰에게나 유용한 물건이다.

한편 학교는 학부모에게 자녀의 지문 날인 사실을 뒤늦게 통보하거나 부모가 도저히 거절할 수 없는 조건을 붙인다. 리즈 지역의 몰리 고등학교는 지문을 날인하지 않은 학생이 학교 구내식당을 이용할 수 없도록 조치했다. 급식을 원하는 모든 학생에게 급식을 제공해야 한다는 학교법마저 어긴 것이나 다름 없었다.[42] 심지어 학생들에게 '첩자 게임'을 할 거라고 속이고 지문을 받아 내는 경우도 있었다. 학생들을 보호해야 할 사람들이 눈 하나 깜짝 안 하고 이런 일을 수행한다.

어려서부터 자신의 생체 정보를 내놓는 일에 익숙해지면 생체 정보를 추적하는 빅 브라더식 사고방식을 받아들일 수밖에 없는 처지에 놓이기 쉽다. 그리고 그 정보는 이윤을 좇는 누군가에 의해 이용될 수 있다. 미국에 근거지를 둔 〈전자사생활정보센터 Electronic Privacy Information Center〉는 2003년 이렇게 언급했다. "요즘 아이들은 보편적 신분증 발급을 추진하는 정부에 저항하지 않는 첫 번째 세대가 될 것이다." 요크에 있는 어느 학교 교장은 요크 시 전역의 아동 수천 명을 대상으로 지문 정보를 몰래 수집하는 일을 이렇게 정당화했다. "신분증에 담기는 정보는 신분증 발급 대상자의 사생활을 침해할 것입니다. 하지만 신분증 말고는 테러리즘을 제어할 답이 없는 것이 우리 세계의 현실이기도 합니다. 이 세계에서 살아갈 수밖에 없는 우리로서는 신분증을 사용하는 세계에 빨리 적응하는 것이 가장 현명한 태도일 것 같습니다." 그러면서 학부모의 항의가 거의 없었다고 덧붙였다.[43] 하지만 "정보자유법Freedom of Information Act"에 따라 밝혀진 바에 따르면 학부모는 자녀의 지문 날인 사실을 전혀 몰랐을 가능성이 높다.

실종될 때를 대비한 지문 날인?

국내에서도 아동의 지문 정보를 수집하는 곳이 있다. 바로 경찰청이다. 경찰청은 아동이 실종됐을 때를 대비해 미리 경찰에 지문과 얼굴 사진, 신상정보를 등록하는 '사전등록제'를 2012년 7월 15일부터 시행하고 있다. 안전드림(www.safe182. go.kr) 사이트에서 등록을 받는데, 시행 이틀 만에 접속 폭주와 서버 불안으로 잠시 등록이 중단되기도 했다.

문제는 이번 사전등록제에 등록된 지문 정보 등을 수사기관인 경찰이 보관·관리한다는 점에 있다. 박주민 변호사(〈민주사회를위한변호사모임〉)는 "경찰이 이 정보를 어떤 방식으로 이용할지, 언제까지 보관할지 불명확하다"며 "여러 기관에서 분산 관리하지 않고 경찰이 데이터베이스를 구축해 관리하는 것은 개인 정보 침해 가능성이 높다"고 말했다.

"실종아동 등의 보호 및 지원에 관한 법률"이 입법될 당시 민감한 생체 정보의 하나인 유전자 정보의 경우, 경찰로의 정보 집중을 우려해 유전자 검사 대상물의 채취는 경찰청장이, 유전자 검사를 실시하고 그 결과를 데이터베이스로 구축·운영하는 것은 국립과학수사연구소와 실종아동전문기관(〈어린이재단〉 등)이 하도록 했다. 정보는 한 곳에 집중해 있는 것보다는 분산·관리하는 것이 악용될 가능성이 덜하기 때문이다. 그런데 이번 지문 정보는 경찰청장이 직접 데이터베이스를 관리하고 '정당한 사유'가 있을 때 사용할 수 있는 길을 열어 놓았으니 더욱 우려가 일고 있는 것이다.

또 경찰이 사전등록제와 관련해 시설 아동 등 사회적 취약 계층 아이들의 지문까지 채취해 관리하는 것도 문제로 지적된다. 부모가 없는 보호시설 아이들의 사전등록은 보호시설 관리자의 동의로 이뤄지는데, 이들의 지문이 청소년 범죄 수사 등에 활용될 가능성을 배제할 수 없다는 것이다. 현재도 보호자가 확인되지 않은 보호시설에 있는 아이들의 유전자 정보는 국가가 데이터베이스로 구축해 관리하고 있다.

이에 대해 경찰청 관계자는 "행정안전부나 국세청 등이 사용하는 국가 중앙망을 이용하기 때문에 외부 접근이 원천적으로 차단되고 내부 교육도 철저하게 하고 있다"며 "보호자 요청이 있을 때만 등록이 되고, 또 보호자가 요청하면 즉시 삭제되니 믿어 달라"고 말했다.

전문가들은 인권 · 재산권 · 프라이버시 침해 요소가 많은 지문 등록을 대대적으로 펼치기보다는 아동 실종 예방 지침 등을 확산시키는 게 더 효과적이라고 지적하고 있다. 〈초록우산어린이재단 실종아동전문기관〉의 강병권 소장은 "아이 머리카락과 지문 직접 보관하기, 부모 이름과 전화번호 외우게 하기, 실종 예방 이름표나 목걸이 착용하기 등을 평소에 잘 실천하면 실종 예방에 큰 도움이 된다"고 말했다.

▶출처-양선아 · 이정국, "실종 대비 얼굴 · 지문 등록, 우리 아이 정보 안전할까?", 「한겨레」, 2012. 7. 18(일부 수정)

〈아일랜드정보위원회사무소Irish Information Commissioner's Office〉
와 〈홍콩사생활침해위원회Hong Kong Privacy Commissioner〉는 아동
에게 지문 날인을 강요하는 활동을 강하게 비난했다. 〈아일랜드
정보위원회사무소〉는 2007년 아동의 지문 날인은 불필요할 뿐 아
니라 "정보보호법" 위반이라고 언급했다.[44] 한편 지문 날인은 유
럽 인권 조약European Convention on Human Rights 8조와 유엔 아동
권리 협약UN Convention on the Rights of the Child 16조에도 위배되는
아동의 사생활을 침해하는 활동이다.[45]

생체 정보 기술은 보안에 대한 잘못된 인식을 심어 줄 수 있다.
2006년 어느 핀란드 군사 연구가는 〈마이크로소프트〉의 지문 인
식기를 사용해 2004년부터 개인용 컴퓨터의 인증서로 사용된 지
문이 해킹 위험에 노출되어 있고 따라서 위조 인증서가 돌아다닐
수 있다는 사실을 밝혀 냈다. 〈마이크로소프트〉는 지문을 컴퓨터
인증서로 사용하면 편리하지만 중요한 정보를 보호하는 장치로
서는 부적절하다고 경고한 바 있다. 그렇다면 지문 인식기를 구입
한 고객들은 호기심을 유발하는 기업의 술책에 넘어가 돈을 쓴 셈
이다.[46] 신분 관리 전문가 앤드루 클라이머Andrew Clymer는 이렇
게 언급한다. "어떤 시스템도 장차 개발될 기술에 맞서 정보를 보
호한다고 보장할 수는 없습니다. 평생 동안 사용해야 할 정보를
보호하는 일은 지극히 까다롭고 막대한 비용이 소모되는 활동입
니다."[47] 라텍스나 탄도 젤라틴을 이용하면 지문을 만들 수 있고
지문 사진을 복사하는 것도 가능하다. 그리고 그렇게 생성한 지문
으로 출입문에 달린 지문 인식기를 속일 수 있다는 사실은 이미 입

증된 바 있다.[48]

지문을 위조당한 사람은 새로운 지문을 만들 수도 없다. 지문으로 자신의 신분을 증명하지 않으면 금융 거래나 사회 생활이 불가능한 오늘날의 세계에서 지문을 위조당한 사람으로서 일평생 범죄 혐의를 안고 살아가는 수밖에 없는 것이다. 정부나 기업이 위험을 줄인다는 명분을 내세워 그 어느 때보다 많은 생체 정보를 요구하는 오늘날에는 정보에 오류가 발생해 개인의 인생을 망칠 위험도 함께 높아진다. IT 보안 자문가인 브라이언 드루리Brian Drury는 2007년 이렇게 언급했다. "지문을 날인하지 않으면 자기가 저지르지도 않은 범죄 혐의를 부당하게 뒤집어쓸 가능성이 전혀 없습니다. 그러나 일단 지문을 날인하게 되면 그 뒤로 평생 동안 지문 대조 시스템의 자비를 구하며 살아야 할 것입니다."

디지털 사진을 찍어 눈, 코, 입, 광대뼈 사이의 거리를 측정한 뒤 이를 바탕으로 얼굴 모양을 인식하는 안면 인식 기술도 마찬가지다. 지문 날인이나 홍채 스캔과는 다르게 안면 인식 기술은 먼 거리에서도 활용할 수 있다. 따라서 군중 사이에 섞여 있는 특정인을 카메라로 촬영하면 촬영당하는 사람의 동의를 받지 않는 것은 물론 눈치조차 채지 못하게 하면서 안면 인식 기술을 활용할 수 있다. 안면 인식 기술 역시 빛, 카메라 각도, 피부색, 수염, 안경, 성형 수술 등의 여부에 따라 인식률이 달라지기 때문에 베르티옹의 분류법이 지닌 한계를 고스란히 간직하고 있다. 2002년 팜 비치 국제공항에서 안면 인식 기술을 시범 운영했지만 근로자의 53퍼센트를 인식하지 못하는 결과를 낳았다.

혈관 모양도 개인에게 고유한 생체 정보이기 때문에 홍채 스캔이나 안면 인식 사진에 추가해 신분 증명을 위한 용도로 활용될 예정이다. 그리고 여러 가지 생체 정보를 신분 증명 수단으로 활용하면 한 가지 생체 정보만으로 신분을 증명할 때 발생하던 오류를 줄일 수 있을 것이라는 희망 속에 언젠가는 DNA도 생체 정보로 활용되는 날이 올 것이다.[49] 암담한 현실이지만 희망은 있다. 영국이 생체 정보를 담은 신분증을 시범 운영할 당시 자발적으로 참여한 2천 명 중 5분의 1이나 되는 사람들이 지문으로 신분을 증명할 수 없었다. '손가락이 큰' 사람의 지문을 인식기가 인식하지 못하는 문제도 발생했다. 참여자 중 69퍼센트만이 안면 인식 기능을 이용해 신분을 증명할 수 있었고 장애인 참여자의 경우는 48퍼센트에 불과했다. 홍채 스캔은 참여자 대부분의 신분을 증명했지만 흑인이나 나이든 참여자의 경우에는 홍채 스캔이 소용 없었다. 일부 장애인의 경우에는 어떤 생체 정보로도 자신을 증명할 수 없었다.[50]

신분 인식 기술은 신뢰할 수 없다. 그러나 정부 기관은 자기 시민은 그렇게 의심하면서 신분 인식 기술에 대해서만은 확신을 가지고 있는 것 같다. 설사 하나의 기술이 실패로 돌아간다 해도, 손금, 목소리, 필체, 자판 두드리는 속도, 자판을 누르는 힘, 출입문을 미는 힘 등을 바탕으로 사람의 신원을 확인할 날이 오리라 확신한다. 그렇게 실패를 인간 사회에 질서를 유지할 새로운 기기를 개발할 기회로 여긴다. 독일 경찰은 용의자가 앉았던 의자에 남은 땀 자국을 토대로 신분을 확인하던 동독 비밀경찰의 기술을 복원해 활용하기도 했다.

다른 분야와 마찬가지로 신분 인식 기술의 발전도 기술의 유용성이 아니라 이윤에 의해 결정된다. 경기 침체기에도 전 세계 생체 정보 시장은 2010년에서 2012년 사이에 매년 18퍼센트 가량 성장할 것으로 예상된다. 2009년 북아메리카와 유럽의 시장 점유율은 62퍼센트였고 아시아-태평양 지역을 중심으로도 시장이 급성장 중이다. 아시아-태평양 지역에서는 주로 은행이 부당 인출 등을 억제할 목적으로 생체 정보 기술을 이용하는데, 생체 정보 기술을 도입하면 현금자동인출기에서 사용하는 개인 식별 번호가 필요 없어진다는 점도 장점으로 작용한다.[51] 미국의 시장 조사 기관 〈애큐티마켓 인텔리전스Acuity Market Intelligence〉는 2017년 무렵에는 아시아-태평양 지역이 전 세계 생체 정보 시장 매출의 32퍼센트를 차지하는 가장 큰 시장이 될 것이고 중앙아메리카와 남아메리카 시장도 급격히 성장해 매년 39퍼센트씩 성장할 것이라고 예측한다. 한편 2017년이 되면 홍채 인식과 안면 인식 기술이 지문 인식 기술과 경쟁할 만큼 크게 성장할 것이라고 예측한다.[52] 〈애큐티마켓 인텔리전스〉가 작성한 보고서에는 감시와 통제 부문이 2009년에서 2017년 사이 61퍼센트 성장해 매출액이 8억 7천2백만 달러에 이를 것이라는 놀라운 예측이 담겨 있다. C. 맥신 모스트C. Maxine Most 〈애큐티마켓 인텔리전스〉 사장은 이렇게 말한다. "생체 정보를 이용한 감시는 비밀 정보기관이나 안보 관련 단체들이 꿈꾸는 궁극의 기술이자 사생활 보호와 시민의 자유를 추구하는 사람들에게는 악몽의 출발점이다."

DNA

가장 개인적인 생체 정보는 DNA다. 디옥시리보핵산Deoxyribonucleic acid, 줄여서 DNA는 개개인의 고유한 생체 정보를 담고 있다. 감시 세계에서 살아가는 많은 사람들은 DNA가 개인의 과거, 현재, 미래를 결정하는 열쇠를 지니고 있다고 믿는다. DNA는 신분 확인 수단으로 이용되는 생체 정보 중 가장 신뢰할 만한 수단으로 자리 잡았다. DNA야말로 가장 잠재력 있고 지극히 개인적인 생체 정보인 동시에 인권 침해 가능성이 가장 높은 생체 정보일 것이다.

〈진워치〉에 따르면 범죄 용의자를 추적하는 데 이용되는 유전 정보는 "지문 정보를 이용하기 시작한 이래 범죄를 추적하는 기술로는 가장 혁신적인 기술"이다. 미국은 국가 DNA 데이터베이스를 도입한 뒤로 8만여 건 남짓한 범죄 수사에서 DNA의 도움을 받았다. 영국의 경우 유전정보를 활용해 월 평균 30건의 살인, 45건의 강간, 3천2백 건의 오토바이 절도, 단순 절도, 마약 범죄에 연루된 용의자를 찾아낸다. DNA는 미제 사건을 해결하는 데도 핵심적인 역할을 한다. DNA 덕분에 오랫동안 실마리를 찾지 못한 범죄가 심판대에 오르기도 하고 잘못된 판결이 바로잡히기도 한다. 지금까지 미국에서는 246명의 재소자가 DNA 증거를 근거로 무죄 판결을 받았다. 그들은 대부분 유전정보를 수사에 활용하기 수십년 전에 투옥된 사람들이다.[53]

그러나 다른 생체 정보와 마찬가지로 DNA 증거 역시 남용되거나 오용될 가능성이 있다. 2001년 미국의 한 연구자가 범죄 현장에서 나온 샘플에서 채취한 유전정보가 잘못된 절차 때문에 소실되었다는 사실을 발견했다. 이에 따라 100여 개 남짓한 샘플을 다시 검토해 보니 그중 한 개의 샘플이 사건 해결에 활용되었고 그 샘플 때문에 한 남성이 저지르지도 않은 강간 사건으로 유죄 판결을 받고 25년 형을 선고받았다는 사실이 밝혀졌다. 북아일랜드 오마 지역에서 일어난 폭탄 테러의 경우 노팅엄에 사는 14세 학생이 사건의 주범으로 밝혀졌는데, 그 소년이 친자 확인 소송 과정에서 영국 데이터베이스에 DNA 정보를 등록한 적이 있었고 폭탄 잔해에서 찾아낸 DNA가 등록된 DNA 정보와 일치한 덕분이었다. 그럼에도 DNA 정보로 신분을 확인할 수 있다는 생각은 과장일 수 있다. DNA 정보를 토대로 강간 사건의 범인으로 몰려 유죄 선고를 받고 5년간 복역한 미국인 남성의 경우 데이터베이스에 등록된 70만 명의 흑인 DNA와 대조한 결과인 것처럼 법원에 제출되었지만 사실은 고작 8명의 흑인 DNA와 대조한 뒤 증거로 제출된 것이라는 사실이 밝혀졌다.[54] DNA는 범인이나 수사관이 범죄 현장에 일부러 심었을 가능성이 있고, 범죄 현장 한 곳에서만 수십 개의 DNA가 발견될 수도 있으며, 그 밖에도 샘플 정보를 잘못 기입하거나 분류를 잘못하거나 다른 곳에서 수집된 DNA와 섞이거나 오염될 가능성이 많다. 2009년 영국 케임브리지서 경찰은 치킨 카레가 들어 있는 냉장고에 DNA 샘플을 함께 보관하는 바람에 큰 비난을 받았다.

영국이 국가 DNA 데이터베이스를 구축한 뒤 일각에서는 무고한 사람이든 아니든 관계 없이 모든 사람의 DNA 정보를 보관해야 한다고 촉구해 왔다. 1998년 엘리트 집단이라 할 수 있는 국가수사대National Crime Squad는 모든 신생아의 DNA 정보를 채취해야 한다고 주장했다.[55] 영국인들은 그런 주장에 저항했지만 영국 법은 모든 사람들의 DNA 정보를 채취하는 방향으로 조금씩 개정되어 왔다. 1984년 "치안과형사증거법Police and Criminal Evidence Act"은 DNA를 "개인적인 샘플"로 분류해 심각한 범죄 행위를 수사하는 과정이라도 본인의 동의가 있을 경우에만 DNA를 채취하고 체포된 사람이 기소나 경고를 받지 않고 혐의를 벗었을 경우에는 수집한 DNA 샘플을 파기하도록 규정했다. 그러나 그런 규정은 2001년 "형사정의와치안법Criminal Justice and Police Act"이 제정되면서 모두 사라졌다. "형사정의와치안법"은 범죄 혐의가 입증되지 않고 기소가 기각되었을 경우에도 DNA 샘플 보관을 허락했다. 게다가 영국이 아닌 다른 나라의 경찰도 영국의 국가 DNA 데이터베이스를 검색할 수 있게 했다. 나아가 2003년 "형사정의와치안법"은 심각한 범죄행위를 저지른 것으로 의심되는 용의자의 DNA 샘플을 체포 시점에 동의 없이 채취할 수 있도록 허용했다. 그렇게 채취된 샘플은 체포된 사람이 기소되지 않더라도 영구적으로 보관된다. 특히 청소년이나 아동의 경우 샘플을 채취하는 데 여러 가지 제약이 따랐었지만 그런 제약마저 모두 사라졌다. 2007년에는 경찰이 제한 속도를 위반하거나 쓰레기를 버리는 등의 경범죄 용의자를 거리에서 체포하는 즉시 DNA 샘플을 채취할 권한을 부여받기 위한 입법에 힘쓰기도 했다.[56] 따라서 2008년 말 영국 DNA 데이터베이스에는 434만 3,624명의 DNA 정보가 남게 되었다. 그중에는 무고한 시민 수만 명의 DNA 샘플도 포함되어 있다. 영국의 국가 DNA 데이터베이스는 지금까지 구축된 DNA 데이터베이스 중 인구 대비 세계 최대 규모이며 보관된 DNA 샘플 수의 절대 수치로 봐도 두 번째로 큰 규모다. 절대 수치에서 1위를 달리는 미국은 무려 654만여 남짓한 DNA 샘플을 보관하고 있다. 2009년 DNA 데이터베이스에 등록된 아동은 109만 명에 달했는데 그중 절반은 무고한 아동의 샘플이었고 16세 미만 아동의 샘플도 3분의 1에 달했다.[57] 그러나 정작 국가 DNA 데이터베이스를 활용해 해결되는 범죄는 한 해 동안 발생하는 전체 범죄의 0.35퍼센트에 불과하다.[58] (국내 사례는 176쪽 참고)

DNA 데이터베이스는 범죄 수사에서 인종을 차별하는 수단으로 더 많이 활용된다. 흑인이 영국 인구에서 차지하는 비율은 2.9퍼센트에 불과하지만 영국 전체 흑인의 27퍼센트가, 심지어 흑인 남성의 경우 40퍼센트가 DNA 데이터베이스에 등록된 상태다. DNA 데이터베이스에 등록된 백인이 전체 백인의 6퍼센트에 불과하다는 사실을 생각하면 놀라지 않을 수 없다.[59] 영국에 거주하는 흑인 가족 대부분의 DNA가 데이터베이스에 등록돼 있기 때문에 영국 내무부와 경찰이 과연 흑인의 유전적 유산을 관리하기에 적합한 조직인지에 대해 흑인 공동체가 의구심을 나타내는 것도 무리가 아니다. 일각에서는 모든 사람의 DNA를 데이터베이스에 등록해 관리함으로써 인종에 따른 차별 요인을 극복할 수 있다고 주장한다. 그러나 모든 사람의 DNA를 등록한다고 해서 인종차별이 사라지는 것은 아니다. 인종차별의 흔적만 지워 버리고 말 뿐이다.[60]

국내 DNA 법 시행 2년 째,
DNA 수사는 어디까지 와 있을까?

국내에서도 2010년 7월 26일부터 "DNA 신원확인정보의 이용 및 보호에 관한 법률"이 본격적으로 시행되었다. 살인, 강도, 강간 등, 재범 가능성이 높은 11개 범죄 피의자의 DNA를 채취하여 저장할 수 있게 한 법이다. 그러나 법 시행 후 채 1년이 되지 않아 시민단체들이 법 자체에 위헌적이고 반인권적인 요소가 있다며 헌법 소원을 제기했다. 이에 국가인권위원회도 재범 가능성이 없는 범죄에까지 수사 편의를 위해 DNA법을 적용할 가능성이 있으며, 무죄 추정의 원칙에 어긋나고 국가가 개인의 DNA 정보를 일률적으로 과도하게 장기간 저장하는 것을 허용하고 있다는 점에서 DNA법이 개인 정보에 대한 자기 결정권을 과도하게 침해하고 있다고 헌법재판소에 의견을 제출했다.

실제로 시행 2년차를 맞은 2012년 10월 8일, 『경향신문』의 보도에 따르면 DNA법이 시행된 이후 지난 8월까지 채취된 구속 피의자의 DNA 자료는 2만 3,818건이었는데, 이 중 단순 절도 피의자가 17.3퍼센트를 차지해 가장 많았고, 그 다음으로 강도(12.6%), 마약(9.3%), 살인(7.2%), 방화(2%), 약취·유인(0.3%) 순이었다. 애초에 8세 여아를 성폭행한 조두순 사건을 계기로 성범죄를 비롯해 강력 범죄를 막기 위해 제정된 법 취지에서 한참 어긋나는 결과다. 특히 경찰은 폭력 및 특정 범죄가중처벌법 위반 혐의로 쌍용차 해고 노동자와 용산 철거민 15명의 DNA를 채집해 더욱 논란을 빚었다. 국가의 개인 정보 수집이 범죄 예방이 아닌 통제 수단으로 사용되고 있다는 것을 보여 주는 가장 강력한 사례다. 옮긴이

▶ 참고─류인하, "성범죄 막자는 'DNA 채취', 강력범·시위자 단속에 더 적용", 『경향신문』, 2012.10.08
국가인권위원회 인권정책과, "인권위, 'DNA 신원확인법' 헌법재판소 의견 제출", 보도자료, 2011.7.26

또한 DNA 데이터베이스는 용의자 목록으로도 기능할 수 있기 때문에 자칫하면 DNA 데이터베이스에 등록된 사람은 직업을 구하지 못하거나 비자 발급을 거부당할 수 있다. 미래의 정부는 개인과 그 친척의 정보까지 뒤져볼 수 있을 것이다. 2008년 제정된 "대테러법Counter Terrorism Act"은 DNA 데이터베이스를 활용해 범죄를 해결할 뿐 아니라 개인의 신원도 확인할 수 있도록 허용했다. DNA를 바탕으로 민족성을 판단하려는 시도가 이뤄졌을 당시 그랬던 것처럼 DNA 데이터베이스에 등록된 DNA 샘플은 연구를 목적으로 하는 경우에는 본인의 동의를 받지 않고도 사용될 가능성이 있다.

모든 사람의 DNA 샘플을 채취하면 엉뚱한 사람이 범죄자로 지목되어 잘못된 판결로 이어질 위험이 더 높아진다. 특히 가족 구성원일 경우 혼동의 위험은 더 크다. 불완전한 샘플이 데이터베이스에 등록될 가능성이 있고 같은 DNA 성향을 공유하는 개인이 여럿 있기 때문에 "엉뚱한 사람의 DNA가 일치"할 가능성도 늘 존재한다.[61] 2011년을 기점으로 유럽연합 전역에 등록된 모든 DNA 정보를 상호 대조하는 일이 가능해지면 이런 위험성이 큰 폭으로 증가할 것이라 쉽게 예상할 수 있다.[62]

DNA 지문 감식법을 개발한 알렉스 제프리스 경은 2010년 무고한 사람의 DNA를 보관하는 정책은 "무죄 추정의 원칙을 위반"하고 있다며 이 정책을 지지한 영국 하원을 맹렬히 비난했다. 제프리스 경은 정부가 자신의 DNA를 보유하고 있다는 사실을 비관해 자살에 이른 어느 남성의 사연을 사례로 제시했다.[63] 영국 시민들은 무고한 사람의 기록은 삭제되어야 한다고 주장했고 〈유럽인권재판소European Court of Human Rights〉 역시 모든 사람의 DNA 정보를 보관하는 일은 유럽인권조약 8조에 명시된 개인의 사생활 보호 규정 위반이라고 판단했지만 영국 내무부는 이 모든 반대를 무릅쓰고 모든 DNA 기록을 무기한 보관하는 정책을 밀어붙였다. 한편 1994년 미국은 "DNA식별법DNA Identification Act"을 제정했다. 지방정부와 주 정부에서 운영하는 수십 가지 DNA 데이터베이스를 미 연방수사국에서 개발한 DNA 데이터베이스 시스템인 코디스(Combined DNA Index System, CODIS)에 연결해 미 연방수사국이 DNA 샘플을 상호 대조할 수 있도록 허용하는 법이었다. 1994년 코디스가 출범할 당시에는 십여 곳의 기관이 운영하는 데이터베이스에만 접근할 수 있었지만 2009년에는 50개 주 전체의 법 집행 기관 170여 곳의 데이터베이스에 접근할 수 있는 거대 시스템으로 발돋움했다.

대부분의 DNA 데이터베이스는 폭력적인 성범죄와 살인 사건 같은 강력 범죄를 해결한다는 명분으로 도입되었다. 도입 당시 미 연방수사국은 유죄를 선고받은 적이 있는 사람들의 유전정보만 추적할 수 있었고 영국 수사당국의 권한도 그와 비슷한 수준이었다. 그러나 미국 법이 강화되면서 DNA 샘플 채취를 요하는 범죄의 강도도 낮아졌다. 더 많은 사람들이 DNA 샘플을 채취당했고, 샘플 채취 시점도 앞당겨졌다.

2004년 "만인을위한정의법Justice for All Act"이 제정되었다. 이로써 마약 소지나 자동차 절도, 기타 절도범 같은 흉악범과 나중에 기소유예 처분을 받게 될지도 모를 모든 용의자의 DNA 샘플을 등록하는 게 허용됐다. 2005년에는 "여성폭력방지법Violence Against Women Act"이 "DNA지문감식법DNA Fingerprint Act"과 함께 개정됐다. 두 법이 개정되면서 체포된 사람이 기소될때까지 기다릴 필요도 없이 DNA 샘플을 등록하는 게 가능해졌고, 무죄 선고를 받았을 경우에도 기소 중지를 증명하는 서류를 제출해야만 등록된 샘플을 삭제할 수 있게 됐다. DNA 샘플 정보를 최대한 오래 보관할 수 있는 행정적 틀이 마련된 것이다. 이민 관련 기구나 국경 기구들이 수집한 비非미국 시민의 DNA 정보도 연방 차원의 DNA 데이터베이스에 마찬가지 방식으로 보관된다. 연방법과 주법은 서로 다르지만 그 차이가 점점 좁혀지고 있다.

2000년 수집된 DNA 정보는 46만 365건이었지만 2008년에는 653만 9,919건으로 대폭 늘어났고 2008년 코디스를 이용해 수사가 이루어진 경우는 8만 948이었다. 미 연방수사국은 법이 더 유리한 방향으로 개정되어 자금 지원이 늘어나면 현재 매년 8만 건 수준인 DNA 샘플 신규 등록 건수가 2012년에는 120만 건으로 '대폭' 늘어날 것이라고 기대한다. 그러나 그렇게 되면 아직 처리를 기다리고 있는 DNA 샘플의 적체 문제를 더 심화시킬 수도 있다. 이미 2009년 중반부터 약 50만 건의 샘플이 처리되지 않은 상태로 적체된 상태다.[64] 게다가 범죄가 아닌 사건에 코디스를 사용하는 사례도 늘어날 것이다. 이를 테면 실종자나 신원 미상자, 또는 그들 친척의 신원을 확인해 주는 납치 분석 소프트웨어에도 사용될 수 있다.

DNA 검사 기술의 발전으로 비용이 저렴해지고 대중의 관심이 증가하면서 〈내비제닉스Navigenics〉, 〈놈Knome〉, 아이슬란드 기업 〈디코드제네틱스DeCode Genetics〉 같은 민간 DNA 검사 업체가 성업 중이다.[65] 미국에는 '버려진 DNA'를 다루는 연방법이 없다. 그래서 2008년에는 오바마 대통령이 아침으로 먹다가 남긴 것으로 추정되는 버려진 음식물이 오바마 대통령의 DNA가 남아 있을 것으로 예상되는 은식기와 함께 이베이에 등록되어 팔리는 사건도 있었다. 누군가가 남의 DNA를 확보해 판매할 가능성도 있다는 사실을 여실히 보여 주는 사건이었다.

2002년에는 영국 왕실 해리 왕자가 다이애나 왕세자비와 왕세자비의 연인이던 제임스 휴이트 사이에 태어난 아들인지 아닌지 여부를 확인하기 위해 해리 왕자의 머리카락으로 DNA 검사를 했다는 기사가 뜨기도 했다. 물론 사실 무근이었다. 2007년 프랑스 정부는 〈국제이주기구International Organization for Migration〉의 조언을 받은 뒤 이민자의 가족이 프랑스에 거주하는지 여부를 가리기 위해 이민자의 DNA 검사를 승인했다. 한편 〈국제이주기구〉역시 오스트레일리아, 이탈리아, 영국, 미국으로 이민을 희망하는 수천 명의 DNA 샘플을 자체 보관하고 있다.[66]

미국 기업 〈베타제네틱스Beta Genetics〉는 다양한 DNA 검사 상품을 판매한다. 그들이 판매하는 상품 중에는 혈통이나 친척 관계를 증명하는 상품은 물론이고 고객이 "한 점의 의심 없이 행복한 아빠"가 될 수 있게 돕는 친자 확인 검사 상품도 있다. 〈베타제네틱스〉는 16개의 DNA 표지자 중 13개를 '코디스 표지자'와 대조한다는 점을 부각시키면서 상품을 홍보한다. 이를 통해 법을 집행하는 공공 기관과 민간 기업이 기술을 공유하면서 점차 가까워지고 있다는 사실을 확인할 수 있다. 〈구글〉이 새로 시작한 23andMe 서비스■는 "고객이 자신의 유전정보를 탐색하고 이해할 수 있도록" 돕는다고 주장한다.[67] 담배 업계, 화학 업계, 원자력 업계도 DNA 민감도라는 개념을 일반인들에게 퍼뜨리는 데 큰 관심을 쏟고 있다. DNA 민감도라는 개념을 활용하면 질병의 원인을 해로

■ 깊이 읽기

23andMe, 윤리적이지 않다면 과학적인가?

23andMe는 유전자 검사를 통해 특별히 취약한 질병이 있는지부터 성격, 외모, 지능 등 유전자에 포함된 개인의 모든 정보를 분석해 주는 서비스다. 이를 테면 질병 검사의 경우, 개인이 가지고 있는 유전 변이가 어떤 질병과 연관성이 높은지(어떤 질병에 민감한지)를 관련 문헌 자료(논문 등)를 통해 보여 준다. 인간의 우열을 유전자로 판단한다는 점에서 윤리적인 문제가 제기되기도 하지만 의료 목적으로 이용하는 것은 문제될 것이 없다는 목소리도 있다.

그러나 대부분의 전문가들은 현재의 유전자 검사는 과학적 정확성 면에서도 믿을 게 못 되고 대중을 호도하는 것일 뿐이라고 말한다. 질병과 관련된 것으로 알려진 유전체는 2만 3천여 개인데 반해 의학적으로 검증된 것은 3천여 개에 불과하다는 점, 유전자 검사 업체마다 같은 유전자에 대한 분석 결과가 다르다는 점, 설사 질병 정보를 알아도 현재의 의료 수준에서는 예방할 방법이 없는 경우가 대부분이라는 점에서다. 옮긴이

▶ 참고―이원주, "'본인 유전자 정보 사세요.' 솔깃한 유혹", 『동아일보』, 2010.8.9
〈코리아헬스로그〉 http://www.koreahealthlog.com/2749

운 제품이나 환경오염에서 찾지 않고 개개인이 지닌 나쁜 DNA 탓으로 돌릴 수 있기 때문이다.[68] 2002년 미국에서는 사상 최초로 DNA 정보로 인한 차별을 문제 삼은 소송이 진행됐다. 〈벌링턴노던산타페 주식회사Burlington Northern Santa Fe Corp〉는 자신들이 겪게 된 손목터널증후군이 산업재해라고 주장하는 근로자 36명의 DNA를 불법적으로 검사해 그들이 선천적으로 손목터널증후군에 걸리기 쉬운 사람임을 증명하려 했다는 이유로 수백만 달러의 벌금을 물게 되었다.[69] 생약 산업은 "건강에 관심이 많은 부유한 사람들의" DNA를 검사해 걸리기 쉬운 질병을 예측하는 보고서를 작성하고 그 질병을 "예방할 수 있는" 약을 판매해 수익을 올린다. 덕분에 국가 보건 의료 서비스는 가난하고 병든 사람을 치료할 여지가 줄어들게 된다.[70] 반차별법이 엄연히 존재함에도 '나쁜' DNA를 가진 사람은 일자리를 얻거나 연봉 등의 처우에서 불이익을 받게 될 수도 있다. 결국 자신의 DNA가 스트레스를 악화시키는 요인이 될 수도 있다는 얘기다.

1998년에는 뉴질랜드, 프랑스, 오스트레일리아가, 2000년에는 캐나다가 국가 차원에서 DNA 데이터베이스를 구축했다. 중국 역시 인신매매로 실종된 아동 수천 명을 찾기 위해 국가 차원의 DNA 데이터베이스를 구축했다. 의도는 좋았지만 결국에는 수집된 DNA 정보를 다른 용도로도 사용하게 될 것이다. 1999년 〈국제경찰서장연합International Association of Police Chiefs〉은 전 세계 경찰이 범죄를 저지른 사람 모두의 DNA 샘플을 채취할 수 있게 해달라고 요청했지만 대부분의 국가 DNA 데이터베이스는 아직 그 요청에 응하지 않고 있다. 그러나 G8 법무장관과 내무장관이 오랫동안 추진해 온 전 세계적인 DNA 정보 공유 사례가 급속하게 늘어나고 있는 것이 현실이다.[71] 25개 남짓한 나라의 법 집행 기관 40여 곳에서 코디스를 검색할 수 있고 국가 간 DNA 정보를 공유하도록 규정한 2005년의 프룀 조약에 따라 인터폴이 새로 도입한 DNA 게이트웨이 역시 유사한 방식으로 운영된다.

1981년부터 덴마크에서는 질병 여부를 알아보거나 훗날 범죄를 저지를 것에 대비해 신생아의 DNA를 채취해 검사하고 있다. 토니 블레어 총리는 영국이 이와 같은 소동에 동참해야 한다고 제안했고 루돌프 줄리아니 뉴욕 시장도 비슷한 제안을 한 바 있다. 그러나 덴마크 부모들은 질병 검사를 마친 뒤, 혈액 샘플 파기를 요청할 수 있다. 그렇기 때문에 순순히 허락한 게 아니었을까? 그게 아니라면 덴마크 시민이 덴마크 정부를 전폭적으로 신뢰한다고 밖에는 볼 수 없다.

6

돈을 부르는 빅 브라더

GLOBAL SURVEILLANCE

일터에서 일상적으로 이루어지는 감시로는 어떤 것
들이 있을까?
민간 보안 업체의 성장은 왜 문제가 될까?
안보 산업 복합체의 등장과 그것이 우리 삶에 미칠
영향에 대해 알아보자.

06

돈을 부르는 빅 브라더

우리는 일터에서는 물론이고, 의료 기록이나 컴퓨터 사용 기록을 통해 일상적인 감시가 이뤄지는 사회에 살고 있다. 오늘날 감시는 불과 한 세대 전만 해도 상상조차 할 수 없던 규모로 이뤄지고 있다. 막강한 힘을 가지고 세력을 확장해 가는 보안 업체는 우리의 정부를 빅 브라더로 만들고 있다.

영국 기업 〈ACL캠콤ACLCamCom〉 웹사이트에는 CCTV를 활용하면 저임금 노동자가 장시간 자리를 비우고 다른 직원과 잡담을 하거나 담배를 피우며 농땡이 부리는 일을 줄이는 데 도움이 된다는 내용이 게시되어 있다.[1] 미국 기업 〈위기분산관리Diversified Risk Management〉는 "3세대 야시경, GPS, 무선 녹화 시스템"을 도입해 직원들의 약물중독이나 알코올 의존, 사고, 근로자 보상 제도 악용, IT 보안 문제를 은밀히 조사하는 서비스를 제공한다.[2] 인도의 기업들은 델리에 있는 〈전국수사관및기업상담가National Detectives & Corporate Consultants〉라는 회사의 도움을 받는다. 스파이이큅먼트닷컴(www.spyequipmentguide.com), 스파이기어사이트닷컴(www.spygearsite.com), 브릭하우스시큐리티닷컴(www.brickhousesecurity.

com), 스파이월드닷컴(www.spyworld.com) 등을 이용하면 염탐 장비를 구입해 손수 장착할 수도 있고 사무실용 펜 카메라나 장시간 녹음기를 구입할 수도 있다.

〈휴렛패커드Hewlett Packard〉 이사진의 통화 내역을 사설탐정이 해킹한 사건도 있었다. 회사가 기밀 정보를 언론에 흘리는 이사를 찾아내기 위해 탐정을 고용했던 것이다. 뉴욕의 한 학교에 근무하는 목수 관리인은 근무시간을 채우지 않고 일찍 퇴근했다는 이유로 해고당했다. 학교 당국이 그 관리인의 휴대전화에 내장된 GPS를 이용해 이동 경로와 시간을 추적했던 것이다. 관리인은 소송을 제기해 복직되었지만 대부분의 노동자들은 한 치의 틈도 허락하지 않는 지독한 근무 환경에서 벗어나기 위해 차라리 일을 그만두고 만다.

작업장 감시는 기업이 유용하게 사용하는 도구지만 그 자체가 하나의 거대한 산업이기도 하다. 산업화는 대중에 대한 감시를 불러왔다. 공장들은 시골을 떠나온 지 얼마 되지 않은 사람들에게 시간 관리와 교대 근무라는 처방을 내렸다. 사람은 그들이 돌보는 기계나 생산품처럼 하나의 생산 단위로 전락해 수량화되었고 기계나 생산품보다 더 쉽게 버려졌다. 테일러주의나 포디즘 같은 대량 생산 이론은

● **테일러주의**Taylorism－미국의 발명가이자 기술자인 프레더릭 테일러가 고안한 과학적 관리법을 일컫는다. 테일러는 사측의 생산 계획에 따라 노동자에게 할당량을 주고, 그 할당량에 대한 유인책으로 차별적 성과급제를 도입하는 등, 노동 통제를 강화하는 방식으로 생산에 효율을 기하고자 했다. 옮긴이

● **포디즘**Fordism－테일러의 과학적 관리법에 영향을 받아 작업을 극단적으로 세분화해 대량생산과 표준화된 제품 생산을 가능하게 만들었다. 헨리 포드가 자동차 생산 공장에 컨베이어벨트 시스템을 도입한 게 시초다. 옮긴이

자본주의, 공산주의, 전체주의를 가리지 않고 전 세계 모든 산업 분야로 퍼져 나갔다.

근대화의 위풍당당한 행렬이 지나간 자리에 콘크리트, 강철, 유리로 지은 고층 건물이 낡은 굴뚝을 밀어내고 들어섰다. 고층 건물 안에는 서비스 산업이 들어섰다. 새로 지은 건물에 들어서면 경호원과 그 곁을 지키는 CCTV 화면을 지나가야 한다. 그 뒤로는 카드로 신원을 확인하는 출입문이 나타나는데 그곳을 무사히 통과해야만 일터로 들어갈 수 있다. 작업장 개방 정책에 따라 유리문을 설치한 회의실 옆으로 낮은 칸막이를 설치한 작업 공간이 늘어서 있다. 생산성을 극대화하기 위해 작업장에 팬옵티콘 같은 구조를 도입한 것이다. CCTV가 작업장 복도를 감시한다. 회사는 직원들이 회사 내부나 외부에서 주고받은 이메일과 메신저 대화를 실시간으로 관리하며 나중을 대비해 저장해 보관한다. 직원들이 방문한 웹사이트 기록도 모두 저장하며 필요에 따라서는 특정 웹사이트를 차단하기도 한다. 전화를 도청하지는 않더라도 음성 통화 내용을 문자로 바꿔 이메일로 전송해 주는 '통합 메시지 관리' 소프트웨어를 활용해 통화 내용을 관리할 수 있다. 이 소프트웨어는 정보 보관에 관련된 여러 법에 저촉될 가능성이 농후하다.[3] 회사 자산을 이용해 이뤄진 모든 일은 회사의 자산이기 때문에 사무실 컴퓨터, 스마트폰, 음성메시지에 있는 모든 기록은 절대로 삭제되어서는 안되며 원격으로 조작할 수도 없다.

회사는 전용 카드를 이용해야 하는 회사 구내 식당이나 자동판매기를 활용해 직원들이 먹는 음식까지도 관리할 수 있다. 그 외에도 구내 운동 시설이나 화장실의 이용 빈도를 파악해 누가 농땡이를 피우는지, 누가 마약을 하는지, 건강상 문제가 있는 사람은 누구인지 (이를 테면 소변을 보러 화장실에 자주 들르는 사람은 당뇨병을 앓고 있을 가능성이 높다) 확인한다. 'i하이진iHygien'이라는 제품은 직원들에게 RFID 태크를 부착시켜 그들이 화장실을 이용한 뒤 손을 씻는지 여부까지 확인할 수 있게 한다.

지원자의 이력서에는 제한된 정보나 자기 중심적인 소개가 담기기 마련이다. 고용주들은 이러한 이력서 이면에 숨겨져 있는 진짜 신상을 파악하는 일로 골머리를 앓는다. 그러나 걱정마시라. 지원자의 신상을 대신 파악해 주는 공정한 민간 기업이 있으니까. 이들 기업에게 신상 파악은 돈이 되는 알짜 시장이다. 〈인사관리 협회The Society for Human Resource Management〉는 1996년에는 전체 회사의 51퍼센트가 지원자 신상 파악을 신원 조회 전문 기업에 맡겼지만 2004년에는 그 비율이 96퍼센트로 늘어났다는 사실을 확인했다. 경력이 많은 지원자도 신원 조회를 피할 수는 없었다. 2008년 지원자 신원 조회 시장은 〈초이스포인트ChoicePoint〉와 〈유시스USIS〉가 선두에 서고 〈엑스페리언Experion〉이나 〈크롤Kroll〉이 뒤따르는 미국에서만 40억 달러의 가치를 지니는 산업으로 발돋움했다. 신원 조회 전문 기업은 오랜 경력을 지닌 스타벅스의 바리스타에서부터 월마트의 상품 진열직 지원자에 이르는 모든 분야의 지원자에 대한 신원 조회 서비스를 제공한다. 이 회사들은 신용 정보, 범죄 경력, 운전 기록, 학력, 법원 기록, 파산 여부, 군 경력, 성폭행 경력, 수감 여부, 마약 검사 기록, 이전 직장의 근태 기록,

이웃의 평가 내용을 검토하는데 미국의 일부 주에서는 의료 기록
도 검토한다.[4]

　신원 조회를 담당하는 직원은 이전 직장의 고용주나 동료, 친
구에게 전화를 걸어 지원자의 근무 습관이나 성격, 약물중독이
나 알코올의존증 여부에 대해 묻는다. 그리고 그 과정에서 지원자
가 제출한 이력서에 근거 없는 문제 제기나 혐의들이 덧붙여지기
도 한다. 어떤 신원 조회 회사는 채용을 고려 중인 지원자 때문에
회사가 어마어마한 위험을 안을 수도 있다고 고용주를 설득한다.
"지원자가 말하는 것이 정말 전부일까요? (…) 정말 재정적인 문제
가 없는 것일까요? 혹시 범죄 경력이 있는데 숨기는 것은 아닐까
요?" 지원자의 신원을 제대로 확인하지 않는 기업은 직원의 부당
행위, 정보 탈취, 높은 이직률, 태만 같은 위험을 안을 것이다. 그
렇다고 신원 조회 회사가 자체 직원에 대한 신원 조회를 철저히 하
는 것도 아니다. 신원 조회 업계에서 상위권에 포진한 한 신원 조
회 기업 사장은 신원 조회 업계를 "거칠디 거친 서부 시대"에 비유
했다. 그만큼 규제받지 않는다는 뜻이다. 신원 조회 회사들은 다
른 사람의 신원을 조회해야 하는 직원들에게 높은 도덕성을 요구
하지도, 법을 준수하라고 강제하지도 않는다.[5]

　공공 부문이라고 해서 사정이 나은 것은 아니다. 2009년 프랑스
데이터 보호 기관 CNIL은 100만 명에 달하는 사람들이 1995년 구
축된 범죄 기록 조회 시스템인 법규 위반 관리 시스템Système de
Traitement des Infractions Constatés의 오류로 일자리를 잃거나 직업
을 얻지 못했지만 프랑스 정부가 2001년까지 그 사실을 숨겨 왔다

고 보고했다. 그런데도 2008년 프랑스 경찰은 데이터베이스 두 개를 추가로 구축했다. 크리스티나CRISTINA라고 불리는 데이터베이스는 국방에 관련된 데이터베이스여서 기밀로 분류되지만 에드비지EDVIGE라 불리는 데이터베이스는 13세 이상의 프랑스 시민을 대상으로 정당 가입이나 노조 가입, 신앙, 기타 정보를 보관해야 한다고 제안했다. 이는 13세 이상의 프랑스 시민 모두를 공공질서를 해칠 가능성이 있는 '용의자'로 간주하는 것이나 다름 없는 일이다. 프랑스 전역에서 반대 시위가 벌어져 크리스티나 구축은 없던 일이 되었지만 에드비지의 운명은 아직 결정되지 않았다. 오류를 일으킬 확률이 83퍼센트나 되지만 프랑스 경찰은 여전히 법규 위반 관리 시스템을 통해 매년 2천만 건의 신원을 조회하고 있다. 이 시스템에는 무죄 선고를 포함한 법원 결정은 등록되지 않는다. 그러나 폭력 혐의를 받은 사실은 등록되기 때문에 용의자는 영원히 용의자로 남는다.[6]

영국에서는 〈자문협회Consulting Association〉라는 조직이 지난 15년간 수십여 개 건설업체에 3천2백여 명 남짓한 노동자 개인의 정보를 제공해 온 사실이 드러났다. 그 정보 가운데는 개인의 인적 사항뿐 아니라 경력, 노조 활동, 정치 성향, 친인척이나 친구 관계 등이 포함돼 있었다. 노동자들은 그런 데이터베이스의 존재조차 알지 못했다. 2008년 정보 위원회 사무소는 해당 데이터베이스를 폐쇄했다.[7] 바로 그해, 국가 공무원 해고 등록 명부의 온라인 게시가 완전히 합법화됐다. 이는 〈해로즈Harrods〉와 〈리드관리서비스Reed Managed Services〉의 참여로 구성된 영국 소매업 컨소시엄과 영국 내무부의 지원에 힘입은 바 크다. 국가 공무원 해고자 등록 명부에는 신고 근거가 없어 수사 대상에 오르지 않은 절도, 부당 행위, 회사 재물 손괴 정보가 가득하며 심지어는 징계 절차에 들어 가기도 전에 회사를 그만 둔 '피고발인'에 대한 정보도 올라 있다. 고용주는 침실에서도 직원 염탐 업무를 수행한다. 고용주 45퍼센 트가 지원자에 대해 "더 상세히 알기 위해" 소셜 네트워크 사이트 를 뒤진다. "가장 선호하는 사이트"는 페이스북이고[8] 지원자 중 3 분의 1 가량이 소셜 네트워크 사이트에 이전 직장 상사에 대한 불 평을 올리거나 이상한 사진을 올리거나 마약에 대한 이야기를 올 렸다는 이유로 고용되지 못했다.[9] 고용된 직원도 페이스북 감시 에서 자유로울 수 없다. 〈이벨마케팅 & 로지스틱스Ivell Marketing & Logistics〉는 페이스북에 맡은 업무가 "지루하다"는 내용의 글을 올 렸다는 이유로 킴벌리 스완Kimberley Swann이라는 십 대 직원을 해 고해 버렸다. 회사 이름을 명시하지도 않았는데 말이다.[10]

직원들은 끊이지 않는 감시 때문에 극심한 스트레스에 시달린다. 〈영국정책연구소Policy Studies Institute〉가 조사한 바에 따르면 행정 직과 사무직 노동자의 이메일, 인터넷 사용 기록, 키보드 입력 기 록은 회사 중앙 서버에 등록된다. 통화 내용도 녹음되며 통화 시간 도 기록된다. 이와 같은 감시로 인해 행정직과 사무직 노동자의 스 트레스가 10퍼센트 가량 증가했고 반숙련 생산직 노동자의 스트 레스는 8퍼센트 가량 증가했다.[11] 그러나 노동자의 스트레스가 증 가하는 문제는 또 다른 기술로 해결하면 그만이다. 〈마이크로소 프트〉는 컴퓨터에 연결하기만 하면 사용자의 심박수와 호흡수, 체온, 안면 떨림, 뇌파를 기록해서 그 사람의 심리 상태나 몸무게, 연령, 건강 상태 등의 기록과 연계시킬 수 있는 무선 센서를 개발해 특허를 냈다. 이 센서를 이용하면 관리자는 근로자의 좌절 정도나 스트레스 정도에 대한 정보를 원격으로 전달받을 수 있다. 기록에 따라 직원에게 휴가를 주거나 직원을 해고하는 등의 조치를 취할 수 있기 때문에[12] 고용주는 생산성을 더 높일 수 있다. 더 좋은 점은 직원이 스트레스를 이유로 소송을 제기할 가능성이 사라진다는 점이다. 반면 노동자들은 『1984』의 주인공 윈스턴 스미스 씨와 같은 노력을 기울여야 한다. 책상에 설치된 카메라에 자기 업무를 경멸하는 듯한 표정이 잡히지 않도록 애써야 하는 것이다.

의료 기록

전체주의 체제는 체제에 동조하지 않는 사람들을 잡아다 투옥하고 처형했다. 그 과정에서 실종자도 많이 발생했다. 그러나 전체주의 체제가 강경책만 쓴 것은 아니어서 당이나 국가보다 더 많이 안다고 자부하는, 분명 정신병에 걸린 것이 틀림없는 어리석은 바보들에게 자비를 베풀어 재교육하기도 했다. 1930년대부터 소비에트는 반체제 인사를 내무인민위원회(NKVD)가 운영하는 정신병 수용소 사이쿠슈커psikushka에 가뒀고 수용된 사람들은 무소불위의 권력을 휘두르는 간호사의 감시를 받으며 실험실 생쥐가 되었다. 간호사들은 억압적인 상황에서 살아가게 함으로써 그들의 편집증을 치료하려 했다. 수용되기 전 정신이 멀쩡했던 사람이라도 일단 그곳에 들어가면 미쳐 버린다. 그곳에는 '자유' 따위를 심각하게 고민하는 바보라고는 단 한 명도 없었다. 정권에 협력해 정신의학을 남용했다는 사실에 자괴감을 느껴 온 러시아 의학자들은 소비에트연방이 붕괴되고 난 직후 그간 있었던 일을 모두 털어놓았고 1992년 러시아는 미국의 의학 규범을 바탕으로 제정된 정신의학 임상 규범 및 환자의 권리 규범에 서명했다.[13)

그런데 미국에도 무소불위의 권력을 휘두르는 간호사가 있었다. 1992년 정치적인 의도를 가지고 개인의 정신 질환을 폭로해 인권을 유린한 사례가 만천하에 드러난 것이다. 니디아 벨라스케스Nydia Velázquez는 민주당의 뉴욕 시의회 의원 후보였다. 그러나 선거 운동에 돌입하고 얼마 지나지 않아 『뉴욕 포스트New York Post』에서 벨라스케스에게 전화를 걸어 뉴욕 지역에 배포되는 모든 신문 1면에 일년 전 그녀가 자살을 시도했었다는 내용의 기사가 실릴 예정이라고 알려 주었다. 벨라스케스의 우울증을 치료한 세인트 클레어 병원 직원 중 누군가가 그녀의 의료 기록을 신문사에 팩스로 전송했던 것이다. 벨라스케스는 기사가 나가기 전에 먼저 기자회견을 열고 이 문제에 당당하게 맞섰다. 기자회견장에서 벨라스케스는 자신은 우울증을 극복했고 지금은 온전한 정신으로 자신을 통제할 수 있다고 하면서 유권자들이 이 사실을 인정하고 자신에게 표를 던질 것이라 확신한다고 말했다. 2010년 현재 벨라스케스는 하원 의원으로 활동하고 있다. 캘리포니아 대학교 로스앤젤레스 캠퍼스 의료원UCLA Medical Center 직원이 "자료를 처리하는 과정에서 실수해" 환자 61명의 의료 기록을 유출했을 때 지금은 고인이 된 파라 포셋의 의료 기록과 아널드 슈워제네거의 부인 마리아 슈라이버의 의료 기록이 함께 유출되었다.[14) 그 밖에 수많은 정치인과 유명 인사의 의료 기록도 유출되었다. 그중 한 사람이 브리트니 스피어스다. 그러나 유명인의 의료 기록을 유출해 보도하는 언론의 선정주의는 의료 기록 유출로 빚어지는 다른 폐단에 비하면 새 발의 피다.

미국인들은 의사에게 털어놓는 내용은 개인적인 것이므로 자신의 의료 기록은 자기가 허락하기 전에는 절대로 외부에서 열람할 수 없다고 생각한다. 그러나 그 생각은 착각이다. 게다가 자신의 의료 기록을 누가, 언제 열람했는지도 전혀 알 수 없다.[15) 미국에는 의료 기록을 수집해 판매하는 커다란 시장이 형성되어 있다. 470여 미국 보험회사와 캐나다 보험회사에 정보를 제공하는 〈의료정보제공회사Medical Information Bureau〉가 이 시장을 주도한다. "생명보험, 건강보험, 장애 보험, 소득 보험, 중대 질병보험, 장기요양 보험 등을" 취급하는 보험회사들은 정당한 보험 계약에 필요한 정보를 숨기거나 빼고 말하는 고객을 가려내기 위해 〈의료정보제공회사〉의 도움을 받는다. 생명 보험회사나 건강 보험회사, 의료 서비스 중개인, 기록 보관 업체, 회사 사장, 신용 평가 기관, 은행이 〈의료정보제공회사〉의 주요 고객이다. 신용 등급과 콜레스테롤 수치가 같은 문서에 기록되는 이유는 건강한 사람이 신용도좋기 때문이다. 죽어 가는 사람은 빚도 못 갚는다. 어느 은행가는 지역 보건국을 찾아가 보건국에 보관된 환자 정보와 고객 정보를 대조해 모기지론을 신청한 사람 중 암 환자가 있는지 가려내기노

했다.[16] 미국 법에 따르면 민간 건강 보험회사는 치료비가 많이 들어가는 만성질환을 앓고 있는 사람의 보험 가입을 거절할 수 있다. 보통 사전 조사를 거쳐 보험 가입 희망자 열 명 중 한 명이 보험 가입을 거절당하는데 때로는 희망자의 조부모가 질병을 앓았다는 이유로 거절당하는 사례도 있다.[17]

살인적인 수준의 비싼 보험료를 감당해야 하는 보험 가입자는 의사에게 부탁해 다른 병명과 청구 번호로 '대체'해 달라고 부탁하게 된다. 이를테면 '우울증' 대신 '적응 장애' 같은 병명을 쓰라고 말이다. 그러나 '대체' 가능성을 인지하고 있는 보험회사는 '불안 장애' 같은 병명을 보면 병원비가 많이 드는 '우울증' 대신 '불안 장애'를 써넣은 것이라 추정하고 '우울증'에 해당하는 비싼 보험료를 책정한다.

환자가 어떤 조건에 처해 있든, 제약 회사는 이윤을 남길 수 있고 보험회사는 위험이 높아질 수 있기 때문에 〈의료정보제공회사〉는 건선, 갑상선 기능 항진증, 변비, 비듬 같은 질병 정보뿐 아니라 교육 수준, 주택 규모, 생활습관, 자녀에 이르는 모든 개인 정보를 제공한다. 홍보 회사는 그런 개인 정보를 괴상한 방식으로 사용한다. 예를 들어 어느 여성이 샌디에이고에 있는 약국에서 임신 진단용 키트를 구입하면 구입 정보가 이 여성의 개인 정보에 기록된다. 그 기록을 입수한 홍보 회사는 홍보 전략 프로그램에 그 여성의 개인 정보를 입력하고 홍보 전략 프로그램은 임신 진단용 키트 구입 항목을 보고 이 여성이 아기를 낳았을 것이라고 추정한다. (러시아 공무원의 실수로 키제 중위라는 가상 인물이 생겨난 것과 같다.)

이 여성이 결국 아기를 가지지 못하더라도 홍보 회사는 태어나지도 않은 아기의 성장 과정에 맞춰 기저귀, 초등학교 입학 선물 등을 판촉하는 광고성 메일을 날린다.[18]

1996년에 제정된 "건강보험양도및책임에관한법Health Insurance Portability and Accountability Act"도 환자의 사생활을 침해한다. 이 법에 따르면 "범죄의 피해자로 추정되는 경우" 법 집행에 관련된 공무원들은 영장 없이 의료 기록을 열람할 수 있으며 그 사실을 본인에게 통보하지 않아도 된다.[19] 한편 "건강보험양도및책임에관한법"은 가입한 건강보험 회사뿐 아니라 약국, 건강 정보 센터, 의학 연구소, 기타 다양한 의료 관련 협회에게도 개인의 의료 기록을 열람할 권한을 부여한다. 나아가 "애국자법" 215절에 따르면 테러리즘에 맞서 싸우는 과정에서 필요한 경우 미 연방수사국은 개인의 의료 기록을 열람할 수 있다. 어느 미국 기업은 안면 인식이 가능한 CCTV를 학생의 의료 기록 및 복약 기록과 함께 판매하기도 했다. 그러므로 살인을 저지를 가능성이 있다고 의심받는 사람이 학교로 들어오려 하거나 교내를 배회하는 모습이 포착되면 경비원이 그 사람을 제지할 수 있다. 대량 살인을 저지를 가능성이 높은 증상이나 약물이 따로 정해져 있는 것이 아니기 때문에 우울증에 걸린 사람이라면 누구나 용의 선상에 오를 수 있다.

● 키제 중위Lieutenant Kizhe─제정 러시아 시대의 관료주의를 풍자하는 민담에 등장하는 가상 인물이다. 러시아의 폴1세는 부관의 보고를 잘못 듣고 '키제 중위'라는 인물이 실존한다고 생각한다. 궁정 관료들은 황제의 비위를 거스르지 않기 위해 '키제 중위'라는 서류상의 인물을 만들어 낸다. 옮긴이

문서에 기록하던 과거의 의료 기록은 의료 기록이 전산화되면서 사라지고 있다. 문서 기록은 보관 비용이 많이 들고 장소의 이동이 어렵다는 단점이 있지만 비밀 보장이 용이하다는 장점도 가지고 있다. 그러나 전산 기록은 빛의 속도로 전 세계에 퍼져 나갈 수 있고 그것이 현실이다. 〈미 국립연구회의National Research Council〉가 지적한 대로 전산 기록은 실수, 무능력, 호기심, 고의나 금전 수수 등, 여러 가지 이유로 해당 기록에 접근할 수 있는 직원에 의해 외부로 유출되기 쉽다.

2009년 해커들이 버지니아 주 처방 약 데이터베이스에서 8백만 명의 환자 기록과 3천5백만 건의 처방전을 빼낸 뒤 버지니아 주에 1천만 달러를 요구하는 일이 벌어졌다.[20] 인도에서는 외주 업체 사장이 비밀이 보장되어야 할 의료 기록 수백 건을 판매한 일로 체포되기도 했다. 판매된 의료 기록에는 영국 최고의 민간 병원에서 치료받은 환자들의 이름, 주소, 전화번호가 기록되어 있었는데 인도의 외주 업체 사장은 인터넷에 대화방을 개설한 뒤 1건당 고작 6달러를 받고 정보를 넘겼다.[21] 영국 국민 건강보험 버밍엄 지사에서는 가입자 7천 명의 의료 기록이 암호화되지도 않은 채 저장된 노트북을 도난당하는 사건이 있었고[22] 이스트 체서 지사는 환자의 민감한 개인 정보가 담긴 의료 기록이 쓰레기통에서 무더기로 발견되는 바람에 비난을 받기도 했으며[23] 시티 앤 해크니 지사는 아동 16만 명의 개인 정보가 들어있는 디스크를 분실했다고 털어놓기도 했다.[24]

한편 잉글랜드와 웨일스 주민은 스파인SPINE이라 불리는 국가 데이터베이스에 개인의 의료 정보를 등록하고 있는데 의료 기록 요약Summary Care Record 원칙에 따라 알레르기 여부, 만성질환, 이름, 주소, 전화번호를 등록한다. 앞으로 스파인 데이터베이스가 전면적으로 활용되기 시작하면 백만 명에 달하는 정부 공무원뿐 아니라 국민건강보험 직원, 약사, 공공 기관 직원, 사회복지사가 데이터베이스 기록을 열람할 수 있게 된다. 의사와 공무원은 데이터베이스에서 자기 기록을 삭제해 달라는 요구를 거부할 수 있으며 반대로 데이터베이스에 기록이 없는 사람의 진료나 의료보험 적용을 거부할 수도 있다.

기술적인 문제와 120억 파운드(180억 달러)를 넘는 비용이 스파인 전면 시행의 발목을 잡았지만 정부는 정보를 판매해 비용을 충당할 방법을 모색했다. 2001년 제정된 "건강과사회보호법Health and Social Care Act"은 국무장관에게 정보를 규제할 권한을 부여했다. 국무장관은 의료적인 목적이나 기타 다른 '필요'에 따라 환자 정보를 열람할 수 있고 경우에 따라서는 정보를 판매할 수도 있다. 2009년 제정된 "검시와정의구현법Coroners and Justice Bill"에는 눈에 띄지 않는 조항이 하나 있었는데, 바로 보험회사, 연구 기관, 정부 부처에 환자의 동의 없이 의료 기록을 무제한 열람할 수 있는 권한을 부여하는 조항이었다. 반대가 거세지자 이 조항은 삭제되었지만 이와 같은 정보 강탈 행위가 언제 어떤 방식으로 다시 부활할지 모를 일이다.

환자의 의료 기록은 환자의 것이 아니다. 심지어 그 정보를 배포하는 데 동의할 권리조차 없다. 의사와 환자가 관계를 형성하는 데 있어 가장 중요한 요소인 신뢰는 무너졌다. 영국 국민 건강보험 직원은 보험 가입자가 아니라 고용주, 즉 국가에 충성을 다한다. 영국 의료진은 총상을 입었거나 흉기에 찔린 환자가 찾아오면 경찰에게 보고해야 할 의무가 있다. 우연히 손을 벤 아동의 경우도 보고해야 한다. 범죄에 관련되었을 가능성이 있거나 범죄가 일어날 가능성이 있다고 의심되는 경우에도 의사는 비밀 보장 원칙을 어길 수 있다. 심지어 〈영국종합의료협의회General Medical Council〉는 유전병에 대해서는 본인이 밝히기를 원하지 않아도 가족에게 그 사실을 알리도록 하는 지침을 마련했다.[25] 더불어 눈에 이상이 있는 환자가 발생하면 운전자등록청에 그 사실을 보고해야 한다. 의사는 혹시 생길지 모르는 소송에 대비해 정부의 이런 방침을 앞서서 비난할 수 있지만 환자는 자신의 정보가 그렇게 새어나가고 있는지 훨씬 나중에야 깨달을 것이다.

성 건강 클리닉을 찾는 사람들의 익명성이 보장된다고 믿는가? 아마 아닐 것이다. 일단 정보가 새어나가면 보험료가 오를 수 있고 아동에 관련된 일을 하기에 부적합한 사람으로 낙인찍힐 수도 있다. 알코올의존증이나 약물중독을 치료하기 위해 병원을 찾는 사람들의 경우도 마찬가지다. 잘못하면 국가에서 제공하는 사회 서비스 이용에 제한을 받을 수도 있다. 성폭력 피해자의 경우 피해 사실을 털어놓는 유일한 상대는 아마 의사일 것이다. 그러나 의사들이 자신의 기록을 전 세계에 공개할 수 있다는 사실을 알면 어떤 피해자도 의사에게 피해 사실을 털어놓으려 하지 않을 것이다. 〈영국의료협회British Medical Association〉는 이렇게 말한다. "의료 기록이 새어 나가지 않을 것이라고 백 퍼센트 신뢰하지 못한다면 환자들은 의사와 중요한 정보를 공유하려 들지 않을 것이다."[26]

시위 진압

정부와 민간 부문은 오랫동안 협력해서 감시 활동을 해 왔다.[27] 1860년대에 설립된 미국 시크릿 서비스는 남북전쟁의 잔재 속에 남은 불씨를 진화하는 데 기여하고자 설립된 것도 아니고 곧 암살당할 링컨 대통령을 보호하려고 설립된 것도 아니었다. 미국 시크릿 서비스는 화폐 위조를 막기 위한 목적으로 설립되었다. 19세기에는 〈핑커튼스Pinkertons〉 같은 민간 '탐정' 사무소가 활동했다. 비록 링컨 대통령 암살을 저지하지 못했지만 불만 가득한 노조와 노동자를 상대로 맞서 싸우는 미국 고용주들에게는 큰 도움을 주었다. 제1차 세계대전이 끝난 뒤에는 "기업 임원, 노조 분쇄자, 열렬한 애국자, 아마추어 탐정, 이런저런 자경단"이 정부를 도와 급진주의에 맞서 싸웠고 냉전이 끝날 때까지 다양한 모습으로 탈바꿈하면서 활발한 감시 활동을 벌여 왔다.

〈웨스턴유니언 통신회사〉가 미국 "검열법"에 따라 〈웨스턴유니언〉을 거쳐 간 모든 전보문을 정부에 제출할 수밖에 없었듯, 〈야후〉 역시 중국 법에 따라 인권 전문 언론인 시 타오Shi Tao를 체포해 투옥하는 데 필요한 정보를 중국 경찰 당국에 제공해야 했다. 그러나 법을 따른다고 해서 경찰의 정보원이 되어야 하는 것은 아니다. 〈마이크로소프트〉가 베이징의 중국 정부를 비판하는 중국

인의 블로그를 폐쇄하는 것이 옳은가? 〈시스코〉는 중국의 초대
형 방화벽을 구축하는 데 필요한 컴퓨터 장비를 판매해야만 할
까?(261~262쪽 참고) MSN이 수배 중인 티베트 분리 독립 활동가의
사진을 MSN 뉴스 포털 사이트에 게시하고 〈스카이프Skype〉가 중
국어 사용자들의 채팅을 감시하다가 대화 중에 '민주주의' 같은 단
어가 등장하면 해당 내용을 서버에 보관하는 것이 올바른가?[28] 중
국 당국의 검색엔진 해킹을 견디다 못한 〈구글〉은 2010년 검열을
중단하라고 주장하면서 중국에서 철수해 추악한 괴물이 되는 상
황을 겨우 면했다. 그러나 빌 게이츠는 가소롭다는 듯 비웃었다.
"현지 법을 따르느냐 마느냐의 문제다. 만일 따르지 않겠다면 그
곳에서의 활동은 끝난 것이나 다름 없다.[29] 중국과 같은 경찰국가
에서 법에 따라 반체제 인사를 색출하는 일에 협조하는 것이 회사
에 이익이 된다면, 안 됐지만 (…) 하는 수밖에 없다."

경찰국가 같은 극악무도한 정치 체제에 이르지는 않았다고 자
부하는 국가의 정부조차 민영화나 외주의 형식을 빌어 감시 활동
을 펼친다. 따라서 정부는 민간 부문이 보유한 데이터베이스를 열
람할 수 있다. 민간 부문이 보유한 데이터베이스는 보통 정부가 보
유한 데이터베이스보다 훨씬 규모가 방대하다. 대부분의 사람들
은 정부보다는 민간 기업과 더 많이 거래하며, 원하든 원하지 않든
정부에 제공하는 것보다 더 많은 정보를 민간 기업에 제공하기 때
문이다.

사생활 보호 관련 법에 저촉되는 행위에 대해 시민들이 저항
한다면 정부로서도 받아들일 수밖에 없다. 대신 정부는 인터넷이

나 전화망처럼 민간 부문이 구축하고 관리해 온 데이터베이스에서 정보를 수집하는 법을 만들 수 있다. 정부가 민간 부문의 데이터베이스를 이용하는 법을 제정하면 민간 기업은 그에 따를 수밖에 없다. 따라서 기업에게는 인터넷을 통해 들고 난 모든 정보를 몇 달씩 보관해야 하는 비용이 발생하게 되며 전화 회사의 경우 (97~99쪽에서 보았듯이) 미 연방수사국이 쉽게 도청할 수 있도록 미 연방수사국에서 제시한 규격서에 맞춰 설비를 교체해야 하는 비용을 부담해야 한다.[30] 그 비용은 언제나 고객에게 전가된다. 그리고 비밀리에 이뤄진 감시 활동이 폭로되면 정부는 언제나 감시 행위에 가담한 민간 기업에게 책임을 전가한다. 따라서 천여 개가 넘는 민간 데이터베이스를 마치 자신의 것인 양 마음대로 활용하는 정부는 청렴한 이미지도 망치지 않은 채 전 국민에 대한 감시 활동을 저렴한 비용으로 자유롭게 펼칠 수 있다.

정부가 어떤 정보를 어떤 수단을 동원해 수집하는지에 대한 정보는 거의 없다. 그렇기 때문에 개인의 행동이나 생각을 감시하는 정부의 활동이 갖는 위력은 어마어마하다고 할 수 있다.

민간의 군사화

민간 기업이 군사용 장비를 활용하는 일도 많다. 인터넷도 미국 정부 산하 연구소인 〈랜드연구소〉와 미 국방부 산하 국방안전고등연구기획청이 구축한 데이터 분산'망'에서 출발했다. 데이터 분산망은 핵 공격을 받아 한 곳의 정보를 활용하지 못하게 되더라도 다른 곳에 보관된 정보를 활용할 수 있게 정보를 분산하려는 의도로 구축되었다. 그러나 오늘날에는 사용자를 감시하는 기업이 인터넷을 구축하고 비용을 낸다. 누군가 어느 웹사이트를 방문하면 해당 웹사이트는 사용자의 고유 정보를 인식할 수 있도록 만든 '쿠키' 파일을 사용자의 컴퓨터 하드에 심는다. 그러면 〈더블클릭DoubleClick〉 같은 홍보 회사는 쿠키에 기록된 사용자의 웹사이트 방문 기록을 분석해 미 연방수사국도 부러워할 만한 개인의 신상 명세를 작성해 보관할 수 있다. '무료' 이메일 서비스와 리얼오디오RealAudio 같은 무료 소프트웨어를 이용하는 사람들은 가치를 매길 수 없을 만큼 귀한 자신의 개인 정보를 해당 기업에 '무료로' 제공하며 기업들은 개인이 자발적으로 제공한 정보를 모아 판매한다. 사내 인터넷에서 주고받는 데이터나 사외로 나가거나 들어오는 데이터를 모두 추적하는 소프트웨어나 하드웨어도 다양하다. 회사는 그런 기술을 이용해 이른바 '우편물 검열'이라는 수상한 이름의 감시 활동을 벌여 회사가 정한 특정 단어나 구절이 들어 있는 이메일을 찾아낸다. 회사의 IT 기술자들에게는 IDS(intrusion detection system, 침입 탐지 시스템), SIM(security information management, 보안 정보 관리), CES(central monitoring system, 중앙 관제 시스템)같이 일반인들은 뭔지도 모르는 시스템을 개발해 동료 직원을 감시할 권한이 있다.[31]

그러나 민간과 군의 공생 관계는 양방향이다. 그렇기 때문에 〈구글〉은 미국의 정보기관에 〈구글〉의 서버 기술과 소프트웨어를 제공해 정보 기관용 위키피디아인 인텔리피디아를 구축한 것이다.

또한 민간 기업에서 사용하는 신용도 평가 소프트웨어는 테러 용의자를 색출하는 용도로 전용되어 실무에 투입되었다. 〈아마존〉이 고객의 구매 행태를 세심히 살피고 잠재 고객의 신상 정보를 수집하듯 미 중앙정보국도 테러리스트로 추정되는 인물을 감시해 신상 정보를 기록하는 정보 탈취 기술을 매우 아낀다.[32]

보안 산업과 감시 산업으로 유입되는 투자 자금이 기술 산업의 호황을 이끌 것

• 인텔리피디아Intellipedia — 국가안보국, 중앙정보국, 연방수사국 등, 미국의 16개 정보기관들이 공동으로 첩보 정보를 수집·분석·교환함으로써 첩보의 질을 높이기 위해 고안한 협업 시스템을 말한다. 위키피디아와 동일한 애플리케이션을 사용하지만 보안 등급을 유지해 인증된 사람만 정보를 기록하거나 삭제할 수 있다는 점에서 '폐쇄적인 위키'의 성격을 띤다. 옮긴이

으로 기대되고 있다. 민간 부문과 공공 부문에서 쓰는 보안 관련 비용은 2005년에서 2015년 사이 미국에서만 1조 달러에 달할 것으로 추정되는데, 이 막대한 자금을 이용해 군사적 목적의 감시 산업도 다시 도약할 것으로 예상된다. 『포브스Forbes』는 이렇게 말한다. "보안 기술 개발 자금이 군대의 감시 활동에 필요한 장비와 국내 안보 기간 시설 구축에 투입되어 디지털 시대라는 신기원을 열 혁명적인 기술과 장비 개발을 선도할 것이다." 테러와 맞서 싸우는 기업뿐 아니라 의료, 산업, 통신, 연예 산업 부문을 아울러 규모의 경제를 실현하려는 모든 기업으로 혁신적인 감시 기술이 확산될 것이다. 화학무기일지도 모르는 물건을 감지하는 센서가 개발되면 환경 감시 분야로도 확대 적용될 수 있고, 의료용 촬영 기술이 개발되면 물건 내부를 들여다 보는 스캐너 개발에 기여할 것이며, 국경을 감시하는 레이더 기술은 일개 트럭의 안전을 시키는 감시

장비 개발로 이어질 것이다.

〈제너럴일렉트릭General Electric〉, 〈노스롭그루먼Northrop Grumman〉, 〈록히드마틴Lockheed Martin〉 같은 대형 무기 업체들도 폭탄과 미사일의 중요성이 사그라들고 있다는 사실을 이미 오래 전부터 인지해 왔다. 탈냉전 시대의 '평화'를 지키는 데는 보안이라는 더 교묘한 기술과 서비스가 필요하다. 그리고 세계가 안전해질수록 폭탄은 쓸모가 없어질 것이다.

따라서 몇 년 전부터 〈록히드마틴〉은 미국 전역을 무대로 한 사회 서비스 및 공공서비스 사업을 벌이고 있다. 〈록히드마틴〉의 사업 영역은 불법 주차 감시, 도로 통행료 징수, 교통 CCTV 카메라 시스템, 근로 복지 프로그램(기업이 정부 보조금을 받는 노동자를 고용하는 프로그램으로, 최저임금 이상의 임금을 받는 일을 하면 이들은 복지 혜택을 상실한다), 아동 보조금 사용 실태 추적 등 매우 다양한 분야로 뻗어 있다.

안보-산업 복합체

1961년 "아이크Ike"라 불리던 드와이트 아이젠하워Dwight Eisenhower 공화당 대통령은 퇴임사에서 이렇게 경고했다. "모든 정부 기관은 의도적했든 아니든 군산복합체의 힘을 이용해 영장 없이 시민을 위협하는 행동을 경계해야 합니다. 권력 남용의 가능성은 항상 있어 왔고 앞으로도 그럴 것입니다. 모든 도시, 모든 주 정부 청사, 연방 정부 청사에 군대와 무기 산업의 막강한 영향력이 미치고 있습니다." 군대와 무기 산업에 주어지는 비용은 기회비용이다. 학교, 병원, 무주택 서민을 위해 쓰일 돈으로 폭탄과 미사일을 만드는 것이다. 그러나 21세기에는 군대와 무기 산업 같은 끔찍한 산업이 경제에 이득이 되는 산업으로, 따라서 좋은 산업으로 칭송받는다. 2004년『포브스』는 군대와 무기 산업을 이렇게 치켜세웠다. "안보-산업 복합체가 군대와 짝을 이루며 급부상 중이다." 안보-산업 복합체로 흘러들어가는 자본과 그 자본을 바탕으로 이룩한 기술 혁신은 큰 이윤을 낼 것이고 닷컴 거품이 꺼진 실리콘밸리를 구해낼 것이다.

2006년 보안 시스템 제조업체 컨퍼런스에 참석한 존 리드John Reid 영국 내무장관은 아이젠하워 대통령이 "좌익 선동가로 이름을 날렸던 것은 아니었다"고 운을 떼면서 영국 정부는 절대로 군-산-안보 복합체를 깎아 내리는 등의 순진해 빠진 행동을 하지 않을 것임을 분명히 했다. 그리고 "오히려 오늘날 군-산-안보 복합체에 배정되는 예산이나 그 시장의 경쟁력을 볼 때 아이젠하워 대통령의 우려는 기우였음을 알 수 있다"고 비웃었다. 이어 리드 내무장관은 영국의 보안 시장이나 재건 관련 시장은 분절화되어 있고 예산도 너무 적게 배정되고 있다는 영국안보및재건보급기지 UK Security and Resilience Supply Base의 주장이 매우 타당하다고 말했다.

"정부 지도자와 안보와 재건에 관련된 광범위한 이해 당사자들 사이에 연계를 구축하는 일이 중요하다는 업계의 입장은 영국의 가치를 증진하기 위한 투쟁에는 모든 사람늘이 연관돼 있나는 그간의 내 주장과 일치합니다. 그런 의미에서 대학교, 노조, 시민 단체들도 국가 안보나 재건 문제에 충분히 참여할 수 있다고 생각합니다."

"자유롭게 생각하고 자유롭게 연구해서 과학 발전을 이룩해온 자유로운 대학"에 연방 정부가 고용 지원금이나 연구 지원금을 준다는 아이젠하워 대통령의 이상은 이미 실현되었다. 오늘날 정부는 지적 호기심을 좇는 대학에 보조금을 지급하고 있기 때문이다. 리드 내무장관이 장관으로 재직하는 동안 영국 정부는 영국의 감시 산업이 영국의 경제, 사회, 학계, 정부에 통합되어 세계적 산업으로 발돋움할 수 있도록 지원을 아끼지 않았다.[33]

해외에서의 경쟁은 날로 치열해져 가고 있다. 미 국방부는 매년 수백억 달러를 들여 연구 개발에 매진하고 있다. 그중 대부분의 자금이 대학에서 이뤄지는 보안 관련 연구와 신생 보안 업체로 유입된다. 유럽의 무기 업체와 보안 업체도 유럽연합에서 자금 지원을 받으려고 여러 경로를 통해 로비를 해 왔다. 2003년 유럽연합 공무원, 유럽 최대 무기 업체, 정보통신 업체로 구성된 '유명인사 모임'에 참석한 사람들은 유럽의 다국적기업들이 정부로부터 수십억 달러의 연구 개발 자금을 지원받는 미국 업체와의 경쟁에서 "밀리고 있다"는 데 동의하면서 유럽연합 안보 연구 프로그램EU Security Research Program을 발족했다. 〈스테이트워치〉의 벤 헤이스Ben Hayes가 지적한 대로 "빅 브라더는 시장 근본주의를 지지한다." 유럽연합 집행위원회는 이들이 결성한 유럽연합 안보 연구 프로그램에 "유럽연합 회의에 참석해 발언할 기회를 주고 '보안' 연구에 수십억 유로의 예산을 지원해 달라는 제안을 받아들였으며, 보안 프로그램 개발 및 시행에 관련된 전권을 부여했다.” 보안 업체는 보안 프로그램을 구축할 뿐 아니라 보안 프로그램 구입이나 시행 등, 보안 관련 정부 정책도 좌지우지한다. 보안 업체는 자기들에게 지원되는 자금과 기술을 이용해 유럽연합 시민을 억압함으로써 권력을 유지하는 유럽연합의 안전 지킴이로 급부상했다. 그리고 이 모든 이들의 안전을 지키기 위해서는 데이터베이스가 꼭 필요하다.[34]

2007년에서 2013년 사이 수행되는 7차 연구 지침에는 COPE, CRESCENDO, SAMURAI, iDetecT4ALL같이 무슨 말인지조차 알 수 없는 이름의 프로젝트가 45개나 기록되어 있다. 프로젝트를 수행하는 기관은 문제를 찾아내 해결책을 수립하며 설비를 개발한다는 명목으로 자금을 지원받는다. ‘복잡한 공간에서 이뤄지는 비정상 행동 및 위협 자동 포착Automatic Detection of Abnormal Behavior and Threats in Crowded Spaces 프로젝트’는 보안 기술 지원 프로그램이 국경 없는 유럽연합을 가로질러 기업, 정부, 대학에까지 영향력을 행사하고 있다는 사실을 잘 보여 준다. 자동 포착 프로젝트에는 영국의 〈비에이이시스템〉과 영국 내무부 산하 과학연구부, 노르웨이의 디텍A/S, 네덜란드 군 연구개발센터와 암스테르담 대학교, 스웨덴의 국방연구소, 불가리아의 심리학연구소가 참여하고 있다.

세계화로 모든 민간 기업이 세계 각국 정부가 발주하는 외주 사업 입찰에 참여해 계약할 수 있게 되었다. 생체 정보와 우주 배치레이저 업계에서 거물로 알려진 미국 기업 〈엘엠(LM)〉은 미국과 캐나다에서 인구조사 사업을 수행해 왔고 2011년에는 영국 통계청의 의뢰로 영국에서 인구조사 사업을 수행할 예정이다. 영국 정부는 인구조사를 통해 확보된 정보는 "전적으로 비밀이 보장된다"고 장담했지만 미국의 "애국자법"에 따르면 미국 정부와 비밀 정보기관은 미국 기업이 확보한 모든 개인 정보를 누구의 동의도 받지 않고 마음대로 열람할 수 있다. 2006년 〈엘엠〉이 캐나다 인구조사에 참여하자 많은 캐나다 시민들이 조사에 참여하기를 거부했다. 결국 데이터가 충분히 수집되지 않아 통계가 왜곡되었고 엉뚱한 정책이 수립되었다.

민간 기업, 군, 정부라는 세 축으로 이뤄진 회전문은 실체가 불분명해질 때까지 돌고 또 돈다.(211쪽, 참고) 미 국방안보고등연구기획청이 추진한 통합 정보 인식 프로그램은 원래 존 포인덱스터 미 국방 안보 고등 연구 기획청 청장이 부통령이던 시절에 〈신텍 컴퍼니Syntek Company〉에서 개발을 제안한 것이었다. 2005년 톰 리지Tom Ridge 전前 미 국토안보부 장관은 RFID를 내장한 미국 여권이 "미국인을 더 안전하게 보호할 것"이라고 주장했다. 이 주장을 펼 당시 리지 전 장관은 RFID 칩을 만드는 〈사비테크놀로지Savi Technology〉 임원이었다.[35] 데이비드 블렁킷David Blunkett 전前 영국 내무장관은 신분증의 필요성을 호소하는 칼럼을 주로 『더 선The Sun』에 기고했다. 당시 블렁킷 전 장관은 텍사스에 있는 신분증 제작 업체 〈인트러스트Entrust〉의 자문을 맡고 있었다.[36] 마이클 처토프 전前 미 국토안보부 장관은 미국 공항에 전신 스캐너

퇴역 장군들의 맹활약

군수 업체와 워싱턴 정가, 특히 미 국방부의 밀월 관계는 '회전문 인사'로 알려질 만큼 뿌리가 깊다. 공직에서 물러난 군 장교들이나 국방부 고위 인사가 군수 업계에 진출하는 일은 비일비재하게 일어난다. 다음은 닉슨 대통령 시절, 군의 내부 고발자로 공군에서 쫓겨난 어니 피츠제럴드가 군부와 군수업계 사이를 오가던 '회전문'의 내부 작동 원리를 설명한 글이다.

군 장교들은 대부분 가족의 생활비가 최고조에 이른 시점에서 전역을 강요당한다. 평균적으로 자녀 한두 명이 대학에 다니고 있고 주택 자금 융자도 다 갚지 못한 상황에서다. 먹고 사는 문제는 퇴직금으로 해결한다 하더라도 기존의 생활 수준을 유지하는 건 무리다. 그래서 좋은 대학이 졸업생들의 취업을 알선해 주듯, 각 군 내부에서는 퇴직한 장교들의 일자리를 알아봐 주는 걸 의무처럼 여기고 있다. 군이 가장 큰 영향력을 끼칠 수 있는 일자리는 당연히 군수 업체다.

이른바 '회전문' 인사는 상대적으로 최근에 시작된 현상으로, 1970년대 이후에야 등장해 수억 달러의 계약을 좌지우지하는 국가적 스캔들로 발전했다. 이에 미 의회는 "프록시마이어법"으로 불리게 된 법안을 통과시킨다. 법안 통과를 주도한 위스콘신 주 출신 윌리엄 프록시마이어 상원 의원의 이름을 딴 이 법안은 국방부 관리들이 군산복합체에서 연봉 2만 5천 달러 이상을 받는 직책을 얻을 경우, 이런 사실을 공개 보고하도록 규정하고 있다. 그러나 "프록시마이어법"으로 '회전문'을 통해 누가 어떤 자리로 옮겨 갔는지는 알 수 있게 됐지만 옮겨 다니는 관행 자체는 막지 못했다. 법 제정 이후로도 미 국방부의 주요 무기 체제 개발 사업에는 군 출신 인사들이 어김없이 개입되었다. 그중에는 '생각없는 관료들의 무분별한 일처리와 군산복합체의 엄청난 압력이 만들어 낸 작품'으로 평가받는 B-2 폭격기 개발 프로젝트도 들어가 있다. B-2 폭격기는 한 대당 가격이 20억 달러에 이르는 사상 최고로 비싼 군사 장비다. 결국 유명무실해진 "프록시마이어법"은 1996년 미 국방부의 요청에 따라 조용하게 폐기된다. 옮긴이

▶출처―켄 실버스타인, 『전쟁을 팝니다』, 정인환 옮김, 이후, 242~246쪽.

를 도입할 필요성을 공공연하게 역설했는데 그렇게 되면 자신이 경영하는 로비 회사 〈처토프그룹Chertoff Group〉의 주요 고객이던 인식기 제조업체 〈래피스캔RapiScan〉에게 큰 이익이 돌아갈 수 있었다.[37] 생체 정보 전문업체 L-1은 미국 정부와 수십억 달러의 계약을 성사시켰는데 조지 테넷George Tenet 미 중앙정보국 국장이 L-1 임원이었다는 사실이 계약 성사와 무관하지 않다는 것은 불 보듯 뻔한 일이다.

오스트레일리아, 캐나다, 뉴질랜드, 영국, 미국이 공동 운영하는(74쪽 참고) 통신망인 에셜론 또한 에셜론에 자금을 지원하는 국가의 이익을 도모하고 에셜론의 존재를 전 세계에 널리 알리기 위해 상업적 용도로 이용된다. 독일의 한 하원 의원은 에셜론이 정보를 차단하거나 가로채는 바람에 미국 기업이 입찰 경쟁에서 막판에 승리하는 일이 자주 벌어졌고, 이로 인해 유럽 기업이 놓친 사업 규모만 무려 2백억 유로(280억 달러)에 달할 것이라고 주장했다. 〈맥도넬-더글러스McDonnell-Douglas〉는 프랑스 기업 〈에어버스Airbus〉를 제치고 사우디아라비아와 60억 달러 규모의 계약을 체결했고 〈레이시온Raytheon〉은 브라질이 프랑스 회사와 계약한 13억 달러 규모의 레이더 사업에 끼어들었다.

에셜론에 잡히지 않는 통신 수단이 필요했던 유럽연합 역시 30기의 강력한 위성을 쏘아 올리는 갈릴레오 감시 위성 사업을 추진하게 되었다. 갈릴레오 감시 위성 덕분에 유럽연합은 세계를 지배하는 미국의 GPS 시스템에서 벗어나게 되었고 유럽연합 군대 역시 미국의 의지와 무관하게 움직일 수 있는 자유를 얻었다. 유럽연합은 갈릴레오 감시 위성 홍보 비디오를 제작해 유럽의 납세자들에게 갈릴레오 감시 위성의 효용을 선전했다. 이를 테면 고속도로 요금소에서 긴 줄을 설 필요가 없어진다거나 (자동차에 GPS를 내장하면 개별 자동차들의 주행거리를 자동으로 계산해 요금을 차감한다) 아이폰을 이용해 가장 가까운 음식점을 찾을 수 있다는 설명이었다. 더 중요한 것은 사람이나 사물의 정확한 위치 파악이 가능해지면 사람들을 지배하는 주체가 달라질 것이라는 점이다. 〈노팅엄과학주식회사Nottingham Scientifc Ltd〉 사장 비달 아쉬케나질Vidal Ashkenazil 교수는 이렇게 말한다. "지금은 시간이 일반 시민의 생활을 지배하지만 앞으로는 위치와 실시간 통신이 사람들의 생활을 지배하게 될 것입니다." 그 외에도 누가 사람들의 생활을 지배할 것인가, 그리고 누가 이익을 볼 것인가 하는 문제도 반드시 생각해 보아야 한다.

감시는 국가를 더 효율적으로 운영하는 도구이거나 전쟁을 치르지 않고 경쟁국을 누를 도구로만 이용되는 것이 아니다. 감시는 그 자체로 훌륭한 돈벌이다.

7 공포정치

GLOBAL SURVEILLANCE

테러의 위협이 감시와 통제를 어떻게 정교화하고
정당화하는지 알아보자.
길을 가다 불심검문을 당했을 때 어떻게 대처해야
할까?
사람들은 어떻게 감시에 길들여지는가?

공포정치

테러리즘의 위협은 인권을 침해하는 감시와 통제를 전 세계인이 용납하도록 유도했다. 한편 개인은 재미를 위해 자신의 개인 정보를 순순히 내놓으면서 사생활을 말살하려는 전쟁에 공모하고 있다.

보안 산업은 자유도 살아 있어야 누리는 것이라고 입버릇처럼 말한다. 보안 산업뿐 아니라 각국 정부도 수시로 이 주문을 읊어대면서 시민의 자유와 사생활을 침해하는 활동을 정당화한다. 생태계가 붕괴되고 전 세계 인구가 폭발하는 이 시점에 민간 계약자에게 사업을 외주하고 권한을 위임해 온 국가는 더 이상 시민들의 삶을 향상시키겠다는 약속을 하지 않는다. 국가가 할 수 있는 일은 그저 상황이 더 악화되는 것을 막고 시민을 '보호'하는 일뿐이다. 게다가 시민을 보호하기 위해서는 전쟁도 불사하는 통치 체계가 필수적이다. 사생활이나 무죄 추정 원칙, 임의로 체포되지 않으며 고문당하지 않을 시민의 자유는 전혀 신경쓰지 않는다.

물론 시민에게는 범죄나 테러라는 두려움 없이 살아갈 권리도 있다. 그렇더라도 전시를 방불케 하는 엄격한 통치를 펴려면 사람들을 설득해야 한다. 어이없게도 으름장을 놓는 것이 억압적인 법률과 강도 높은 감시 활동에 대한 사람들의 동의를 얻는 가장 효과적인 수단이다. 따라서 새로 사귀게 된 남자 친구나 턱수염을 기른 남자에서부터 비행기에 탑승한 사람들에 이르기까지 모두가 의심의 대상이 되며 두려움에 떠는 세계 사회가 형성된다. 콜린 파월 전前 미 국무장관은 테러리스트는 미국을 파괴할 수 없다고 말하면서 오직 미국인만이 미국을 파괴할 수 있다고 인정했다. "우리가 우리 나라를 파괴하는 일은 없어야 합니다. 정치적 목적을 달성하기 위해 공포를 이용해서도 안 됩니다. 죽을지도 모른다고 으름장을 놓아 표를 얻거나 테러-산업 복합체를 육성하면 안됩니다 (…) 테러리스트들의 결의를 북돋는 상황에서만 존속할 수 있는 그런 산업을 창조해서는 안됩니다."[1]

존 리드 전前 영국 내무장관도 유사한 입장을 표명했다. "공포의 정치를 펴기는 쉽습니다 (…) 그러나 공포는 오늘날 우리의 가치를 증진하는 기반이 될 수 없습니다. 공포의 정치는 바람직하지 못한 수단입니다. 공포의 정치는 이루 말할 수 없을 만큼 복합적인 위험을 유발할 것입니다." 그러나 리드 전前 내무장관은 같은 연설에서 영국은 지금 제2차 세계대전 중 히틀러의 제3제국이 런던을 폭격해 식량 공급을 차단한 이래 가장 심각한 위협을 받고 있다고 발언

콜린 파월Colin Powell, 1937~

미국의 군인이자 정치가. 2001년부터 2004년까지 국무장관으로 재직했다. 1991년 합참의장으로서 걸프전을 수행하면서 국민적 인기를 얻었으며 1996년 대통령 후보로까지 거론된 인물이다. 온건파로서 국외 분쟁에 개입할 땐 확실한 명분과 국익, 국민의 지지와 승리가 보장된 전투에만 병력을 파견해야 하며 최단 기간에 문제를 해결해야 한다는 입장을 밝혀 왔다. 옮긴이

해 모순적인 태도를 보였다.

〈국제법률가위원회International Commission of Jurists〉는 어느 보고서에서 다음과 같은 결론을 내렸다. "많은 정부가 역사의 교훈을 무시한 채 테러리즘에 성급하게 대처하고 있다. 자칫 그 과정에서 우리가 수호해 온 가치가 훼손되고 인권이 침해될 소지가 있다."[2] 우리가 수호해 온 가치 중에는 '인신보호법'도 포함되어 있다. 인신보호법에 따르면 누군가를 구금할 때는 구금되는 사람에게 공개 법정에서 구금 사유를 설명해 주어야 한다. 인신보호법은 12세기 영국에서 대헌장이 반포된 뒤 많은 나라에서 법으로 채택해 왔다. 그러나 미국에서 "애국자법"이 제정되고 오스트레일리아, 캐나다, 뉴질랜드, 영국에서 다양한 테러 방지법이 통과된 지난 10년 사이 너무나 쉽게 유명무실해졌다. 서구 나라들은 역사적으로 존중되어 온 법적 권리나 자유를 참고하지 않고 파키스탄이나 사우디아라비아 같은 권위주의적인 '동맹국'의 행태를 모방했다.

● 대헌장Magna Carta—1215년 영국 존왕의 재임 시절, 귀족들이 왕의 승인을 받아 만든 칙허장으로 왕권을 견제하고 귀족들의 봉건적 특권을 존중받았다는 의미가 있다. 각종 징수나 자유인에 대한 비합법적인 체포를 금지하는 등의 내용을 담고 있으나 훗날 국민의 권리를 보증하는 문서로 해석되어 영국 입헌 정치사에서 중요한 위상을 차지하게 되었다. 옮긴이

2000년에서 2008년 사이 영국 의회는 테러리즘을 겨냥한 법률을 여섯 개 이상 통과시켰고 테러리즘에 관련된 다양한 국제조약이나 협약에도 가입했다. 영국 정부는 안보와 범죄 문제야말로 유권자들이 최우선으로 고려해야 할 사안이라며 범죄나 테러리즘이

가하는 위협을 과장했다. 어느 법이든 지극히 예외적인 사례를 들어 받아들여질 수 없는 것을 정당화했고 나중에는 그것이 규범이 되었다.

2000년 제정된 "테러법Terrorism Act"은 기소 없이 테러 용의자를 구금해 심문할 수 있는 기간을 7일로 연장했다. 2003년 "범죄정의법Criminal Justice Act"에서는 그 기간이 두 배 늘어나 14일이 되었고 2006년 "테러법"에서는 거기서 다시 두 배로 늘어났다. 토니 블레어 총리는 그 기간을 90일로 늘리자고 제의했는데 그 제안은 하원에서 부결되었다. 통과되었다면 영국은 **아파르트헤이트** 정책이 펼쳐지던 시절의 남아프리카공화국과 다를 바 없었을

•**아파르트헤이트**─분리, 격리를 뜻하는 아프리칸스어로 남아프리카공화국의 악명 높은 인종차별 정책을 일컫는다. 아파르트헤이트는 넬슨 만델라가 대통령에 당선된 1994년 완전히 폐지된다. 옮긴이

것이다. 그러나 외국인의 처우와 관련해서는 남아프리카공화국이 시행하던 아파르트헤이트 정책과 비슷한 것이 이미 등장했다. 9.11 사건이 일어난 뒤 테러 용의자로 지목된 외국인을 무한정 구금할 수 있게 한 "반反테러리즘, 범죄, 안보법Anti-terrorism, Crime and Security Act"이 의회에 제출된 것이다. 영국 상원은 이 법안이 헌법에 위배된다며 부결했지만 2005년 마련된 새로운 법은 외국인 테러 용의자의 가택 연금을 허용했다. (이는 유럽인권조약에 위배되는 사항이다.) 당국은 가택 연금되는 외국인의 여권을 압수하고 전화를 도청할 수 있다. 친구들이라도 승인이 없으면 용의자를 만날 수 없다. 또한 용의자는 하루에 한 번씩 경찰서에 자신의 기취

를 보고해야 한다. 증거에 대한 비밀 보호를 이유로 용의자는 자신이 구금된 '이유'에 대한 설명조차 들을 수 없다. 오스트레일리아의 경우 범죄에 연루된 증거가 없어도 예방 차원에서 구금될 수 있고 오스트레일리아 안보정보국의 심문을 받을 수 있다. 게다가 이런 추잡한 일을 당하고도 그 사실을 발설해서는 안 된다.

존재하지도 않는 위협을 과장한 허풍에 호도된 사람들은 이런 법률들이 무더기로 통과되는 상황을 묵인했다. 2003년 1월, 경찰은 독성이 강한 리신이라는 물질이 제조되고 있다는 첩보에 따라 런던 우드그린에 있는 테러리스트의 은신처를 급습했다. 토니 블레어 총리는 이 사건이 테러리스트의 위협이 "실제 존재한다"는 사실을 입증하는 사건이라고 말했지만 나중에 발표된 조사 결과에 따르면 그곳에는 리신이 없었다. 피고들은 살해 혐의로 형을 선고받은 한 사람을 제외하고는 모두 무죄 판결을 받았다. 그러나 '리신 사건'은 영국 내무부가 자주 인용하는 단골 메뉴가 됐다. 덕분에 새로운 테러 관련 법이 정당화됐고, 사문화되기 직전에 있던 법의 기한이 연장될 수 있었으며 이 사건에 연루된 열 명을 추가로 기소할 수 있었다. 추가 기소된 사람들은 사건 당시 감옥에 수감 중인 사람들이었다. 훗날 당국은 이 말도 안되는 중상모략을 한낱 "실수"였다고 일축했다. 영국 내무부는 콜린 파월 미 국무장관이 2003년 2월 유엔 안전보장이사회에서 한 연설을 언급했다. 파월 장관은 당시 연설에서 이라크가 (존재하지 않는) 대량 살상 무기로 (존재하지 않는) 위협을 가하고 있으며 사담 후세인과 알카에다가 (있지도 않은) 밀접한 관계라는 식의 말을 했었다. 민주적으로 선출된 정부는 거짓을 근거로 전쟁에 나섰고 비밀 정보기관은 이러한 정부의 행위를 방조했을 뿐 아니라 비난도 피해갔다. 그러니 우리 같은 일개 소시민들이 무엇을 바랄 수 있겠는가?

2004년 4월에는 400명의 경찰관이 맨체스터 주변 여섯 곳을 급습해 여성과 16세 청소년을 비롯한 8명을 체포했지만 7일간의 심문 끝에 모두 무혐의로 풀려난 사건이 있었다. 그러나 경찰은 언론에 경찰이 올드 트래퍼드Old Trafford 축구장에 대한 자살 폭탄 공격을 저지했다는 말을 흘렸다. 이른바 "맨체스터 유나이티드 자살 폭탄 테러 계획"이 『더 선』의 표지를 장식했다. 용의자 중 한 명인 쿠르드 출신의 난민 신청자가 올드 트래퍼드 축구장 포스터를 자기 방 벽에 붙여 놓았고 친구와 함께 관람한 축구 경기표를 기념으로 보관한 것이 사건의 발단이었다. 경찰은 어디에서 폭탄을 터뜨려야 희생자가 가장 많을지 파악하기 위한 사전 조사 차원에서 축구 경기를 관람한 것이라고 주장했다. 경찰의 이 끔찍한 비방으로 용의자의 인생은 완전히 망가졌다. 그러나 있지도 않은 자살 폭탄 공격 계획을 저지한 경찰은 영웅이 되었다.

테러 놀이

눈 하나 깜짝 안 하고 사실을 날조하기는 정부도 마찬가지다. 정부는 테러를 유리하게 활용하기 위해 테러 경보 시스템Threat Condition Terror Alerts을 만들었는데, 이 조악한 장난감이 제 기능을 발휘하는 것만 봐도 그 심각성을 알 수 있다. 낮음(녹색)에서 시작해 심각(붉은색)으로 끝나는 경보는 아이들이나 좋아할 만한 총천연색으로 표시되며 정기적으로 발령되어 사람들의 마음에 불안감을 심는다. 그렇지만 그런 사태를 정당화하기 위해 복잡한 설명을 늘어놓을 필요가 없으므로 사람들을 불편하게 하지는 않는다. 요요처럼 정신없이 오르락내리락하는 것이 경보의 특성이지만 낮음 경보가 내려진 적은 단 한 차례도 없었다. 항상 심각 단계의 경보를 내리니 사람들은 안보의 이름으로 강요하는 통제를 순순히 받아들이지 않을 수 없다.3) 사실 경보는 근거 없이 무작위로 울린다고 봐야 한다. 그 사실은 7월 7일 런던의 대중교통을 마비시킨 폭탄 테러가 있기 전 영국 정부가 발령한 경보 수준이 평소보다 낮았다는 사실에서도 확인할 수 있다. 더 의심스러운 점은 2004년 대통령 선거를 앞둔 시점에서 미국이 테러 위험 수준을 높였다는 사실에 있다. 당시 공화당은 존 케리John Kerry 민주당 대통령 후보가 테러리즘에 강경하게 대처할 만한 인물이 못 된다고 강도 높게 비난했다. 2010년 1월 영국 내무부는 MI5와 〈정부합동테러분석센터 Joint Terrorism Analysis Centre〉의 도움을 받아 테러 위험 수준을 "심각"으로 격상시켰다. 앨런 존슨Alan Johnson 내무장관은 한 달 전 발생한 속옷 폭탄 테러에 대한 대응이라고 말하면서도 당장 영국을 공격한다는 "첩보는 없다"고 인정했다.4)

의회는 테러 공격을 받을 가능성이 있는 중요 국가기관의 명단을 작성했는데 이 역시 사람들의 관심을 끌기 위한 또 다른 술책이었다. 처음에는 160곳으로 시작했지만 2007년에는 무려 30만 곳이 명단에 올랐다. 심지어는 일리노이 애플 앤 포크 페스티벌Illinois

Apple and Pork Festival도 명단에 포함되어 있다. 공항이나 쇼핑센터에 설치된 텔레비전은 가장 최근에 벌어진 불발 사건에 대해 떠들어 대며 사람들에게 겁을 준다. 주변에서 그런 텔레비전을 접할 수 없는 사람들을 위해서는 국가테러경보(www.nationalterroralert.com) 같은 사이트가 있다. 이 사이트를 방문한 사람들은 방사능 폭탄이나 테러용 핵 가방에 대한 정보를 얻을 수 있고 테러 공격을 받았을 때 대처하는 방법 같은 군사 관련 정보를 얻을 수 있다. 그 밖에도 실시간으로 정보를 전달하는 RSS 피드를 이용해 개인의 페이스북이나 아이폰으로 사람들을 겁에 질리게 할 만한 온갖 최신 정보를 직접 전송한다.

1992년부터 1996년까지 MI5 국장으로 재직한 스텔라 리밍턴은 영국 장관들이 개인의 사생활과 시민의 자유를 침해하는 법을 통과시키기 위해 "사람들에게 겁을 준다"고 비난하면서 "우리가 공포에 떨면서 경찰국가의 통치를 받는 것이 바로 테러리즘의 목적 중 하나"라고 언급했다.[5] 영국 정부가 유럽이사회 의장국 지위를 이용해 「자유와 안보: 균형 유지하기」라는 보고서를 발간한 일도 하나의 사례가 된다. 균형을 잃지 않았다고 자부하는 이 보고서는 7월 7일 런던 폭탄 테러 희생자의 사진으로 표지를 장식해 유럽연합 차원에서 감시 활동이 필요하다는 점을 효과적으로 알렸다. 이에 〈국제법률가위원회〉는 미국과 영국의 대테러 정책이 불법적인 수단을 활용하고 있으며 테러리즘이나 테러리즘에 대한 공포를 이용해 국제 인권법의 기본 원칙을 훼손하는 위험한 상황을 만들어 내고 있다고 비난했다. 미국과 영국이 법질서를 "앞장서서 훼

길을 가다 불심검문을 당했을 때?*

한국에 불심검문이 부활했다. 지난 2010년, 적법절차를 무시한 인권 침해라는 국가인권위원회의 권고에 따라 사실상 폐지되었던 불심검문이 2012년 9일 다시 거리로 나왔다. 불심검문은 "경찰관직무집행법" 3조 1항에서 규정하고 있는 바대로 경찰관이 거동이 수상하다고 생각되거나 범죄 예방, 수사의 단서 확보, 증인 확보 등에 필요하다고 생각할 경우, 정지시켜 질문을 하거나 때로는 동행을 요구할 수 있는 권한이다.

잇단 강력 성범죄와 묻지마 난동에 대처하기 위해서라고 하지만 불심검문의 부활은 곧 시민사회의 강한 저항에 부딪혔다. 다음은 경찰의 자의적인 공권력 남용을 견제하고 불심검문을 당했을 때 인권 침해를 최소화하기 위해 시민으로서 알아 두어야 할 사항을 정리한 것이다. 자세한 내용은 〈인권운동사랑방〉 자료실에서 찾아볼 수 있다. 옮긴이

1. 불심검문 거부할 수 있습니다.

특정한 이유 없이 강제로 검문을 하거나 법이 정한 요건을 지키지 않고 하는 검문은 거부할 수 있습니다.(경찰관직무집행법 3조 1항, 7항)

2. 불심검문, 반드시 동의를 구해야 합니다.

불심검문은 임의 조항입니다. 불심검문을 하는 경찰관은 검문을 받는 사람에게 동의를 구해야 하며, 강제로 할 수 없습니다.(경찰관직무집행법 3조 7항)

3. 불심검문과 임의동행 시, 경찰은 신분 및 목적, 이유, 장소를 밝혀야 합니다.

질문을 하거나 임의동행을 요구하는 경찰은 자신의 신분을 표시하는 증표를 제시하면서 소속, 성명과 동행의 목적, 이유를 설명해야 합니다.(경찰관직무집행법 3조 4항)

4. 임의동행, 거부할 수 있습니다.

임의동행 역시 동의 없이는 불가능합니다. 경찰관은 동행 장소를 밝혀야 하고 변호인의 도움을 받을 권리를 고지해야 합니다.(경찰관직무집행법 3조 2항, 4항, 5항, 6항)

5. 불심검문, 질문만으로 끝내야 합니다. 강제적인 신분증 요구와 신원 조회는 거부합시다.

불심검문은 수상함이나 범죄 혐의를 확인하기 위한 질문으로 끝나야 합니다. 신분증 요구와 신원 조회는 강제할 수 없고 소지품 검사는 외부를 만져보는 것까지만 가능합니다.(경찰관직무집행법 3조 1항, 3항)

---

*〈인권운동 사랑방〉 http://saranghang.or.kr/bbs/view.php?board=data&id=463

손"하고 있다는 것이 〈국제법률가위원회〉의 결론이었다.

2010년 1월 〈유럽인권재판소〉는 2000년 제정된 "테러법" 44절이 영국 경찰에게 지나치게 광범위한 불심검문 권한을 부여하고 있다고 지적했다. "테러법" 44절에 따르면 영국 경찰은 자율적인 판단에 따라 조사할 '구역'을 지정할 수 있다. 심하게는 카운티 전체를 조사 구역으로 지정해 별다른 혐의가 없어도 불심검문을 할 수 있다. 2007년에서 2008년 사이 "테러법" 44절에 의거해 불심검문을 당한 사람 가운데 0.6퍼센트가 체포되었는데 흑인과 아시아인의 체포 비율이 백인에 비해 7배 높았다. "테러법" 44절은 반전 시위에 참가한 사람들 모두에게 광범위하게 적용되기도 했는데[6] 현재 개정을 앞두고 있다.[7] 영국 경찰은 2008년 제정된 "대테러법"을 공공장소에서 사진을 찍는 모든 사람을 불심검문 하는 근거로 활용했다. 2009년 이탈리아 출신의 예술가 시모나 보노모 Simona Bonomo는 순전히 '재미로' 패딩턴 지역 건물을 사진에 담고 있었는데 그 사실을 경찰에게 입증할 수가 없어서 체포되어 5시간이나 구금당했다. 보노모는 결국 '경범죄'에 해당하는 "괴롭힘, 불안감 조성, 위해" 행위를 저질렀다는 이유로 벌금까지 물어야 했다. 경범죄의 경우에는 경찰이 법원의 승인을 받을 필요도, 피고인에게 정당한 법적 절차를 허용할 필요도 없다.[8]

'테러와의 전쟁'이라는 미명하에 테러 용의자는 미 중앙정보국의 '용의자 인도 프로그램'에 따라 동유럽이나 중동에 위치한 고문 센터로 이송된다. 테러 용의자를 고문할 장소로 실어 나르는 비행기가 유럽 상공을 수백 번도 넘게 비행했지만 유럽연합의 주요국 정부는 그런 사실을 알고도 묵인했다. 클린턴 정부 시절에 시작된 용의자 인도 프로그램은 조지 W. 부시 정부 시절에 크게 확대되었다. 용의자 인도 프로그램은 고문이 필요하고 효과적이라는 중세 시대에나 통할 법한 고루한 사고에서 출발했는데, 알다시피 고문당한 사람들이 자백한 말은 고통에서 벗어나기 위해 지어 낸 말일 뿐이다. 텔레비전 드라마 〈24〉는 테러리스트의 잔혹 행위를 방지하기 위해서라면 고문을 비롯한 모든 수단을 정당화할 수 있다는 내용을 반복적으로 내보내 9.11 사건의 후유증에 시달리던 미국 대중이 중세 시대에나 통용되던 이 낡은 개념을 21세기의 개념으로 수용하게 만들었다.[9]

캐나다 시민 마허 아하르Maher Ahar는 용의자 인도 프로그램에 따라 악의 축 중 하나인 시리아로 이송되어 1년 동안 고문을 당했다. 마허 아하르의 '죄목'은 알-카에다 동조자였다. 이와 같은 캐나다 정부의 판단에 따라 마허 아하르는 미국이 관리하는 테러리스트 명단에 이름을 올리게 되었고 캐나다 비밀 정보기관의 협조 하에 미국에서 체포되어 심문받다가 시리아로 이송된 것이다. 결국 마허 아하르는 무죄 방면되었고 캐나다 정부는 그에게 사과해야 했다. 그러나 마허 아하르에 대한 의심을 거두지 않은 캐나다 비밀 정보기관은 아하르의 매제를 튀니지로 이송해 튀니지 비밀 정보기관에게 심문을 맡겼다.[10]

오바마 대통령은 쿠바 관타나모만에 있는 악명 높은 미군기지인 캠프 엑스레이를 폐쇄하겠다고 약속했지만 캠프 엑스레이는 아직도 그대로 운영되고 있다. 미 법무부가 수감자 192명 중 47명은 위험성이 높다는 이유로 무기한 구금을 조언했기 때문인데 법원을 납득시킬 만한 구체적인 증거는 불충분했다.[11] 〈국제법률가위원회〉는 관타나모 수용소에서 자행되는 고문이 이라크 전쟁과 마찬가지로 자살 폭탄 테러리스트들의 "명분만 키우고 말 것"이라는 견해를 밝혔지만 묵살당했다. 2006년 "군사위원회법Military Commissions Act"에 따라 미국 시민들도 기소 없는 구금의 적용 대상이 되었다. 이는 애초 "애국자법"이 의도했던 일이다.

영국 외무부의 어느 최고 자문위원은 2004년 토니 블레어 총리에게 영국의 중동 정책이 영국에 거주하는 젊은 이슬람교도 남성에게 "지속적으로 분노와 무기력"을 심어 주고 있다고 경고했다. 국제 문제를 다루는 영국의 연구소 〈채텀하우스Chatham House〉와 일라이자 매닝엄 불러Eliza Manningham Buller 前 MI5 국장도 이 견해를 지지했다. 안보 전문가 크리스핀 블랙Crispin Black은 7월 7일 런던 폭탄 테러가 일어나기 전에는 블레어 총리가 역풍을 맞지 않으려고 비밀 정보기관을 정책에 필요한 정보를 수집하는 일에 주로 활용했지만 7월 7일 일어난 런던 폭탄 테러의 자연스러운 결과로, 테러 공격의 전조를 탐지하고 미연에 방지하는 안보 대책 확립이 비밀 정보기관의 주요 업무가 됐다고 언급했다.

즈비그뉴 브레진스키Zbigniew Brezinski 前 미 국가 안보 자문은 "공포는 이성을 흐리게 만들고 감정을 극대화시킨다. 따라서 선동 정치를 일삼는 정치인들은 '테러와의 전쟁' 같은 애매한 구호를 방패 삼아 자기들이 추구하는 정책에 대한 대중의 동의를 쉽게 얻을 수 있다"[12]고 말한다. 테러리스트의 공격이 일어나지 않더라도 그것은 위협이 사라졌다는 증거가 아니라 정부의 대테러 전략이 제대로 먹혔다는 의미다. 반대로 추가 공격이 이뤄진다면 그것은 안보 수준을 더 높여야 할 필요성을 입증하는 증거다.

범죄의 싹을 자르다

억압적인 반反테러 도구는 사람들을 보호한다는 명분으로 도입되는 경우가 많은데 보호 대상에는 아동도 포함된다. 그러나 아동이야말로 의심의 그물망에 포위된 장본인이다. 2008년 18세 이하의 청소년 386명이 DNA를 제출했고 런던 북부 캠던의 영국 경찰은 그 정보를 보관했다. 캠던 경찰은 '장기적인' 범죄 예방 프로그램의 일환이라는 점을 명분으로 내세웠다. DNA가 데이터베이스에 등록되어 있다는 사실을 인지하는 개인은 의도적인 범죄를 저지르기 전에 "한 번 더 생각"할 것이라는 게 경찰이 내세운 논리였다. 그러나 시민의 자유를 수호하는 단체들은 이런 경찰의 태도를 두고 아동의 자유를 무시하는 "끔찍한" 발상이라고 전한다. 그럼에도 런던경찰국인 스코틀랜드야드의 법의학 대표이자 〈경찰국장협회Association of Chief Police Officer〉의 DNA 대변인인 개리 퓨Gary Pugh는 DNA가 "사회에 커다란 위협을 가할 가능성이 있는 인물을" 색출하는 데 반드시 필요하다고 주장했다. 아동은 보통 10세에서 13세 사이에 범죄를 저지르기 시작하지만 범죄를 '저지를 수 있는' 위험 요인은 5살에서 7살 사이 어린이들에게서도 발견할 수 있다는 게 그의 논리였다. 〈공공정책연구소Public Policy Research

Institute〉가 발간한 보고서 『나를 범죄자로 만들어 주세요*Make Me a Criminal*』는 5세에서 12세 사이 아동을 대상으로 인지 행동 치료 프로그램과 부모 교육 프로그램, 그리고 각종 강력한 지원책이 필요하다고 주장한다. 그러나 보고서를 쓴 사람은 〈국립초등학교교장협회National Primary Headteachers' Association〉가 경고한 대로 이런 조치가 아주 어린 나이의 아동을 "앞으로 하지 않을지도 모르는 일로" 비난하는 행위이며 해당 아동의 일평생을 따라다니게 될 낙인을 찍는 행위임을 인정했다.[13]

온셋ONSET 데이터베이스는 집단 따돌림에 시달리는 것으로 추정되는 아동, 주거 환경이 불량한 아동, 저소득 가정 아동, 범죄를 저지를 가능성이 있는 아동의 신상 정보를 보관한다. 또한 온라인 보편 평가틀Common Assessment Framework은 건강이나 교육 서비스 측면에서 추가 지원이 필요한 아동이 누구인지 판단하는 데 쓰이는데, 십 대 임신이나 범죄 같은 문제를 사전에 차단한다는 명목으로 주관적인 데이터도 함께 수집한다. 이런 행위는 "법적 근거가 없는 것으로 의심"된다. 게다가 이들이 수집하는 정보가 실제로 범죄율을 낮추는 데 기여한다는 증거는 어디에도 없다.[14]

아이들은 질문에 답하면서 자기도 모르는 사이에 조사에 참여하게 될 수 있다. 2009년 영국 버크데일 중고등학교에 다니는 12세 학생들은 수업에 적극적으로 참여할 것 같은 학생과 수업을 방해할 것 같은 학생을 각각 다섯 명씩 지목하라는 과제를 받았다. 아마 학생들이 제출한 정보는 학교의 "행동 데이터베이스"에 기록됐을 것이다.[15] 미국 교사들은 수업 시간에 미 연방수사국이나 미 중앙정보국에서 구축한 아동 웹페이지(http://www.fbi.gov/fun-games/kids/kids, https://www.cia.gov/kids-page/index.html)에 접속해 놀라운 염탐의 세계를 아이들에게 보여 주었다. 아이들에게 감시에 관련된 정보를 주는 수업이었다. 마치 놀이 같은 수업을 통해 아이들은 감시를 배운다. 영국 지방의회 6곳 중 한 곳은 청소년을 감시 단원으로 선정해 활용하고 있다. 8세에서 10세 사이 아동은 감시 단원으로, 11세에서 14세 사이 청소년은 거리 수호 단원으로 활동한다. 감시 단원이나 수호 단원이 된 청소년에게는 제임스 본드에게 부여되는 것과 같은 번호가 부여된다. 그들은 주로 애완동물 배설물을 치우지 않는 사람이나 재활용품을 제대로 처리하지 않는 사람을 감시한다. 유죄 판결을 이끌어 낼 결정적인 증거를 제출하는 청소년에게는 거액의 현금이 보상으로 주어지므로 아동은 염탐과 그에 따른 보상을 시민의 의무이자 권리로 생각하게 될 것이다.[16]

그러니 앞으로는 색출 대상인 불량 청소년과 길거리에서 마주치는 일만큼이나 단정하고 예의 바른 아이들과 마주치는 일도 두려워해야 할지 모른다. 한편 정부는 아동의 안위에 대한 어른들의 염려를 증폭시켜 감시를 정당화하기도 한다. 영국에 CCTV가 확산되는 데 기여한 1993년의 제임스 벌저 살해 사건(146쪽 참고)처럼 아동 살해 사건은 감시 체계 도입을 정당화하는 데 크게 기여했다. 겨우 여덟 살밖에 안된 빅토리아 클림비Victoria Climbie가 보호자를 자처한 이모에게 학대당하다가 사망한 사건도 있었다. 이 눈물겨운 사연은 경찰, 의사, 사회복지사들 사이에 널리 알려졌다. 클림비가 죽은 뒤 이뤄진 조사에서 사회 서비스를 담당하는 사람들이 조금만 주의를 기울였다면 클림비의 목숨을 구할 수도 있었다는 증거가 여럿 발견되었다. 그러나 사회복지사의 과중한 업무, 또는 태만 등 여러가지 이유로 인해 클림비는 제때 적절한 도움을 받지 못했다. 클림비의 안타까운 사연은 콘택트포인트ContactPoint라는 2억 2천4백만 파운드(3억 4천만 달러)짜리 데이터베이스 구축을 정당화하는 데 이용되었다. 콘택트포인트에 접속할 수 있는 공무원은 무려 39만 명에 달한다. 콘택트포인트는 영국의 모든 아동에 대한 정보를 담기 위해 구축된 유례 없이 어마어마한 규모의 데이터베이스로 아동이 위험한지 안전한지에 관한 정보를 기록한다. 다행히 2010년 정권이 교체되면서 이 콘택트포인트 프로젝트는 폐기되었다.

2006년 제정된 "취약계층보호법Safeguarding Vulnerable Groups Act"도 홀리 웰스Holly Wells와 제시카 채프먼Jessica Chapman이라는 10세 소녀 두 명이 그들이 다니던 학교 경비원에게 살해당한 사건을 계기로 제정되었다. 두 소녀를 살해한 경비원은 성폭력과 강도 사건에 연루되어 경찰 조사를 받은 전력이 있었지만 경찰이 신원 조회를 소홀히 한 탓에 경비원으로 채용되었다. 이 사건을 계기로 "취약계층보호법"은 신원 조회 및 접근 금지와 관련된 조항을 명시했다. 신원 조회 및 접근 금지 조항은 "취약계층과 기타 개인이 신뢰 관계를 형성할 수 있는 상황"을 보장하기 위해 마련된 것이다.[17] 이를테면 배관공으로 취직하려면 반드시 신원 조회를 거쳐야 한다. 아동이 거주하는 집에 방문해 작업을 할 가능성이 있기 때문이다. 신원 조회 및 접근 금지 정책의 영향을 받는 대상은 "아동에 관련된 업무"를 보는 사람으로, 기준이 완화되기 전 데이터베이스에 등록해야 하는 대상은 영국 인구의 6분의 1에 해당하는 1천1백3십만 명 가량이었다.

신원 조회에는 비용도 많이 들고 절차 또한 번거롭다. 결국 그런 정책이 없었다면 열정적으로 일했을 무고한 성인들이 스포츠센터같이 아동과 관련된 활동에 종사하는 걸 포기했다. 신원 조회 및 접근 금지 정책 덕분에 수십만 명이 일자리를 잃거나 장장 8주에 걸쳐 아무런 소득 없이 살아야 하는 상황이 벌어졌고 성범죄나 아동 관련 범죄와 무관한 사소한 범죄를 저지른 성인의 생계까지 위협했다. 학교에서 강연하는 유명 인사는 64파운드를 지불하고 자신이 소아성애자가 아니라는 사실을 입증해야 했다. 단 하원 의원은 입증 책임에서 제외되었다.

아동과 취약 계층 성인을 보호하기 위해 도입된 감시 수단은 결국 그들의 안전을 지키려고 노력하는 사회의 기본 체제를 파괴한다. 신원 조회를 받지 않은 어느 여성은 자녀가 수학여행을 떠나는 길에 작별 키스를 할 수 없었고[18] 중증 간질 환자인 아들을 둔 어느 어머니는 범죄기록청에 가서 신원 조회를 받아야만 아들을 택시에 태워 등교시킬 수 있다는 말을 들었다. 2009년 케임브리지에 있는 매너커뮤니티칼리지는 신원 조회를 거쳐 아동과 접촉해도 된다는 공식 인증을 받지 않으면 학교 출입을 금지했다.[19]

1994년 제정된 미국의 "성범죄자법Sexual Offender Act"은 성범죄자의 신상 정보를 해당 지역공동체에 공개하게 했다. "성범죄자법"은 이 법을 제정하는 계기가 된 살인 사건 피해 아동의 명복을 비는 의미에서 "메건법Megan's Law"이라고도 알려져 있다. 연구 조사에 따르면 "메건법"은 상습 성범죄자의 재범을 막는 데 별다른 기여를 하지 못했고 범죄의 강도를 줄이지도 못했으며 초범을 줄이는 데도 실패한 것으로 드러났다. 그럼에도 2000년 유죄 선고를 받은 소아 성애자가 세라 페인Sarah Payne을 살해한 사건을 계기로 영국에서는 미국의 "메건법"과 유사한 "세라법Sarah's Law" 제정을 촉구하는 목소리가 높아졌다. 4개 지역에서 1년간 시범 운영을 거친 "세라법"은 2010년 8월 영국 전역에서 시행에 들어갔다.

2008년 영국 경찰은 자기 자녀와 가깝게 지낼 가능성이 있는 사람에 대해 부모나 보호자가 신원 조회를 할 수 있도록 허가했다. 싱글맘의 경우에도 새로 사귄 남자친구의 신원을 확인할 수 있게 되었다. 〈아동학대방지를위한전국협회National Society for the of Cruelty to Children〉 정책 연구원 다이애나 서튼은 이러한 신원 확인 제도도 다른 제도와 마찬가지로 "잘못된 안전 의식"이나 잘못된 위험 인식을 심어줄 수 있다고 지적한다. "유죄 판결을 받은 소아 성애자라는 사실만으로 그 사람을 다 알았다고 할 수 있을까요?" 신원 조회가 안전을 보장한다는 논리가 확산되면서 그 효과에 대한 왜곡도 심해졌다. 예를 들어 텔포드와 레킨 지역 의회는 혼자 공원을 산책하는 사람은 누구나 성범죄 대상 아동을 물색하러 온 용의자로 간주할 수 있는 권한을 경찰과 공원 경비에게 주었다.[20]

대부분의 성범죄자는 성범죄를 저지르고도 잡히지 않는다. 성범죄가 주로 가정 안에서 일어나기 때문이다. 그러나 그 옛날 좋았던 시절에 비해 성범죄자의 수가 늘어났든 아니든 그것은 중요한 문제가 아니다. 문제는 "낯선 사람은 위험하다"는 관념이다. 그 관념 때문에 자동차로 등하교하는 아이들이 더 많아져 교통사고로 희생되는 아동의 수가 늘어나는 추세다. 통계로 볼 때 유괴보다는 교통사고가 훨씬 더 심각한 위협이다.[21]

아동이 "위험에 처했다"는 생각은 전 세계에 확산되어 있다. 〈영국항공British Airways〉, 〈퀀타스항공Qantas〉, 〈에어뉴질랜드Air New Zealand〉는 비행 중에 성인 승객이 모르는 아동 옆에 앉지 못하도록 조치했다. 마크 브랜치플라워Mark Branchflower 인터폴 지문분과장은 2008년 생체 정보 컨퍼런스에 참석해 이민 통제국이 지문날인이나 자동 안면 인식 기술을 지금보다 더 적극적으로 활용해 인터폴이 위험 인물로 분류한 사람을 공항에서부터 일찌감치 차단해 줄 것을 요청했다. 물론 처음 위험 인물을 등록할 당시 그 사람에 대해 얼마나 정밀한 조사를 거쳤는지는 알 수 없다.[22] 1999년 러시아에서 열린 인터넷 권리 컨퍼런스에 참석한 오스트리아 활동가 에리히 뫼헬Erich Moechel은 인터폴 실무 조직이 작성한 공식 요약 문건을 배포했는데, 그 문건에는 아동 포르노 문제를 의도적으로 부각해 대중이 인터넷 감시에 반대하지 못하도록 홍보하는 '전략'으로 이용해야 한다는 내용이 담겨 있었다.[23]

아동을 실내에 가둬두고 안전하게 보호한다 해도 인터넷에 노출되는 것까지 막을 수는 없다. 인터넷 세상도 아동을 먹잇감으로 노린다는 점에서는 현실 세계 못지 않게 위험하다. 컴퓨터 소프트웨어를 만드는 〈스펙터소프트Spectorsoft〉는 스펙터프로SpectorPro

라는 소프트웨어를 출시했다. 스펙터프로를 가정용 컴퓨터나 사무용 컴퓨터에 설치하면 컴퓨터 사용 현황과 인터넷 사용 현황을 감시할 수 있다. 스펙터프로만 있으면 누구나 빅 보스, 빅 마더가 될 수 있다는 얘기다. 스펙터프로는 채팅 내용, 이메일, 방문한 웹 사이트, 자판 두드린 흔적, 마이스페이스나 페이스북 서핑 기록 등, 모든 정보를 기록한다. 스펙터프로를 컴퓨터에 설치하면 누구나 "자녀나 당신의 친구들이 미니 홈피에 올리는 모든 내용을 알 수 있다." 실내에 CCTV를 설치하거나 마이스파이캠닷컴(www. my-spycam.com)에서 제공하는 '보모 감시용 카메라'를 활용하면 외출했을 때에도 노트북을 이용해 자녀나 보모의 행동을 감시할 수 있다. 사정이 이렇고 보면 사생활이라는 개념이 사라질 날도 그리 멀지 않은 것 같다.

사생활 말살 전쟁

요제프 괴벨스Josef Goebbels는 "독일에서 사생활이 있는 사람은 잠든 사람뿐"이라고 했고 〈선마이크로시스템스Sun MicroSystems〉 최고경영자 스콧 맥닐리Scott McNealy는 "사생활은 곧 사라질 것"이라고 했다.[24]

역사적으로 법은 정부와 시민 사이의 권력 균형을 유지해 왔고 영장 없는 수색이나 국가 권력 남용을 제어해 왔다. 그럼에도 법은 사생활을 "따로 뗄 수 없고", "특정할 수 없으며", "내포적인" 권리로 규정해 현실에서 유리된 존재로 만들었다.[25]

기술은 사생활 문제를 시급히 해결해야 할 사안으로 만들었다. 1890년 『하버드 법 연구Harvard Law Review』에 실린 「사생활을 보호받을 권리The Right to Privacy」라는 논문은 사생활의 정의를 인용하고 있다. 이 논문은 사생활을 '독립적인 권리'로 규정한 쿨리 판사Judge Cooley의 정의를 인용하면서 전화, 전신, 즉석 사진기같이 새로 등장한 "기계"가 "벽장 속에서 속삭인 소리까지 만천하에 공개하면서" 사람들에게 "커다란 정신적 고통과 괴로움을" 안겨 주었다고 언급한다. 비윤리적인 신문은 거짓으로 가득한 세상에서 이윤을 얻으며 산업화된 가십을 생산하는 도구로 전락해 버렸고 지면은 허가 없이 떠도는 사진들로 가득 채워진다. "황색 언론의 마수에 사로잡히면 누구도 살아남지 못한다."[26]

진정한 의미에서 세계화된 오늘날의 산업이란 전 세계에 흩어져 있는 수천여 개의 데이터베이스에서 셀 수 없이 많은 개인 정보를 수집해 그것을 교환하고 거래하는 과정을 일컫는다. 이러한 데이터베이스는 이윤을 내고 권력을 행사하려는 모두에게 열려 있다. 비평가 캐서린 헤일스Katherine Hayles는 이렇게 말한다.

> 개인 정보와 사생활을 보호받을 권리는 개인의 권리, 자유로운 정보의 흐름, 열린 시장경제를 존중하고 안전하게 지키는 민주 사회의 근본 조건이다. (…) 사생활이 없는 사회에서는 시민 개개인의 행동뿐 아니라 머리 속에 든 생각까지 통제하는 강압적인 세력이 절대 권력으로 군림하게 된다.[27]

사생활을 보호받을 권리는 추상적인 권리지만 민주주의의 핵심을 이루는 권리이자 국가의 권리와 개인의 권리 사이의 균형을 잡아 주는 중요한 권리다. 소비에트연방을 중심으로 한 공산주의 국가들은 당이 제시한 인간형에 부합하지 않는 것으로 여겨지는 표현들을 애써 억압했고 이동의 자유나 정치 사상의 자유와 종교의 자유도 부정했다.[28] 당은 시민들의 머릿속에 공포를 심었다. 시민들은 자기와 관련된 모든 정보가 낱낱이 기록되고 있지만 그 기록을 통제할 힘이 없다는 사실을 너무나도 잘 알고 있었다. 마리아 로스Maria Los는 이렇게 기록했다.

개개인의 사생활을 기록한 서류가 존재한다는 이야기가 떠돌았지만 실제로 그 기록을 본 사람은 거의 없다. 그 기록은 내무부 건물 어딘가에 비밀리에 만들어진 중앙 기록 보관소에 보관되어 있다고 여겨졌다. 개개인의 바람직하지 않은 정보를 기록한 서류가 최종적으로 가는 곳이었다. (…) 모든 사람의 정보를 기록해 보관한다는 믿음은 사실과 달랐다. 그러나 [그런 서류가 존재한다는] 가정이 전체주의 국가가 수립한 통제 전략의 밑바탕을 이뤘다.[29]

전체주의 국가에서만 사생활이 말살되었던 것은 아니다. 소비에트연방과 동구권이 해체되던 1989년에서 1991년 사이 '자유롭다는' 서구 나라에서도 사생활 침해 사례가 자꾸만 쌓여갔다. 1990년 〈사생활및관련문제를다루는 캘컷위원회Calcutt Committee on Privacy and Related Matters〉는 사생활을 보호받을 권리는 한 개인과 그 가족의 사적인 생활이 "직접적인 물리적 수단이나 정보 공개 같은 간접적인 수단을 막론하고" 어떤 방식으로도 침해되지 않고 보호받아야 할 권리라는 사실을 재천명했다. 사적 영역과 공적 영역 사이에 강력한 경계선을 만들고 대통령이든 농부든, 지위 고하를 막론하고 누구나 그 경계선을 존중해야 한다. 그렇게 될 때 시민에게는 자신의 개인 정보와 그 정보에 접근하는 사람을 통제할 힘이 생길 것이다.

그러나 세계화 시대에는 국경조차 없다. 2009년 〈정보보호와사생활침해위원회Data Protection and Privacy Commissioners〉가 개최한 제30차 국제 컨퍼런스는 우리가 살아가는 세계를 "경계 없는 세계"라고 표현했다. 또한 사생활 보호를 "시급한 과제"로 천명했으며 정보와 사생활을 보호받을 권리는 보편적 인권 협약에 따르는 "보편적 인권"임을 인정해야 한다고 촉구했다. 이는 다른 국제기구들의 논조와 다르지 않다. 유엔 역시 정보 보호와 사생활 보호의 시급성을 '인정해' 그 권리를 근본적으로 보호할 수 있는 법적 근거와 시행 도구를 마련하기 위해 나섰다.

사생활을 보호하기 위한 조약이나 법률이 전혀 없는 것은 아니다. 사생활 보호라는 개념은 유엔이 제정한 세계인권선언을 통해 전 세계에 적용되는 개념이 되었다. 세계인권선언 17조는 모든 사람들은 "임의적이거나 불법적인 방법으로 본인, 가족, 친족, 친구의 사생활을 침해당해서는 안 되며 불법적인 방법으로 명예나 명성을 훼손당해서도 안 된다"고 선언하고 있다. 유럽인권조약 8조도 세계인권선언 17조와 매우 유사한 내용을 담고 있나. 1998년 세정된 영국의 "정보보호법"은 개인 정보를 수집한 조직은 해당 정보가 유출되지 않도록 적절한 보안 조치를 취한 뒤 필요한 기간만큼만 보관해야 하고, 그 정보를 상업적 목적이 아닌 정보를 수집할 당시 명시한 목적에 부합하게 사용해야 하며 해당 정보의 유출이나 기타 다른 이유로 해당 정보의 주인을 고통스럽게 해서는 안 된다고 규정하고 있다. ▪ 미국 수정 헌법 제4조는 "영장 없는 불합리한 수색, 체포, 압수로부터 본인, 가택, 서류, 동산을 보호받을 권리가 침해되어서는 안 된다"고 규정한다. 심지어 소비에트연방의 1977년

새 나가는 정보를 보호하라!

2012년을 기준으로 지난 4년간 국내에서 발생한 개인 정보 유출 건수는 1억 건이 넘는다. 이는 국민 한 사람당 최소 두 번은 개인 정보를 유출당했다는 뜻이다. 2008년 국내 최초로 개인 정보를 대규모로 해킹당한 옥션 사태(피해자 14만 명) 이후로 개인 정보 보안에 대한 관심이 고조되고 있다.

2011년 3월 제정된 "개인정보보호법"은 "개인 정보의 수집·유출·오용·남용으로부터 사생활의 비밀 등을 보호함으로써 국민의 권리와 이익을 증진하고, 나아가 개인의 존엄과 가치를 구현하기 위하여" 마련되었다. "개인정보보호법"은 당사자 동의 없이 개인 정보를 수집 또는 활용하거나 제3자에게 제공하는 것을 금지하는 내용을 담고 있다. 그러나 개인 정보를 유출한 사업자에 대한 처벌이 솜방망이 처벌에 그치고 있다는 점, 정보 유출과 피해 사실의 인과 관계를 파헤치기 어려운 환경에서 유출 피해에 대한 입증 책임이 사업자가 아닌 피해자나 검찰에게 있다는 점 등이 한계로 지적된다. 옮긴이

▶참고─백인성·유희곤·박순봉, "4년간 정보 유출 1억 건 이상, 형사 책임·손배 전문", 『경향신문』, 2012. 8. 3.

헌법도 개인과 가택, 사생활을 보호받을 권리를 침해할 수 없는 권리로 규정하고 있다.

그러나 국가와 그 동조자들이 예외를 둬야 한다고 끈질기게 요구한 결과 이 모든 법 조항은 사실상 의미를 상실했다. 유럽인권조약 8조는 "공권력에 의해 이 권리가 침해되어서는 안 된다"고 규정하고 있지만 "해당 권리가 국가 안보, 공공의 안전, 나라의 경제 발전을 추구하고 무질서나 범죄에 대응하고, 대중의 건강이나 윤리를 수호하며, 타인의 권리와 자유를 보호하는 민주주의 국가의 필요성에 부합하고 적법한 경우" 권리를 제한할 수 있다는 단서 조항을 달고 있다. 이런 광범위한 단서 조항은 시민의 사생활을 침해하는 국가의 행위를 정당화할 뿐이다.

앞으로도 사생활 보호와 관련된 모든 법에는 항상 이와 같은 예외 조항이 따라 다닐 것이다. 1978년 제정된 "해외정보감시법"에 따라 미 법무부는 별도의 법정을 구성해 정부가 비밀리에 도청을 하겠다고 신청하는 영장을 처리한다. 1979년부터 2000년까지 해당 법정에 접수된 영장 신청 건수는 무려 1만 3천여 건이 넘었다. 그중 2건은 신청 사유를 수정한 뒤 영장이 발급되었고 영장 신청이 기각된 경우는 단 5건에 불과했다. 그래도 그때까지는 시민을 상대로 한 비밀 도청을 '금지하는' 시늉이라도 했지만 9.11 사건이 벌어지고 난 뒤에는 그런 형식적인 제재조차 무용지물이 되었다.

한편 에셜론을 국내 문제에 사용하는 일도 문제다.[30] 에셜론 프로그램 관련자들은 의회에 출석해 에셜론의 감시 대상을 공식적으로 조작한 사실이 없다고 증언했다. 마틴 루서 킹, 존 레넌, 제인

폰다 같은 진보 진영의 요주의 인물이나 1980년대 후반 우국충정으로 똘똘 뭉친 스트롬 서먼드 공화당 상원 의원이 그저 무작위로 선정된 도청 대상이었을 뿐이라는 뜻이다. 다이애나 왕세자비가 사망한 뒤, 미 국가안보국은 다이애나 왕세자비에 관한 1,056쪽에 달하는 기밀 정보를 수집했다고 인정했지만 자료는 공개하지 않았다.[31] 1999년 밥 바Bob Barr 의원은 미 국가안보국이 시민 간의 자유로운 대화 내용을 "저인망 방식으로 쓸어 모으면서 미국 시민의 사생활을 침해했다"는 이유로 에셜론에 대한 국회 청문회 개최를 추진했다.[32] 그러나 9.11 사건이 일어난 뒤로는 주변을 맴돌던 도청 기관들이 시민사회의 한복판으로 들어와 군림하게 되었다.[33]

이중 사고와 자기만의 방

많은 사람들이 사생활을 보호하려고 애써 왔지만 힘의 균형은 사생활을 파괴하려고 애쓰는 사람들 쪽으로 기울고 있는 것이 현실이다. "숨길 것이 없다면 두려울 것도 없다"는 서양의 경구는 그 어느 때보다 더 큰 '안보'를 요구하는 데 활용하기 딱 알맞은 말이라는 사실이 속속 입증되고 있다. 사생활이나 표현의 자유 같은 개념은 '후보자 토론회'에나 어울리는 말이고 정부는 사생활 보호를

스트롬 서먼드Strom Thurmond, 1902~2003

1948년 해리 트루먼 대통령이 인종 차별 철폐 조치를 들고 나오자 이에 반발하며 민주당을 집단 탈당한 남부 지역 정치인 중 한 명이었다. 사우스캐롤라이나 주 주지사로 재직하다 100살 고령까지 상원 의원을 지냈다. 인종 격리 정책을 끝까지 강력하게 옹호한 인물로, 1957년 민권법을 저지하기 위해 미 의회에서 무려 24시간 18분 동안 의사 방해 행위(필리버스터)를 한 것으로 유명하다. 옮긴이

촉구하는 단체에 쥐꼬리만 한 지원금을 주면서 알아서 하라고 떠넘길 뿐이다.

2007년 정보 공유에 관한 영국 재무부의 공식 입장이 바뀌었다. 개인의 동의를 받아야만 한다는 입장에서 기본적인 정보는 개인의 동의 없이도 공유할 수 있다는 입장으로 방향을 전환한다고 공표한 것이다. 이런 '입장 선회'는 정보 공유 문제에 '엄청난 파장'을 몰고왔다. 그러나 알고 보면 그 입장은 1990년대부터 영국 정부의 기본 입장이었다. 때문에 〈프라이버시 인터내셔널〉은 영국 정부가 이미 오래 전부터 "아주 기본적인 보호 장치조차 무시해 왔으면서도" 그런 사실을 숨겨 왔다며 비난했다.[34] 2009년 제정된 "검시와정의구현법" 152조는 아주 무해한 것처럼 보이지만 장관의 명령이 있을 경우 "유례없이 광범위한" 정보를 공유하도록 했고 권한을 가진 사람은 누구든, 애초 다른 목적으로 수집된 개인 정보를 비롯한 여러 정보를 공유할 수 있게 했다. 〈프라이버시 인터내셔널〉은 이 조항이 의료나 보험 지급 등의 목적에 사용될 경우 관련자는 환자의 동의를 받지 않고도 국민 건강보험의 개인 정보를 사용할 수 있다는 사실을 지적했다. 그 밖에 사설탐정이 경찰 정보망에 접속하는 것을 허용하며, 정부 부처나 비밀 정보기관이 의회의 동의를 받지 않고 개인의 금융 정보를 공유할 수 있다고도 지적한다. 정보를 관리하는 역량이 부족해 발생하는 사고도 빈번하게 일어난다. 2009년 〈로운트리 트러스트Rowntree Trust〉는 영국의 공공 기관이 보유한 46개 데이터베이스 중 11개가 유럽의 여러 나라에서 제정한 "정보보호및권리법Data Protection and Rights Laws"을 명백하게 위반했다고 밝혔다.[35] 한편 1989년 동독 국가보안성이 혼란에 빠진 사이, 그들이 관리하던 서류들이 공중 분해되었는데 독일 정부는 타인의 삶을 속속들이 살피기 위해 그 문서들을 어렵사리 복원하는 중이다. 루마니아 비밀경찰이 보관하던 파일은 아직도 건재하다.[36]

포인덱스터 제독은 통합 정보 인식 프로그램이 "안보와 사생활이라는 두 마리 토끼를 한꺼번에 잡을 수 있게 해 주는 기술"이라고 언급했다. 2004년 〈아시아태평양경제협력체Asia-Pacific Economic Community〉에서 채택한 사생활 기본틀도 "사생활 보호 강화와 원활한 정보의 흐름이라는 두 가지 목적을" 결합시킬 수 있다고 언급했는데 이는 포인덱스터 제독의 발언과 유사하다. 그러나 이런 생각은 모순을 내포하는 전형적인 이중 사고다. 정보는 권력이자 돈이다. 은행이나 대형 마트에 개인 정보를 내맡겨 본 경험이 있는 요즘 사람들은 자신들의 정보를 대량 유포하고 대량 보유하려는 정부에 금세 길들여진다. 페이스북, 트위터, 〈구글〉은 사생활을 침해하는 일에 국가만큼

●이중 사고doublethink―조지 오웰의 『1984』에 등장하는 신어. 서로 모순되는 두 가지 신념이 충돌없이 존재하는 것을 이른다. 소설에서 담은 기록을 조작함으로써 과거를 다시 쓰고, 사람들은 변경되기 이전의 과거는 아예 없었던 양 자연스럽게 조작된 과거를 받아들인다. 옮긴이

이나 깊이 연루되어 있고 감시 활동에도 크게 기여한다. 사람들은 가상의 공간에 '재미로' 자신의 정보를 노출시키지만 한 번 노출된 정보는 영원히 세계 속을 떠돌며 추적의 대상이 된다.[37] 언론은 이런 사이트를 통해 정보를 캔다. 탐사 보도 대신 페이스북에서 찾은

흥미로운 소식을 내보내는 음흉한 언론 덕분에 '대중의 관심'과 '공익'을 구분할 수 없게 되었다. 이는 프랑스에서 제기한 '잊혀질 권리Droit à l'Oubli', 즉 살면서 취소하고 싶은 거북한 일들로부터 자유로워질 권리라는 개념에도 위배된다.[38]

물론 페이스북에 올린 내용에 대한 책임은 페이스북 사용자가 지는 것이 맞다. 국가가 법으로 금지하지 않는 한 사용자가 올린 콘텐츠는 타인에 의해 수집될 수 있고 제3자에게 판매될 수 있다는 페이스북 이용 약관이 있는데도 사용자가 이를 제대로 읽지 않은 탓이기 때문이다. 그러나 사용자가 페이스북 이용 약관을 제대로 읽었더라도 회사는 아무때나 마음대로 이용 약관을 수정할 수 있다. 2009년 페이스북은 페이스북에 등록된 모든 데이터를 보관하고 마음대로 사용하기 위해 아무런 안내 없이 이용 약관을 변경했다. 사용자들은 등록한 콘텐츠를 언제든 삭제할 수 있지만 "회사는 사용자가 등록한 콘텐츠의 사본을 보관할 수 있다."[39] 이후 논란이 이어지자 페이스북은 방침을 바꿔 사용자들이 직접 사생활 보호 수준을 "조정하도록" 조치했다. 그러나 문제는 인터넷상의 모든 사람에게 정보를 노출하는 것이 기본으로 설정되어 있다는 점이다. 〈전자프런티어재단〉은 이를 두고 페이스북의 "명백히 의도적인" 조치라고 지적했다. 기본 설정이 이렇게 되어 있는 탓에 설정을 변경하지 않은 사용자들은 더 많은 정보를 공개해 타인과 공유하게 되며 그러는 만큼 자신의 정보에 대해서는 더 통제할 수 없게 된다.[40]

페이스북은 워싱턴과 브뤼셀에 로비 전담 팀을 두고 인터넷상의 사생활과 정보 공유에 대한 "페이스북의 철학"을 정부에 전달하고 납득시키려 애썼고 소비자를 보호하려는 "선한 의도를 지닌" 의원들의 노력이 "정보 공유를 통해 소비자들이 누릴 이득"을 가로막는다는 사실을 설득하기 위해 애썼다. 〈오픈라이트그룹Open Rights Group〉은 기업들이 유럽연합을 상대로 얼마나 쉽게 로비 활동을 하는지, 그리고 로비를 통해 양식 있는 시민이라면 인정하지 않을 법 제정에 얼마나 많은 영향력을 행사하는지 지적했다.[41] 〈구글〉의 설립 취지는 "온 세상의 정보를 모두 수집해 세계의 모든 사람이 보편적으로 그 정보에 접속해 유용하게 사용하도록 하는 것"이다. 그렇지만 무엇을 위해서, 그리고 누구를 위해서 그래야 하는 것인가?

빅 브라더적인 성향을 지닌 인터넷은 사람들에게 좋지 않은 영향을 준다. 인터넷은 대중을 보호하거나 대중에게 봉사하는 것이 아니라 자기 자신을 보호하는 데 여념이 없다. 조지 오웰의 소설 『1984』의 핵심 주제는 규제되지 않는 개인 공간의 발견이다. "승인받지 않고 반체제적이며 심지어 위험한 사상이 피어날 수 있다. 그런 사상은 새로운 발견, 혁신, 정치 변화의 촉매가 되기도 한다." 사생활은 창의적이고 혁신적이며 "사회에 긍정적인 영향을 미치는 미덕"이다. 심지어 사회 개혁에 필수적인 근본적인 반항과 불복종의 원천이기도 하다. 도리스 레싱Doris Lessing이 1978년 발표한 단편소설 『19호실로 가다To Room Nineteen』에는 창의력을 발휘하기 위해 자기만의 비밀 공간을 찾는 여주인공이 등장한다. 그러나 남편은 그런 아내를 의심하고 사설탐정을 고용해 아내를 미행하게 한다. 주인공의 사생활은 무참히 침해되고 결국 19호실을 포기하기에 이른다. 그와 동시에 주인공의 창의력도 함께 사라진다.

그러나 창의력을 위협하고 혁신의 목을 조르며 자기 검열을 강요하는 사회 현실 속에서 사생활을 보호해야 한다는 주장을 뒷받침할 근거는 턱 없이 부족하다. 결국 대중은 "자유도 살아 있어야 누리는 것"이라는 주문에 걸려들 것이다. 눈앞에서 폭탄이 터지는 상황에서는 좋은 책도 다 소용없다.[42]

감시 전문가 마리아 로스는 이렇게 말한다.

> 자신들의 삶에 보이지 않는 영향을 미치는 감시를 직접 경험한 사람들에게서 그들의 체험담을 들어 보자. 그러면 감시가 환경이나 문화 같은 추상적인 사회적 실체가 아니라 개인에게 구체적인 결과로 다가오는 실질적인 사회적 실체라는 점을 점차 깨닫게 될 것이고 나아가 감시 활동에 대해 진지하게 생각해 보게 될 것이다.[43]

한편 국제 보안 전문가 패트릭 라덴 키프Patrick Radden Keefe는 이렇게 말한다. "대중은 '냄비 안 개구리'입니다. 언젠가는 '우리가 어쩌다가 여기까지 왔는지 모르겠어' 하고 말할 날이 올 것입니다."[44] 사람들은 전면적인 감시에 큰 관심을 갖지 않는다. 그러나 "당신이 무슨 DVD를 봤는지, 어떤 책을 읽었는지에 대한 정보를 정부가 수집해도 괜찮다고 생각하세요?" 하고 묻는다면 그제야 무언가 문제가 있다는 사실을 어렴풋이 알게 될 것이다. 그러나 깨달았을 때는 이미 늦었다.

8 멋진 신세계

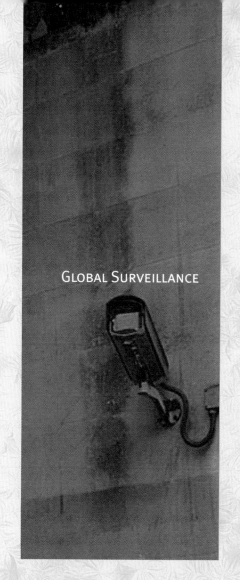

GLOBAL SURVEILLANCE

데이터베이스를 통합 관리하는 시스템은 왜 늘 보
안에 취약할 수밖에 없는가?
인터넷 세상과 신기술은 어떻게 우리를 감시하고
통제하는가?

멋진 신세계

감시 시스템도 살아남기 위해 몸부림친다. 새로운 영역에 몰래 다가가 더 많은 권력을 거머쥔다. 우리는 불신에 기초한 새로운 세계를 건설하고 있다. 그 세계는 말 그대로 누구도 감시의 눈길을 피할 수 없다는 점에서 위험천만한 세계다.

컴퓨터, 알고리즘, 데이터베이스는 사람들이 설계하고 유지·보수하며, 사람들의 손으로 프로그램되고 정보를 올려야 굴러간다. 그런데도 사람들은 거기에 무엇을 입력하든 오류가 없을 것이라고 여긴다. '기능 확장'이라는 현상은 특정 영역에서 사용되던 장치나 방법을 본래의 구상이나 목적을 넘어서 다른 영역으로까지 확대해 버리는 인간의 변함 없는 습성을 가리킨다. 제2차 세계대전 당시 영국은 신분증을 발행해 독일군 첩자를 가려내려 했다. 이후 1952년에 신분증 제도가 사라질 때까지 신분증은 일상생활에서 40여 가지 목적으로 널리 쓰였다. 기능 확장은 간단한 장치를 더 유용하게 사용하는 방법을 찾아내 그릇된 결정을 내리지 않도록 도울 수도 있고, 시스템을 '혁명적'으로 개선할 수도 있다. 즉, 기능 확장을 통해 투자 대비 정치적·경제적 이익이 극대화된다.

10년 뒤 같은 논리를 내세워 영국인의 정보를 보호한다는 미명하에 구축된 전국민 신분 등록National Identity Register 같은 시스템은 그 안에 담긴 정보를 판매해서 더 많은 수익을 낼 수 있었다.

새로 구축되는 모든 데이터베이스는 안보와 보호를 명분으로 내세운다. 그러나 모든 데이터베이스는 해킹의 위험*에 노출되어 있다. 〈마이크로소프트〉의 제리 피센덴Jerry Fishenden은 국가 신분 등록 시스템이 도둑을 끌어들이는 '보관소'가 되어 "그 어느 때보다 큰 규모의 신분 도용으로 이어질" 위험이 농후하다고 경고했다.[1] 그런 시스템은 항상 최신 보안 소프트웨어를 설치해 운영해야 하지만 새로 구축되는 모든 IT 시스템은 이런 저런 사소한 오류들과 취약성을 보완하느라 몇 달씩 시간을 허비하기 마련이다. 또한 이런 '초창기의 사소한 문제들'을 보완하기 위해 엄청난 패치 파일을 작성하더라도 국가 차원의 데이터가 연루된 일인 경우에는 적절한 대처로 보기 어려운 부분이 있다. 데이터베이스의 보안은 소수의 사람들이, 꼭

*패치 파일 – 이미 출시된 소프트웨어의 단점을 보완하기 위해 배포되는 프로그램을 말한다. 최상의 해결 방안이라기보다는 임시방편으로 활용된다. 옮긴이

알아야 할 필요가 있는 정보에만 접근한다는 엄격한 원칙에 입각해 접속할 때만 지켜질 수 있다. 그러나 정부 데이터베이스는 정부의 모든 부처와 관련 민간 기관의 모든 사람들이 접근할 수 있도록 설계된다. 데이터베이스 접근 권한을 가진 수백만 명 중 "대부분은 데이터베이스 보안에 대해 아무 생각이 없을 것이고 나쁜 마음을 품고 의도적으로 데이터베이스를 악용하는 사람도 나올 것

이다."2)

해킹으로부터 안전한 데이터베이스(혹은 RFID나 생체 정보)는 없다. 사람과 컴퓨터가 결합하면 더 거대한 규모의 재난이 쉽게 일어날 수 있다. 2007년 10월, 영국 아동 2천5백만 명의 정보가 담긴 아동 수당 데이터베이스를 담은 시디 두 장이 통째로 분실되었다.

■ 깊이 읽기

나의 정보는 어디로 흘러갔을까?

2012년 7월 온라인 설문조사 기업 〈두잇서베이〉가 조사한 바에 따르면 국내 네티즌 10명 가운데 9명은 자신의 개인 정보가 유출되었다고 생각하는 것으로 드러났다. 개인 정보를 노린 대규모 해킹 사건이 계속해서 발생하는데도 아직까지 마땅한 대책이 마련되고 있지 않은 게 현실이다. "개인정보 보호법"이 시행된 지 1년이 지났지만 공공 기관은 물론이고 민간 기업의 80퍼센트 정도가 관련 규정을 제대로 지키고 있지 않다는 점도 문제로 지적된다. 그동안 국내에서 발생한 대규모 개인 정보 유출 사건을 정리하면 다음과 같다. 옮긴이

• 2012년 7월 KT 이동전화 가입자 870만 명
• 2012년 5월 EBS 홈페이지 회원 400만 명
• 2011년 11일 〈넥슨〉 "메이플스토리" 가입자 1,320만 명
• 2011년 7월 〈네이트〉 가입자 3,500만 명
• 2010년 1월~2011년 8월 〈삼성 카드〉 고객 192만 명
• 2010년 3월 〈신세계닷컴〉, 〈아이러브스쿨〉 외 국내 25개 사이트
  회원 2천만 명
• 2008년 2월 〈옥션〉 회원 1,081만 명

그로부터 2개월 뒤 미국 운전면허 시험 응시자 3백만 명의 개인 정보가 분실되었고 같은 달 영국 국민건강보험공단 9개 지사는 보험 환자 수십만 명의 정보가 분실된 사실을 인정했다.

범죄자를 잡을 수 없다면 잡을 수 있는 사람을 범죄자로 탈바꿈시키면 된다. 미 연방수사국 요원은 비행 금지 명단에 많은 사람의 이름을 올렸는데 "체제를 비판하는" 반전 잡지를 출판했다는 사소한 이유로 명단에 오른 사람도 있었다. 매주 명단에 추가해야 할 인원수를 할당 받은 미 연방수사국이 이를 채우기 위해 무리하게 이름을 올려 억울하게 희생된 사람이 많았다. 이 모든 게 반대 세력을 잠재우는 데 활용되었고, 점차 입맛이 까다로워지는 유권자들을 겨냥하려는 정치 홍보팀의 전략과도 맞아 떨어졌다. 결과적으로 진정한 민주주의를 붕괴시키는 통제라는 사회악을 창출해 냈다. 경찰의 협박이나 사생활 침해에 대한 여론조사에 따르면 영국인의 3분의 1은 저항에 참여한다는 의사를 밝혔지만[3] 이들이 페이스북, 블로그, 이메일, 문자메시지, 트위터, 각종 사진, 방문한 웹페이지에 남긴 댓글은 영원히 남아 누군가에게 수집될 것이다.

〈세상에서 가장 터프한 경찰 비디오The World's Wildest Police Videos〉 같은 선정적인 텔레비전 프로그램에 판매되는 CCTV 녹화 화면은 대중들의 공포 심리를 자극해 세계가 끊임없는 폭동으로 들끓고 있으

• 〈세상에서 가장 터프한 경찰 비디오〉―1998년에서 2002년까지 〈폭스TV〉에서 방영한 리얼리티 프로그램으로, 세계 곳곳의 경찰 비디오를 수집해 차 추격전, 현장 검거, 강도, 폭동, 그 밖에 다양한 범죄 현장을 보여 준다. 2012년 5월부터 새로운 에피소드를 방영하고 있다. 옮긴이

며 따라서 경찰과 CCTV에 의한 감시가 필요하다고 설득한다. 고작 몇 초에 불과한 기록을 남기기 위해 애써 악행을 저지르는 멍청이도 있다. 휴대전화 카메라를 이용해 (모르는 사람을 무작위로 공격하는) "묻지마 폭행", 집단 강간, 런던 워털루에서의 하룻밤, 살인 장면을 녹화해 그 영상을 친구들이나 인터넷에 유포하는 청소년들이야말로 가장 극단적인 사례일 것이다. 새로운 기술은 새로운 범죄를 유발한다. 2006년, 리버풀 세프튼 의회의 CCTV를 관리하는 두 사람이 어느 여성의 집을 염탐해 벗은 모습을 관찰했다는 혐의로 수감되었다. 2009년, 런던경찰청은 1천4백만 파운드 규모의 부정을 저지른 런던 소재 신분증 카드 제조 공장 20곳을 적발해 폐쇄했다.[4] 신분 도용은 점차 큰 사회문제로 자리 잡아가고 있다. 이스라엘 비밀 정보기관 모사드는 2010년 1월, 하마스 지도자인 마흐무드 알-마부Mahmoud al-Mabhou를 저격한 집단이 영국 시민의 여권 수십 장을 복제해 사용했다는 증거를 잡았다.[5]

● 하마스-팔레스타인에 기반을 둔 이슬람 원리주의 단체로 하마스는 원래 '용기'라는 뜻이다. 1987년 반이스라엘 단체로 창설되어 무장 투쟁(인티파다)을 계속해 오다 2006년 팔레스타인 자치 정부의 집권당이 됐다. 옮긴이

데이터베이스와 그 안에 들어 있는 정보는 데이터베이스를 구축하고 정보를 채워 넣고 유지 · 보수를 하는 사람이 누구냐에 따라 안전 여부가 결정된다. 그러나 그들 대부분은 제대로 훈련을 받지 않은 상태에서 일에 투입되며 저임금과 고된 노동에 시달린다. 사람들이 제출한 정보는 뇌물이나 협박을 받은 관리자에 의해 타인의 손에 넘어간다. 〈영국정보위원회사무

소〉는 200파운드만 지불하면 사설탐정이 범죄기록청 데이터베이스를 열람할 수 있다는 사실을 확인했다. 조직 폭력배, 납치범, 인신매매범에게는 참으로 약소한 액수가 아닐 수 없다.

건초더미를 점점 더 높이 쌓아 올려 봐야 거기 숨어 있는 바늘을 찾는 일만 더 어려워질 뿐이다. 50만 명이 넘는 '용의자들' 속에서 속옷 폭탄 테러범의 실체가 사라져 버린 것처럼 진짜 범인은 오히려 주목을 덜 받게 되고 사람들은 허상뿐인 안전 의식을 가지게 된다. 미 국방안보고등연구계획청 전前 청장이자 통합 정보 인식 프로그램 테러리스트 추적팀장인 스티브 루카식Steve Lukasik은 이 시스템이 "그릇된 안전 의식을 양산할 수 있다"고 지적한다. "테러리스트보다 무고한 사람을 찾는 경우가 더 많을 정도로 시스템에 문제가 많다."[6]

위험한 세계 속에서 더 안전한 통치 체제를 창조하려는 시도는 사생활을 파괴하고 민주주의를 훼손하는 경향이 있다. 따라서 정부는 자신이 맞서고자 하는 위험보다 더 큰 위험을 지어내게 된다. 에스토니아는 전자 정부가 할 수 있는 일과 해야 하는 일이 무엇인지 잘 보여 주는 모범 사례로 꼽힌다. 시민들은 온라인상에서 간편하게 세금을 내고 투표를 하며 개인 정보를 수정할 수 있었다. 정부, 기업, 은행 웹사이트가 "분산 서비스 거부(distributed denial of service, DDos)" 즉 디도스 공격▪으로 마비되기 전인 2007년 봄까지는 아무 문제 없었다. 공격을 받은 뒤 각 부처 장관은 나흘 동안 이메일을 열어 볼 수 없었고 중앙은행인 〈해너뱅크Hannabank〉는 백억 달러 규모의 손실을 입었다. 러시아는 소규모로 이뤄진 이번 니

도스 공격이 애국심에 불타는 러시아 해커들의 소행이라고 주장
했지만 사실은 에스토니아 수도 탈린에 있던 제2차 세계대전 참
전 용사상의 위치를 변경한 데 대한 러시아의 보복이라는 주장도
있다. 아무튼 이번 사건은 전 세계 어디에서든 누군가 자판 한 번
만 두드리면 정부 전체를 마비시킬 수도 있다는 사실을 만천하에
보여 주었다.

표준화는 한 군데서 취약성이 발견되면 전 세계 시스템을 위험
에 빠뜨릴 수 있다는 뜻이기도 하다. 전 세계 휴대전화의 80퍼센
트에 해당하는 40억 개의 휴대전화가 GSM(Global System for Mobile
Communication) 시스템을 이용하며 그 수는 날로 늘어가고 있다.

▪ 깊이 읽기

인터넷에 좀비가 산다?

디도스란 여러 대의 컴퓨터를 일제히 동작하게 해서 특정 사이트를 공격하
는 해킹 방식의 하나다. 해커가 공격 도구를 여러 컴퓨터에 심어 놓고(좀비
컴퓨터) 목표 사이트의 컴퓨터 시스템에 엄청난 분량의 패킷을 동시에 범람
시켜 네트워크 성능 저하나 시스템 마비를 불러온다. 웹사이트의 트래픽을
비정상적으로 늘려 해당 사이트의 서버를 마비시키는 게 목적이다.
국내에서는 2009년 7월 7일, 역대 최대 규모의 디도스 공격이 발생해 청와
대, 국회, 국방부 등, 주요 기관의 홈페이지 25개 사이트가 일시적으로 다운
되는 사건이 있었다. 당시 디도스 공격으로 피해를 입은 좀비 컴퓨터 신고
는 1천2백 건을 넘어섰다. 옮긴이

▶ 참고─〈네이버〉시사 용어 사전 http://terms.naver.com/entry.nhn?docId=932407&mobile&categoryId=390
　　　http://terms.naver.com/entry.nhn?docId=68779&mobile&categoryId=505

GSM 시스템은 몇 조 개가 넘는 경우의
수를 창출하기 때문에 기본적으로 해킹
이 불가능하다는 A5/1 알고리즘을 이용
해 통화 내용과 문자메시지 내용의 보안
을 유지한다. 그러나 독일 과학자들이 작
심하고 도전해 3만 달러짜리 장비로 GSM
시스템을 해킹하는 데 성공했다.[7] 사실
69.96달러만 있으면 누구나 〈E-스텔스
E-Stealth〉에서 판매하는 "휴대전화 도청

• GSM – 시분할 다중 접속
(TDMA) 방식의 변종으로,
TDMA, CDMA와 함께 가장 널
리 사용되는 디지털 무선전화
기술 가운데 하나다. GSM은
유럽 무선전화의 표준으로 자
리 잡았다. 전 세계적으로 1억
2천만 명 이상의 사용자를 가
지고 있으며 120개국에서 사
용되고 있다. 옮긴이

종결자Ultimate Mobile Phone Spy"를 구입해 블루투스를 사용하는 휴
대전화나 노트북을 해킹할 수 있다. 즉, 남편이나 아내에게 "더 이
상 속지 않아도 되며 욕실에서 몰래 통화하는 일도 사라지게 할 수
있다." 미 법무부가 〈E-스텔스〉를 시장에서 퇴출시키지 않는다면
〈E-스텔스〉는 계속 "당장 구입하세요!"를 외칠 것이다.[8]

　자칭 따분한 영국 얼간이라는 개리 맥키넌Gary McKinnon은 미
확인비행물체에 대한 정보를 수집하는 과정에서 유선으로 연결
된 컴퓨터와 "해킹하는 법"이라는 제목의 책 한 권 달랑 들고 미
국방부와 미 항공우주국의 네트워크를 여러 차례 해킹했다. 2009
년 체포된 맥키넌은 2010년 현재까지도 미국으로의 범인 인도에
저항하며 버티고 있는데 만일 맥키넌이 미국으로 인도된다면 40
년 징역형을 선고받게 될 가능성이 매우 높다. 디지털 기기가 태
생적으로 지닌 이 같은 취약성 때문에 영국의 비밀 정보기관은 몇
년 넘게 조직의 디지털화를 거부해 왔다.[9] 이제는 〈엑스페리온

Experian〉에 인수된 미국 회사 〈메트로메일MetroMail〉은 고객을 대상으로 설문 조사한 내용을 컴퓨터에 입력하는 일을 재소자들에게 맡기곤 했다. 덕분에 실형을 선고받은 강간범과 절도범이 비벌리 데니스라는 할머니를 스토킹하는 사건이 벌어졌다. 그들은 편지에 데니스 할머니가 좋아하는 잡지와 비누 이름 등을 적어 보냈다. 비벌리 데니스는 〈메트로메일〉을 상대로 소송을 냈지만 소송에서 데니스가 작성한 25쪽 짜리 설문 조사지 안에 들어 있던 치질약에 대한 내용을 범죄자들이 언급했는지 여부는 공개되지 않았다.[10]

감시, 대형 마트를 휩쓸다

신용과 부채를 바탕으로 성립된 경제는 점점 더 많은 규율과 감시를 요구한다. 총체적 감시가 정상적인 것으로 받아들여지는 현상은 1980년대 서구 전역에 쇼핑센터가 등장하면서 함께 도래했다. 쇼핑센터는 눈을 씻고 찾아봐도 개성이라고는 찾을 수 없는 완전히 통제된 상업 공간으로, 오로지 소비자에게 물건을 판매하기 위해 존재하는 공간이다. 쇼핑센터는 홍보를 위해 엄청난 양의 고객 정보를 수집해 관리하는데, 은행 고객 기록상에서 문제가 없는 것으로 확인된 신용카드 사용 실적을 참고한다. 쇼핑센터에서 물건을 구매하는 고객은 쇼핑센터가 의도적으로 구획한 공간에 맞춰 행동하며 그런 행동은 CCTV의 감시를 받는다. 과거에는 사람이 직접 CCTV를 조작했지만 이제는 〈포인트그레이PointGrey〉

에서 만든 "센시스3D 사람 추적 시스템Censys3D People Tracking System"에 따라 자동으로 작동하며 감시뿐 아니라 고객 정보 수집 활동까지 동시에 수행한다.[11]

공공장소 역시 민간이 운영하는 감시 사업의 보호를 받는다. 보안이라는 목적을 앞세우다 보면 개인의 사생활은 뒷전으로 밀려나기 일쑤다. 사적 공간인 가정에서 이뤄지는 대화나 통신도 소비자 편의나 국가 안보라는 미명하에 국가나 민간이 운영하는 감시 수단에 잠식되어 가고 있다.

대형 마트는 신분증 사용을 정상적인 활동으로 인식하게 만든 일등 공신이다. 영국에서는 18세가 되면 공식적으로 술을 마실 수 있다. 그러나 "25세까지도 신분증 확인을 습관화해 달라"는 당국의 요구에 시달리는 상점에서는 보통 21세 이하로 보이는 모든 사람에게 신분증을 요구한다.[12] 따라서 영국 정부가 추진하는 신분증 제도를 시민들이 거부한다 해도 민간 부문에서는 언제 어디에서든 신분증을 소지하는 것이 기정사실이 되어 가고 있는 것이다. 2009년 무렵에는 신분증 제도에 대한 대중의 지지가 약해지면서 영국인의 40퍼센트만이 자발적으로 신분증 발급에 동참했다.[13] 이에 따라 민간 부문은 "10년쯤 지나면 신분증이 없이는 일상생활이 불가능해질 것"이라고 주장하면서 "신분증은 필요할 뿐 아니라 바람직한 것이라는 사실을 대중에게 납득시키기 위해" 적극적으로 홍보하고 나섰다.[14]

고객은 '고객 카드'를 받기 위해 대형 마트에 엄청난 양의 정보를 내놓는다. 고객 카드가 있으면 특정 제품을 할인받을 수 있는

데, 사실 그 때문에 다른 물건의 가격이 상승할 수 있어 고객 카드를 발급받는 것조차 어려운 가난한 사람들에게 더 큰 고통을 안겨줄 가능성이 있다. (조지 오웰의 소설 『1984』에는 초콜릿 배급이 20그램으로 줄어든 것이 불과 하루 전이라는 사실을 잊은 노동계급 사람들이 배급량을 30그램으로 늘린다는 소식을 듣고 기뻐하는 장면이 나온다.) 물론 대형 마트가 내는 이익의 75퍼센트는 전체 고객의 30퍼센트가 만들어 주는 것이다. 조금 심하게 말하면 캐비어를 판매하기 위해 쌀 판매 코너를 없애 버릴 수도 있다는 말이다.[15]

소득에 따른 사회적 불평등은 점점 더 심각해지고 있는데 고객의 개인 정보를 수집하는 기업 활동은 사태를 더 악화시킨다. 특히 대형 마트가 독보적이다. 〈테스코〉와 〈월마트〉 같은 다국적기업은 단순한 식료품점을 넘어 사람들의 일상생활 깊숙이 침투했고 심지어는 도시계획 같은 공공사업에까지 큰 영향을 미치게 되었다. RFID는 전 세계에서 생산되고 소비되고 버려지는 상품에 내장되어 구매자와 소비자를 환경오염이나 범죄적인 기업 활동에 연루시키는 지구적 흔적을 남긴다.

"요람에서 무덤까지"라는 구호는 모든 것을 아우르는 국가에만 적용되는 말이 아니라 민간 기업에도 적용된다. 신용카드로 임신 진단용 키트를 구입한 여성은 9개월 뒤 기저귀나 분유 구매 정보를 담은 광고지를 받게 되고 〈월마트〉에서는 장례식에 쓰이는 관을 판매한다. "어머니를 기리며" 또는 "아버지를 기리며"라는 문구가 새겨진 철제 관은 895달러이고 청동 관은 2,899달러다.[16] 한편 요청이 있을 경우 죽은 자의 페이스북을 추모 장소로 사용할 수도

있다.[17]

대형 마트는 경찰 민영화에 찬성한다. 런던 지역의 백화점들은 매장 감시ShopWatch라는 프로그램을 운영하는데, 이를 통해 수갑과 무기를 지닐 수 있고 체포권을 가진 특별 순경직 지원자들을 훈련시키고 현장에 배치하는 과정을 후원한다. 이런 생각들이 발전해 병원 감시HospitalWatch, 버스 경찰BusBeat, 학교 감시CampusWatch가 되었다.[18] 2009년에는 쇼핑센터에 나쁜 짓을 한 사람의 사진을 찍고, 지문을 날인하고, DNA 샘플을 채취할 수 있는 자체 억류소를 설치해 체포되기 전 몇 시간 동안 범죄자를 가둬 둘 수 있게 해야 한다는 제안이 등장했다.

초국가가 등장해 개별화된 마케팅으로 사회적 구분을 더 공고히 하고 분리를 심화하는 대형 마트와 유사한 방식으로 나라를 운영할 것이라는 두려움은 덜하지만, 대형 마트가 국가처럼 되어간다는 것은 부인할 수 없는 현실이다. 집으로 식품을 배달하던 트럭에서 좀도둑을 잡기 위해 사전 구속영장을 소지한 보안 인력이 쏟아져 나올 날도 멀지 않았다.

우리가 살아가는 오늘날의 세계는 중국이 지향하는 '시장적 스탈린주의'를 향해 맹렬하게 돌진하고 있다. 중국 시민은 순응적인 태도로 국가가 운영하는 거대 국영기업에 이득이 되도록 행동하고 소비할 때만 자유를 누린다. 만일 반대 의사를 표시한다면 국가의 탄압을 받게 된다. 이는 한 나라가 가진 단일 데이터베이스로는 세계에서 가장 거대한 규모를 자랑하는 황금 방패Golden Shield 덕분에 가능했다. 1998년 공안부는 중국 민주당의 위협에 맞서기 위해 처음으로 황금 방패를 도입했고 민주당원들을 체포해 투옥했다. 그 뒤로 황금 방패는 감시와 검열을 결합한 형태로 발전해 더 자유롭고 민주적인 사회를 갈망하는 불만 세력을 견제하고 중국 정부와 황금 방패 정책을 지지하는 민간 기업을 보호하는 역할을 담당하게 됐다.[19] 만리장성Great Firewall이라 불리는 방화벽은 인터넷에 접속하는 사람들의 흔적을 감시하고 통제한다. 그러다 조금이라도 미심쩍은 활동이나 댓글이 나타나면 최초의 발원지를 추적해 체포한다. 때로는 〈마이크로소프트〉, 〈구글〉, 〈야후〉도 최초로 글을 올린 사람을 추적하는 일에 동참한다. 〈국제인권과민주주의발전센터International Center for Human Rights and Democratic Development〉는 중국이 "음성과 안면 인식기, CCTV, 스마트카드, 신용 정보, 인터넷 감시 기술을 결합한 총체적인 감시망과 거대한 온라인 데이터베이스"를 구축하려는 계획을 세우고 있다고 밝혔다.[20]

중국과 국경을 맞댄 북한은 빅 브라더의 할아버지 격이다. 굶주림에 시달리고, 외교적으로 고립되어 있으며, 경제는 피폐하고, 빈곤이 심화되고 있는데도 주민은 서로를, 그리고 모든 외국인을 의심하면서 당과 위대한 영도자를 칭송한다. 북한 정부는 CCTV나 정보 통신, 대형 마트와 은행을 활용할 기술도 없고 전력도 부족한 대신 출신 성분을 이용해 주민을 통제한다. 혁명에 얼마나 충성을 다하느냐에 따라 부여되는 출신 성분은 개인의 사회적 지위를 뜻한다. 기업의 홍보 전략이 소비자를 소득 수준에 따라 구분하듯이 북한은 출신 성분을 크게 3단계로 구분한 뒤 다시 51단계로 세분화한다. 개인의 출신 성분은 부모로부터 물려받는다. 따라서 혁명에 참여했거나 일본이나 미국에 맞서 싸운 조상을 둔 사람은 토지소유주나 반혁명에 가담한 조상을 둔 사람에 비해 사회적 전망이 더 밝다. 그러나 개인이 어떻게 행동하느냐에 따라 출신 성분도 변할 수 있다. 가족 중 한 사람이 범죄를 저지르면 가족 모두가 투옥된다. 태어나기 전에 있었던 일도 신분증에 모두 기록된다. 북한은 지극히 정적인 사회다. 전면전, 경제제재, 기아, 환경 파괴를 겪고 세계로부터 고립된 상태로 무려 60년을 생존해 왔다. 가장 강력한 통제 체계를 구축함으로써 생존을 보장받은 것이다. 최고 권력자는 재난에도 아랑곳하지 않고 시민의 희생에도 눈 하나 깜빡하지 않는다.

서구 국가에 더 걸맞는 모형은 아마 20세기 이탈리아의 독재자 무솔리니가 펼친 조합주의 파시즘일 것이다. 조합주의 파시즘은 '전능한' 국가가 시민의 안전을 보장하는 가운데 기업이 번영한다는 주장을 폈다.[21] 오늘날 감시는 소비주의에 기여하는 방향으로 이용되는 것 같다. 그러나 기후변화, 테러리즘, 인구 증가의 압박이 부자와 소비 중심 국가의 번영을 위태롭게 하고 있기 때문에 감시는 곧 소비주의가 아닌 다른 길을 찾게 될지도 모른다. 감시 및 보안 산업은 반체제 세력으로부터 국가를 보호하고 해안으로 몰려드는 망명 신청자나 난민을 차단하는 요새로 기능하는 등, 위기에 처한 국가를 관리하는 일로 더 큰 이익을 보게 될 것이다.

거대 기획과 스마트 더스트

서로 다른 계획이라도 결말은 항상 동일하다. 미 국방부의 통합 정보 인식 프로그램, 영국의 신분증 제도나 콘택트포인트 사업은 결국 무산되었다. 그러나 공공이 추진한 것이든 민간이 추진한 것이든 민과 관이 합동으로 추진한 것이든, 무산된 데이터베이스의 정보는 사람들 대부분이 인식하지 못하는 사이에 이곳저곳을 떠돌아 다닌다. 미국과 유럽을 가로지르는 여러 개의 '융합 센터'는 이 모든 데이터를 모으고 체로 걸러 공공이든 민간이든 할 것 없이 잠재적인 테러 위협과 관련된 '다양한 전망'을 이용자들에게 제시해 준다.[22] 보안 문제에 대해 민간과 국가가 힘을 합한 가장 좋은 사례는 세계에서 가장 많은 개인 정보를 보유한 민간 기업으로 악명을 날리는 〈구글〉이다. 〈구글〉은 구글 운영 체계의 '약점'을 잡기 위해 하루에 국회도서관 3개 분량의 정보를 수집한다는 미 국가안보국과 손잡았다.[23] 사람들은 미 국가안보국이 이미 〈구글〉의 모든 정보를 확보했을 것이라고 생각한다.

휴대전화, 신분증, 신용카드에 이미 장착된 RFID에다 GPS를 결합한 장치가 개발을 눈앞에 두고 있다. 바로 세계를 진짜 거미줄처럼 엮어 낼 '스마트 더스트'다. 스마트 더스트는 먼지처럼 작은 센서 몇 조 개를 뿌려 두고 도시, 교통, 날씨, 자연환경, 사람 등 무선 랜을 통해 주고받는 모든 정보를 감시하고 전송하게 하는 기술이다. 가히 "지구의 신경 말단을 이루는 전자 장치"라 칭할 만하다.[24] 비용과 기술 정체 문제로 본격적인 출시가 미뤄지고 있지만, 기업들이 무엇이든 추적할 수 있는 통합적인 그물망에 사람을 엮어 넣을 센서를 휴대전화에 장착하려는 연구에 몰두하고 있으니 곧 등장하게 될 것이다. 〈전자프런티어재단〉은 이를 두고 거대하고 역동적이며 거의 알아챌 수 없는 전 세계적 네트워크를 활용한 "아주, 아주, 아주 거대한 사생활 침해"라고 언급했다.

　세계화는 안보 문제를 총과 폭탄의 문제에서 환경문제와 금융 문제로 바꿔 놓았고 이데올로기의 문제에서 인종 문제로 바꿔 놓았다. 한때는 미국이 냉전 구도를 강력하게 수호했지만 이제는 유럽, 캐나다, 일본, 오스트레일리아가 모든 이슬람교도를 적으로 간주하면서 초국적 안보 체제를 형성하고 있다. 남반구 시민의 개인 정보를 데이터베이스화 해 유용한 경우든 위협이 되는 경우든 아무 때나 그 정보를 검색할 수 있는 시대가 되었다. 유럽연합 회원국이 아닌 나라에서 영국으로 유학 온 학생은 위험도를 평가받고, 생체 정보를 담은 신분증을 소지하며, 평균보다 훨씬 비싼 등록금을 내고, 이슬람교도나 '아시아계로 보이는' 학생을 특별 감시하라는 임무를 부여받은 경비원의 감시 대상 1호가 되며, 영국 내무부나 런던경찰청 특수부가 조금이라도 수상하다고 판단하면 불복종을 이유로 곧바로 구금되거나 벌금을 물게 된다.[25] 한때 사람들은 실재하는 다른 사람을 만나 의견을 묻고 중대사를 결정하곤 했지만 지금은 쓰나미처럼 쏟아지는 자동화되고 무책임한 정보에 의존해 중대사를 결정한다. "그렇다면 결정을 내리는 당신은 어떤 존재인가?" 개인 정보와 생체 정보를 의무적으로 수집하는 정책은 G8이 처음 도입했고 미국과 유럽연합으로 퍼져나갔다. 9.11 사건으로 사람들은 냉전 시대에도 꿈조차 꿀 수 없었던 유례없이 강력하고 큰 권력을 용인하고 규범으로 받아들인다.

새로 들어서는 정부들은 이런 추세를 좀처럼 역전시키지 못하고 있다. 유럽연합 회원국 정부 대부분은 시민의 권리를 옹호하는 편에 서 있지만 오바마 정부는 대중의 의혹과 폭로를 차단하기 위해 국가 안보라는 개념을 불러일으킨 부시 정부만큼이나 국가 안보에 민감하게 반응하고 있는 것이 현실이다. 국가 기밀 유지라는 망토 뒤에 숨어 있는 안보 기관은 기소조차 당하지 않는 권력을 향유하며 우리의 일상을 마음대로 뒤지고 다닌다. [『워싱턴 포스트』가 연속 보도한] "미국 최고의 기밀Top Secret America"은 9.11 사건 이후 미국 정보기관 예산이 750억 달러로 세 배 증가했고, 극단주의에 대처하는 일을 하는 정부 기관 263곳이 신설되어 총 1,271개 기관이 활동하고 있으며, 최고급 보안 등급을 부여 받은 85만 4천 명이 매년 5만여 건의 비공개 보고서를 생산하고 있다고 보도했다.[26)]

우수한 혈통

수세기에 걸쳐 '우수한 혈통'이라는 관념은 뛰어난 경주마를 가려내거나 충성심을 확인하고 인종을 차별하는 근거로 활용되어 왔고 나중에는 골상학과 우생학이라는 '과학'의 뒷받침을 받아 나치의 홀로코스트를 불러왔다. 오늘날 DNA 연구자들은 DNA로 범죄자를 추적할 수 있을 뿐 아니라 DNA에 범죄 성향이 각인되어 있다는 전제하에 연구를 수행한다. 〈진워치〉는 "폭력성, 동성애, 우울증, 중독 성향 같은 사람의 행동 성향과 유전자의 연결 고리를 발견했다고 주장하는 연구가 많다. 이런 연구야말로 우리 사회의 현주소를 보여 주는 시금석"이라고 언급했다.[27] 문제는 누가 '유전자 별점'을 믿느냐 하는 것이다. 2007년 당시 프랑스 대통령 후보였던 니콜라 사르코지는 소아 성애자는 "애초에 그렇게 타고난다"고 주장해 물의를 빚자 얼른 말을 바꿨다. 한편 베스트셀러가 된 『괴짜 경제학: 상식과 통념을 깨는 천재 경제학자의 세상 읽기 Freakonomics: A Rogue Economist Explores the Hidden Side of Everything』에서 스티븐 D. 레빗Steven D. Levitt 시카고 대학교 경제학 교수는 1973년 로 대 웨이드 사건▪의 판결 덕분에 1990년대 들어 미국 도심의 범죄율이 크게 떨어졌다고 주장했다. 그 판결로 낙태가 합법

▪ 깊이 읽기

로 대對 웨이드Roe vs Wade 사건

두 아이를 입양시킨 전력이 있는 미국 댈러스의 노마 매코비(가명 로)는 세번째 아이를 임신하자 낙태 수술을 받고 싶었다. 그 당시는 미국 어디에서나 낙태가 불법이었다. 그녀는 사람들을 규합하여 정부를 대상으로 낙태 합법화를 위한 집단소송을 제기했다. 피고는 댈러스의 지방 검사였던 헨리 웨이드였다. 결국 1973년 미 연방 대법원은 이 재판에서 로의 손을 들어 주었고, 이때부터 전국에서 낙태가 합법화되었다. 이것이 그 유명한 로 대 웨이드 사건이다. 이 사건은 미국 권리장전을 뛰어넘는 권한을 미국민에게 허용한 판례로 늘 회자된다. 옮긴이

화되면서 훗날 범죄자가 될지도 모를 수백만 명이 세상에 태어나지 않아 범죄가 줄어들었다는 주장이다. 원치 않는 아이에게는 세상에 태어나기도 전에 미리 사형선고를 내릴 수 있다는 사실을 꼬집은『괴짜 경제학』은 수백만 명의 독자를 사로잡았고 〈전미경제학회American Economic Association〉에서 수여하는 상도 받았다.

플로리다 주립 대학교가 2천 명의 미국 청소년을 대상으로 수행한 연구 조사에서 MAOA라는 특정 형태의 유전자 조합을 가진 남성은 조직 폭력배가 되어 무기를 사용하는 경향이 훨씬 높게 나타나는 것으로 나타났다. 그러나 연구 책임자는 이런 결과가 "특정한 유전자를 지닌 사람 모두가 폭력 성향을 지니거나 조직 폭력배가 된다는 말은 아니지만 그런 가능성이 전혀 없다고 할 수도 없다"고 덧붙였다.[28] 역사적, 환경적, 사회·경제적 요인은 언제나 모든 측면에서 아주 복잡하게 얽히면서 세계를 형성해 왔다. 정보는 그런 현실을 반영할 뿐 예측하지는 못한다. 선천성이냐 후천성이냐의 문제를 해결하려면 상상할 수도 없을 만큼 많은 정보를 축적해야 할 것이다. 영국의 생체 정보 은행 사업은 50만 명의 DNA 정보와 십여 년 간의 생활 방식을 분석해 유전자와 환경이 어떤 방식으로 상호작용 해 사람을 나쁜 행동으로 몰아가는지, 그리고 그런 일을 막을 방법은 무엇인지 알아보려 한다. 물론 연구 참가자들은 모두 자발적으로 참여해야 하며 그들의 유전자 정보는 무슨 일이 있어도 보호되어야 한다는 것이 전제되어야 할 것이다.

컴퓨터 가라사대, 회사를 떠나거라

기술 결정주의가 우리 문화에서 큰 문제로 대두되고 있다. 기술이 개발되고 그 기술을 사용해야 할 명분이 만들어지면 모든 사람은 전능하신 기술 앞에 무릎 꿇고 컴퓨터의 결정을 기다려야 한다. 〈구글〉은 직원의 근태, 승진, 급여 기록 등을 검토해 회사를 그만둘 가능성이 높은 직원을 예측해 내는 애플리케이션을 개발하는 중이다. 라즐로 복Laszlo Bock 〈구글〉 인적자원부장은 『월 스트리트 저널Wall Street Journal』과의 인터뷰에서 이 애플리케이션을 이용하는 회사는 "직원 스스로 회사를 떠날 생각을 미처 하기도 전에 그 직원의 머릿속을 들여다봄으로써" 경영에 큰 도움을 받을 수 있을 것이라고 주장했다.[29] 〈카타포라Cataphora〉는 직원의 이메일이나 통화 내역, 문서를 분석해 직원들의 '정서적 어조'를 파악할 수 있는 프로그램을 운영한다. 이 프로그램은 회사 내에서 이뤄지는 역동적인 친분 관계를 상세히 알고 싶어하는 법무 법인이나 경영 자문업체의 요구에 따라 개발된 것으로 직원들이 사용하는 언어나 대문자로 글을 쓰는 성향 등을 분석해 고민 상담을 가장 많이 해주는 사람에서부터 가장 많이 욕 먹는 사람에 이르기까지 인간관계를 분석해 낸다.[30] 행복한 직원이 내부 고발자가 되는 법은 거의 없다. 그러나 불만을 가진 직원은 업무를 태만히 하고 남을 험담하며 수백만 달러가 걸린 책임을 미루기 급급하다. 그런 사람들에게 컴퓨터는 "회사를 떠나라"고 명한다.

그런데 이런 프로그램들이 과연 제값을 할지는 미지수다. 2009

년 스코틀랜드 전역에 설치된 1천6백여 개의 CCTV가 포착한 사건을 조사해 보니 경찰이 즉각 조사에 나섰거나 범인을 검거한 사건은 14퍼센트에 그쳤다. 4천2백만 파운드를 들여 CCTV를 설치했지만 350여 명의 경찰을 추가로 고용했을 때의 실적에도 못 미친 것이다. 검증되지 않은 기술은 눈부신 약속을 내놓으며 정책 결정자의 눈을 멀게 한다. 결국 새로운 기술이 과거의 기술보다 정말 나은 것인지, 의도하지 않은 사회적 결과를 야기하는 것은 아닌지 묻거나 따지기도 전에 새로운 기술에 자원이 투여된다. CCTV가 "우리 일상에 항상 끼어 있는 제3자"로 자리 잡으면서 일반 시민은 남의 싸움에 끼어들기를 꺼리게 되었고 자기가 사는 지역의 문제에 대한 책임감도 줄어들었다. 심지어 누군가 지켜보고 있다면 자신은 선한 의도로 문제에 개입했다 해도 그 행동이 모두 기록되어 자칫 범죄자로 몰릴지도 모른다고 생각하는 지경에 이르렀다. CCTV가 사람들의 역능을 빼앗은 것이다.[31] 개발된 기술은 아주 이상한 방식으로 사회에 영향을 미치지만 그것을 규제할 법이 통과되기도 전에 또 다른 새로운 기술이 등장하기 때문에 통제가 불가능하다.

시민과 소비자는 국가를, 은행을, 회사를 '믿고' 정보를 내놓고 공유하며 판매하라는 권유에 시달린다. 그러나 정보는 아무도 서로를 믿지 못하기 때문에 수집된다. 그러므로 사람들은 자원봉사 활동 같은 좋은 일에 참여하기 위해서 자신이 테러리스트가 아니라는 사실을, 소아 성애자가 아니라는 사실을 입증해야 한다. 미국을 이라크 전쟁으로 몰고 갔으며 은행마저 몰락시킨 거짓말은 정부, 경제, 정보기관에 대한 유권자의 신뢰를 무너뜨렸다. 그런데도 이런 재난을 주도했던 무능한 인간들은 '안전'을 앞세워 사람들에게 더 많은 정보를 내놓으라고 요구한다. 이는 자신들에게 더 많은 권력을 집중시켜 달라는 요구나 다름없다. 애인을, 자녀의 학교 선생님을, 이웃을 의심하는 법을 정신 없이 배워 가는 대중은 만인의 만인에 대한 감시라는 거대한 게임의 참여자가 된다. 시민 사이에, 동료 직원 사이에, 통근하는 사람들 사이에, 아이들 사이에, 교사들 사이에 자라난 불신의 싹은 점점 더 커져 간다. 2009년 런던의 어느 학교에는 집단 따돌림과 절도를 예방하고 교사에 대한 근거 없는 고발을 줄이기 위해 설치된 CCTV가 무려 68개였다.[32] 초고도 감시 세계에서는 후드 티만 입으면 누구나 극악무도한 범죄자 취급을 받을 수 있다. 후드 티는 사생활을 보호해 주는 것이 아니다. 챙이 좁은 중절모를 쓴 중년의 신사는 술집에 들어가려면 CCTV에 얼굴이 잡히도록 모자를 벗어야 한다. 불신이 정상화되고 재포장되어 적절한 정신 상태로, 그리고 돈이 되는 정신 상태로 취급받는 시대가 되었다. 스니프Sniff라고 줄여 부르는 소셜 네트워크 통합 친구 찾기Social Network Integrated Friend Finder 애플리케이션은 페이스북 애플리케이션으로 친구나 배우자의 휴대전화를 통해 친구나 배우자의 행적을 추적하게 해 준다. 이런 방식으로 인생은 하나의 진실 게임이 된다.[33]

모든 시민의 DNA와 생활에 대한 정보를 보유한 정부의 궁극적인 목표는 시민의 생활 속에 파고들어 앞서서 통제하는 미세 통치를 실행에 옮기는 것이다. 유럽 범죄 기록 정보 시스템European

Criminal Records Information System 회원국은 각국의 범죄자 정보를 공유하고 전 세계에 영향을 미칠 수 있는 유력한 테러리스트에 대한 정보를 공유한다. 그에 따라 공항에서부터 테러 가능성이 있는 여행객을 지목해 내는 사례가 점차 늘어나고 있다. 2010년 러시아는 극단적인 행동을 준비하고 있는 것으로 의심되지만 아직 범죄를 저지르지는 않은 시민에게 미리 경고할 수 있는 권한을 러시아 연방보안국에 부여했다. 만약 러시아 연방보안국의 활동을 방해할 경우에는 체포할 수 있는 권한도 있다. 저항 운동 단체 〈연대 Solidarity〉는 이에 대해 "과거 억압적인 정권이 시행했던 가혹한 법을 연상시킨다"고 언급했다.[34]

로스앤젤레스 경찰관 네 명이 바닥에 엎드린 로드니 킹Rodney King을 폭행하는 장면을 담은 카메라가 웅변하듯, 감시 기술은 감시하는 자를 감시해 지속적인 감시 활동을 펼치게 하는 데도 큰 효과를 발휘한다. 로드니 킹 사건 재판에 연루된 경찰관의 무죄 방면은 1992년 로스앤젤레스 폭동의 기폭제가 되었다.[35] 유투브는 친경찰 성향의 〈세상에서 가장 터프한 경찰 비디오〉가 놓치고 있는 부분을 보도한다. 인종차별을 당해 격분한 중동 출신 학생을 향해 미국 대학교의 도서관 경비가 전기총을 쏘는 장면이나 2007년 존 케리 후보의 선거 유세에서 반대 의견을 당당히 밝히는 사람의 영상 같은 것이 유투브를 타고 전파된다. 휴대전화에 달린 카메라는 버마 군사정부가 민주화 시위를 폭력적으로 진압하는 장면을 담았고 전 세계로 송출된 영상은 버마 군사정부에 대한 전 세계인의 공분을 이끌어 냈다. 한편 2009년 논란에 휩싸였던 이란 대통령 선거 기간 동안 총에 맞아 숨진 어느 시위 참여자의 영상도 전 세계로 송출되어 세계인의 이목을 사로잡았다.

그러나 아무도 빠져나갈 수 없다. 올더스 헉슬리의 소설 『멋진 신세계Brave New World』에서 물질 만능의 디스토피아가 가져다 주는 지루함에 신물이 난 반대자들은 적어도 아이슬란드로 유배를 당해 '탈출'할 수 있었다. 그러나 에셜론, 페이스북, 〈테스코〉, 〈구글〉이 존재하는 우리 세계에서는 도망칠 곳이 전혀 없다. 현실 세계에 환멸을 느낀 수백만 명의 사람들이 한때 온라인상에서 나를 대신하는 아바타를 내세울 수 있는 세컨드 라이프Second Life에 푹 빠져든 적이 있었다. 그러나 '새 삶을 시작하기' 위해 빠져든 이 환상적인 가상 세계도 예외는 아니다. 가상 세계이지만 세컨드 라이프 세상에 사는 주민들은 경제활동만 하는 것이 아니라 결혼도 한다. 사립탐정을 고용해서 바람을 피우는 애인의 휴대전화를 도청하기도 하고 산업 스파이가 되기도 한다.[36] 〈위험관리그룹Risk Management Group〉 같은 민간 자문업체는 성전聖戰을 벌여야 한다고 주장하는 이슬람 교도들이 허위 아이피 주소로 세컨드 라이프나 월드 오브 워크래프트 같은 사이트에 접속해 개종자를 끌어 모으거나 극단주의 공동체를 형성하면서 자금을 마련하고 훈련을 시킬 가능성이 있다고 경고한다. 예상대로 2008년 미 중앙정보국은 레이너드 사업Project Reynard을 통해 가상 세계와 온라인 게임이 악의적으로 이용될 가능성이 있는지, 그리고 그럴 만한 동력을 제공할 수 있는지 여부를 조사했고 유로폴과 조직폭력단속국 Serious Organised Crime Agency도 비슷한 사업을 추진했다.[37] 하지만 세컨드 라이프를 개발한 린덴 〈린덴랩Linden Lab〉은 경찰의 주의를 끌 만한 일을 하지 않았고 실제 세계의 테러리스트는 철저한 감시에 노출된 아바타 세계를 피해 일반적인 인터넷 세상을 휘젓고 다닌다. 차라리 레이너드 사업같이 데이터 수집을 목적으로 하는 실제 세계의 연구소들이 가상 세계에 더 많은 관심을 보인다. 비밀 정보기관이 가상 세계에서 가상의 테러리스트를 찾아 헤매는 동안 일반 시민은 온라인상에서 두번째 삶을 얻을 기회조차 박탈당한다. 〈구글〉이 신으로 군림하는 세계에서는 감시를 피할 길이 없는 것이다.

각국의 감시 수위

- 자료 불충분
- 사생활 침해를 제어할 적절한 제도적 장치 보유
- 제도적 장치가 있으나 불충분
- 제도적 장치 시행 역량 미비
- 광범위한 감시
- 감시 만연

▶출처 –〈프라이버시 인터내셔널〉(2007)

녹색 감시

녹색 입법과 환경 감시를 통해 감시 사회도 진일보하고 있다.[1] 개인이 유발하는 생태 발자국은 지문에 상응할 만큼 개인 고유의 특성을 나타낸다. 개인의 소비 형태에 따라 식별 가능하고 수치화할 수 있는 정보가 남고 그 정보는 개인의 생활상이나 세계관을 여실히 드러낸다. '녹색'을 내걸고 정보를 수집하면 사람들은 자신의 아주 작은 생활까지 관리당하는 상황도 순순히 받아들이기 때문에 정부는 소비를 줄이고 탄소 배출을 줄이는 활동을 돕는다는 명분으로 개인의 지출 내역이나 거래 내역을 수집한다.[2] 재활용을 장려하기 위해 마련한 유럽연합의 제도 가운데는 소유자 정보를 담은 초소형칩을 내장한 쓰레기통을 배포해 쓰레기통이 너무 무거우면 재활용을 제대로 하지 않았다는 의미로 받아들여 경고하거나 세금을 부과한다는 계획도 있다. 영국 정부는 탄소 배출 감축 목표를 달성하기 위해 "열을 찾는 사람들Heatseekers"이라는 계획을 수립했다. 이 계획에 따르면 환경 담당 공무원들은 각 가정을 방문해 열 복사를 전자적으로 측정할 수 있는 기기로 가옥의 에너지 효율성을 판단한 다음 단열을 강화할 것을 조언해야 한다. 물론 집주인의 사전 동의나 사전 협의는 필요 없다.[3]

미국에서는 2009년 "중고차를 새 차로"라는 사업이 시행되었는데, 이는 악명 높은 '녹색' 정보 수집 수단이 됐다. 정부는 연비가 낮은 차량을 연비가 높은 차로 바꾸는 사람에게 보조금을 지급했다. 그러나 자동차 중개인이 공식 웹사이트에 접속하면 해당 컴퓨터는 "연방 컴퓨터 시스템으로 간주되며 이 순간부터는 미국 정부의 재산입니다"라는 메시지가 화면에 나타났다. 이어 "미국 정부와 외국 정부를 막론하고 모든 정부 기관과 공무원은 해당 시스템에 접속한 모든 컴퓨터의 파일을 차단, 감시, 저장, 복사, 회계 감사, 조사, 폭로할 수 있으며" 이에 동의한 것으로 간주한다는 메시지가 나타났다.[4]

환경을 앞세워 정보를 수집하거나 반테러를 내세워 정보를 수집하는 일은 서로 연관되는 경우가 많다. 2000년 영국에서 제정된 "수사권규제법Regulation of

Investigative Powers Act 2000"은 테러에 대응하기 위해 도입되었지만 사실상 쓰레기 불법 투기를 단속하는 데 주로 쓰여 논란을 불렀다. 한편 런던 일링 지역 지방의회는 쓰레기 불법 투기꾼과 환경 범죄자를 색출하기 위해 벽돌이나 삶은 콩 통조림 캔 안에 소형 CCTV 카메라를 몰래 설치한 뒤 의회의 CCTV 관제 센터에 연결했다. 이것으로 일링 지역 지방의회는 쓰레기를 내놓는 날을 착각한 사람들까지 색출하는 '기능 확장'의 성과도 거뒀다.[5]

유럽 전역에는 도심에 혼잡 통행료 부과 구간이 설정되어 있어 주중에 그곳을 지나는 운전자에게 요금을 부과한다. 혼잡 통행료 제도는 CCTV 카메라를 이용해 운영된다. CCTV 카메라가 혼잡 통행료 구간을 지나는 자동차의 번호판을 식별해 요금을 부과하는 것이다. 런던 경찰은 "정보보호법" 덕분에 "런던에 위험을 가할지 모르는 테러리스트가 탄 차량"을 색출한다는 명목으로 혼잡 통행료 부과 구간에 설치된 CCTV 영상을 하루 24시간 감시할 특혜를 누린다.[6] 혼잡 통행료 부과 구간에 설치된 CCTV 카메라는 영국 전역을 포괄하는 최신식 차량 번호 식별 CCTV 시스템에 연결되어 있다. 효율적인 교통관리라는 명분을 바탕으로 구축된 이 시스템은 하루 5천만 개의 자동차 번호판을 추적할 수 있고 계급에 관계 없이 모든 경찰관이 이 시스템에 접속할 수 있기 때문에 '의도적인 정보 남용'이 우려된다. 이와 관련해 〈프라이버시 인터내셔널〉은 "민주주의국가라면 용납될 수 없는 일"이라고 언급했다. 이와 유사한 일이 유럽연합에서도 벌어졌다. 유럽연합은 모든 자동차에 GPS를 장착하도록 유도하고 갈릴레오 위성 시스템에 연결시켜 대륙 차원의 유료 시스템을 완성했다. 갈릴레오 위성은 본래 환경을 감시하기 위해 제작되었지만 앞으로는 군사적 목적에도 사용될 것이다.

반면 진정한 환경 보호 활동은 테러리즘에 버금가는 취급을 받는다. 2009년 열린 코펜하겐 기후변화 회의에서 덴마크 경찰은 회의가 열리기 불과 1주일 전에 논란 속에 통과된 법률을 근거로 예방 차원에서 9백 명의 시위대를 구금해 충격을 안겼다.[7] 그 뿐만이 아니었다. 구속된 사람도, 기소된 사람도, 동의한 사람도 없었지만 시위 참가자의 개인 정보가 수집되어 유럽연합 경찰국이 운영하는 더 광범위한 감시 시스템에 입력되었고 이슬람교도, 민족주의자, 세계 정의 활동가 등과 더불어 '급진 분자'로 분류되었다. 후버 국장이 군림하던 시절의 미 연방수사국이 떠오를 정도다. 입력된 개인 정보에는 시위 참가자의 친구, 가족, 이웃, 인터넷 사용, 정치 신념, 심리 성향이 포함되었다. 중죄를 지은 사람의 이름만 유럽연합 경찰국이 작성하는 명단에 오르는 것이 아니다. 이념이나 명분을 지키기 위해 목소리를 높이는 사람의 이름도 이 명단에 오른다. 더 심각한 문제는 그럴 가능성이 있는 사람의 이름도 명단에 오른다는 것이다.[8] 시위대 안에 공작원을 몰래 심어 시위대에 범죄 행동을 부추기는 경우도 있다. 이를테면 첩보 기업 〈시투아이C2i〉는 〈멍청한비행기Plane Stupid〉 같은 단체에 정보원을 잠입시켜 단체의 자진 해산을 유도한다.[9]

1. Adam Curtis, *The Power of Nightmares*, BBC TV 2006.
2. Privacy International, https://www.privacyinternational.org/
3. *Daily Mail*, 22 Jan 2009, http://www.dailymail.co.uk/news/article-1126635/Now-council-chiefs-sending-heat-detector-vans-street--snoop-wasters.html
4. *The Times*, 7 Aug 2009.
5. *Daily Telegraph*, 21 Mar 2007.
6. Henry Porter, *Suspect Nation*, Channel 4, 2006.
7. *The Guardian*, 26 Nov 2009 http://www.guardian.co.uk/environment/2009/nov/26/denmark-police-powers-copenhagen
8. www.guardian.co.uk, 8 June 2010 http://www.guardian.co.uk/uk/2010/jun/08/uk-monitors-susp
9. timesonline, http://www.airportwatch.org.uk/?p=1434

정부의 무한 추적

영국 노동당 정부의 신분증 발급 계획을 무산시킨 것은 런던 정치경제대학 '신분 프로젝트London School of Economics' Identity Project'였다. 영국 정부가 수립한 신분증 발급 계획의 실행 가능성, 보안 문제, 시행 예정일, 사생활 침해 문제를 다룬 신분 프로젝트는 정부의 신분증 발급 계획을 토대부터 공격했고 이 계획에 소요될 예산은 정부 추정치인 50억 파운드(75억 달러)를 훌쩍 넘어 200억 파운드(300억 달러)에 달할 것으로 내다봤다.[1] 영국 내무부는 이 프로젝트를 주도한 〈프라이버시 인터내셔널〉 임원 사이먼 데이비스Simon Davies를 졸졸 쫓아다니며 괴롭혔다. 각 기업은 사이먼 데이비스를 자문으로 고용하지 말라는 압력을 받았고 직장 동료, 학자, 협력 업체는 "쓰레기를 치우라고" 촉구하는 전화를 받았다. 덕분에 신분 프로젝트는 "데이비스 보고서"라는 이름을 얻었다. 데이비스는 한꺼번에 많은 일이 떨어져 나가는 바람에 소득이 줄어 아파트를 내놓아야 했고 기르던 개도 키울 수 없게 되었다. 토니 블레어 총리에게 그만 괴롭히면 안 되겠냐고 사정하는 편지를 쓰고 『파이낸셜 타임스Financial Times』가 사건의 전말을 보도한 뒤에야 사정이 조금 나아졌다. 데이비스가 겪은 일은 우리가 신분증 제도를 용인해 국가가 모든 정보를 소유하게 되면 권력 남용이 일어나고 말 것이라는 활동가들의 우려만 증폭시키고 말았다.

---

1. The Identity Project, London School of Economics Report, Identityproject.lse.ac.uk.

N

호황을 누리는 감시 시장

CCTV

2009년 ▓▓▓▓▓▓▓▓▓▓▓▓▓▓▓▓▓▓▓▓ **130**억 달러

2014년 ▓▓▓▓▓▓▓▓▓▓▓▓▓▓▓▓▓▓▓▓▓▓▓▓▓▓▓▓▓▓▓▓▓▓▓▓▓ **280**억 달러

2006년 북아메리카와 유럽은 전 세계 CCTV 시장의 85퍼센트를 점유했다. 그러나 2012년이 되면 아시아가 시장의 45퍼센트를 점유하면서 CCTV 시장의 지배자로 떠오를 전망이다.

▶ 출처 — http://www.highbeam.com/doc/1G1-147662172.html & http://www.prlog.org/10475046-asia-to-drive-global-cctv-market.html

신분 서류 및 신분증

2009년 ▓▓▓▓▓▓▓▓▓ **58**억 달러

2014년 ▓▓▓▓▓▓▓▓▓▓▓ **103**억 달러

전자 여권, 신분증, 신용카드, 교통카드, 운전면허증 발급 산업은 금융 부문의 요구에 따라 앞으로도 계속 성장할 것이다.

▶ 출처 — http://www.pira-international.com/Global-Market-for-Personal-ID-Technologies-to-reach-7-point-five-billion-in-2014.aspx

생체 정보

2009년 ||||||||||||||| **34**억 달러

2014년 |||||||||||||||||||||||| **94**억 달러

지문, 홍채, 안면, 혈관, 음성 인식 기술이 자동화되었다.

▶출처—http://www.telecomsmarketresearch.com/research/TMAAASZZ-Global-CCTV-Market-
Analysis--2008-2012-.shtml & http://www.prweb.com/releases/2008/11/prweb1599634.htm

RFIDs

2009년 |||||||||||||||||||||| **55**억 달러

2014년 |||||||||||||||||||||| **107**억 달러

소매업계에서 주로 사용하는 RFID는 전자 여권 및 중국 신분증에도 사용된다.

▶출처—http://www.sensorsmag.com/wireless-applications/news/rfid-market-forecasts-
2009%E2%80%932019-5901

마약 검사와 테디 베어

1981년 미 해군 장교가 마약에 취한 채로 비행기를 몰다가 추락한 이후 노동자를 상대로 마약중독 검사를 하는 기업이 늘고 있다. 현재 미국 기업의 80퍼센트가 노동자를 상대로 마약 검사를 한다.[1] 군은 말할 것도 없고 보안에 관련된 민간 단체 근로자나 연방 공무원도 검사 대상이 되었다. 1988년 "마약없는작업장법Drug Free Workplace Act"이 제정된 뒤에는 마약 검사가 기업으로까지 확대되었다.

마약 검사는 곧 사회 서비스 수혜자에게로 확대되었다. 가난한 사람은 마약 중독 때문에 빈곤해진 것이 아님을 증명해야 했다. 1994년 루돌프 줄리아니 뉴욕 시장은 자녀가 없는 독신자를 대상으로 건강검진과 마약 검사를 시행하려고 했으나 실패했다.[2] 그러나 2009년 영국 노동과연금부Department of Work and Pensions는 줄리아니 뉴욕 시장의 생각을 이어받아 연금을 청구하는 사람에게 마약중독이나 알코올의존증이 없는지 확인하는 설문지를 작성하게 했고 설문지를 확인하는 과정에서 (연금 청구 기각 목표치를 부여받았을) 직원이 표시한 내용이 기준치를 초과하거나 마약 검사나 알코올의존증 검사를 거부하는 경우에는 연금을 수령할 수 없게 했다.[3]

영국 노동과연금부는 연금 부당 수령을 막기 위해 CCTV 카메라를 내장한 테디 베어를 활용했다. 연금 청구자의 자녀에게 클라이브라는 이름의 테디 베어를 선물해 혹시 모를 부모의 연금 부당 수령 행각을 촬영하려는 의도였다. 영국 노동과연금부는 흔히 거짓말탐지기라고 말하는 음성 스트레스 분석기 등 보험업계에서 사용하는 전략을 도입해 전화로 연금을 청구하는 연금 부당 수령자를 식별하려고도 했다.[4] 2010년 오스트레일리아에는 연금을 부당하게 수령하는 동료를 '신고'하라고 독려하는 광고가 등장했다. 영국과 마찬가지로 부당 수령자에게 낭비될 뻔한 연금 중 일정액을 신고자에게 포상금으로 지급한다는 내용이었다.[5]

1. http://www.globalchange.com/drugtest.htm
2. *New Work Times*, 17 Nov 1994, http://www.nytimes.com/1994/11/17/nyregion/drug-screening-to-be-required-for-some-welfare-recipients.html
3. *The Observer*, 27 Sep 2009.
4. BBC News, 27 Jan 2005, http://nin.tl/aNCiGR (http://news.bbc.co.uk/2/hi/business/4211647.stm)
5. *The Guardian*, 8 Feb 2010, http://www.guardian.co.uk/politics/2010/feb/08/benefit-informers-snitch-policy?INTCMP=SRCH

■ 1장

1. http://thescotsman.scotsman.com/big-brother/Number39s-up-for-Big-Brother.5592020.jp
2. http://www.associatedcontent.com/article/35287/the_rhetoric_of_myspace.html?cat= 9%20020.jp
3. http://www.reuters.com/article/2009/09/08/us-obama-facebook-idUSTRE58762P20090908
4. Play him off, Keyboard Cat! YouTube
5. BBC news online, 5 July 2009.
6. http://www.thisislondon.co.uk/news/article-23404671-university-lecturers-using-facebook-to-spy-on-students.do
7. http://nin.tl/bSNFln
8. http://www.smh.com.au/technology/technology-news/canadian-woman-loses-benefits-over-facebook-photo-20091123-iu6j.html
9. http://www.informationweek.com/news/174403074
10. http://online.wsj.com/article/SB124269038041932531.html
11. http://www.historytoday.com/archive -
12. http://p10.hostingprod.com/@spyblog.org.uk/blog/london-surveillance
13. http://news.bbc.co.uk/1/hi/6947532.stm

■ 2장

1. 욥기 34장 21-22절.
2. 코란 89수라 14아야.
3. Richard fitzNigel, writing c. 1179.
4. Maurice Ounch, Richard Victor Ericson & Kevin D. Haggerty, *Policing the Risk Society*, University of Toronto Press, 1997.
5. Marion Turner, *Chaucerian conflict: languages of antagonism in late fourteen-century London*, OUP, 2007.
6. Henry V, Act IV, Scene 1.

7. Valentin Groebner, *Identification, Deception and Surveillance in Early Modern Europe*, Zone Boos, 2007.

8. Sherene Razack, *Casting out*, University of Toronto Press, 2008.

9. Joseph Perez, *The Spanish Inquisition*, Yale University Press, 2007.

10. Christian Parenti, *The Soft Cage*, Basic Books, 2003.

11. Philip G. Dwyer, Peter McPhee(eds), *The French Revolution and Napoleon: A sourcebook*, Routledge, 200.

12. Catherine Pease-Watson, (2003) "Bentham's Panopticon and Dumont's Panoptique", *Journal of Bentham Studies*, 6, 2003.

13. Garry Kinsman, Dieter Buse, Mercedes Steedman (eds), *Whose National Security? Between the Lines*, 2000.

14. John F. Fox Ph. D. thesis, July 2003.

15. http://www.fbi.gov/about-us/history/brief-history

16. www.guardian.co.uk/uk/2009/jan/07/counter-espionage-british-history

17. George Victor, *Hitler: the pathology of evil*, Brassey's, 1998.

18. Edward Crankshaw, *Gestapo*, Panther, 1960.

19. Anna Los, Maria Los, in David Lyon (ed), *Theorizing Surveillance · the panopticon and beyond*, William Publishing, 2006.

20. Anna Funder, *Stasiland*, Granta, 2003.

21. Henry Porter, "The limits of liberty-we are all suspects now", http://www.henry-porter.com/Speeches/The-limits-of-liberty-We-re-all-suspects-now.html

22. Anthony Summers, *The Secret Life of J. Edgar Hoover*, Orion, 1993.

23. www.trackedinamerica.org

24. John Parker, *Total Surveillance*, Piatkus, 2000.

25. NR Keddie and MJ Gasiorowski (eds), *Neither East Nor West. Iran, the United States, and the Soviet Union*, New Haven, 1990.

26. Adam Curtis, *The Power of Nightmares* episode 2, BBC TV, 2004.

27. James Bamford, *Body of Secrets* (Doubleday 2001) & Chris Calabrese Program Counsel of the ACLU Technology and Liberty Project.

28. James Bamford, "NSA: Inside the Puzzle Palace", *Time*, 10 Nov 1975.

29. Duncan Campbell, *New Statesman*, 12 Aug 1988.

30. Keith Laidler, *Surveillance Unlimited*, Icon, 2008.

31. James Bamford, Confronting the Surveillance Society forum, www.youtube.com/watch?v=VojZOaj6gpk

32. Ben Wilson, *What Price Liberty*, Faber, 2009.

33. Privacy and Consumer Profiling, Electronic Privacy Information Centre, http://epic.org/privacy/profiling/default.html

34. Jonathan Collins, "RFID Speeds Sorting of Packages", 6 Aug, 2003, www.rfidjournal.com/article/view/526

35. Glenn Newman, "A Cashless Economy Would Make Larger Tax Cuts Possible", *New York Times*, 5 Nov 1994.

36. Tony Bunyan, *The Shape of Things to Come*, Spokesman, 2009.

37. Ben Wilson, *What Price Liberty*, Faber, 2009.

■3장

1. ACLU 2002, http://www.aclu.org/technology-and-liberty/threat-total-information-awareness-overblown

2. *The Surveillance-Industrial Complex*, ACLU 2004, http://www.aclu.org/national-security/surveillance-industrial-complex

3. Fritz Kramer, *Sincerely Yours*, PBS TV, 2007. http://www.pbs.org/wgbh/pages/frontline/homefront/preemption/nsl.html

4. *Washington Post*, 23 June 2006, http://www.washingtonpost.com/wp-dyn/content/article/2006/06/23/AR2006062300167.html

5. Privacy International, 24 Nov 2006, https://www.privacyinternational.org/article/europes-privacy-commissioners-rule-against-swift

6. http://www.swift.com/about_swift/legal/compliance/statements_on_compliance/eu_parliament_hearing_swift_statement_and_press_release.page

7. "EU bank data move ignored legal advice", *New York Times* 29 Jul 2009.

8. ACLU 2004, op. cit.

9. Electronic Frontier Foundation, www.eff.org/issues/calea

10. www.fas.org/irp/eprint/psp.pdf

11. *New York Times*, 14 Oct 2007, http://www.nytimes.com/2007/10/14/business/14qwest.html?_r=1&ref=todayspaperrliament_hearing_swift_statement_and_press_release.page

12. *Washington Post*, 5 Aug 2007, http://www.washingtonpost.com/wp-dyn/content/article/2007/08/04/AR2007080400285.html?nav=rss_politics

13. www.wired.com 15 Jan 2009, http://nin.tl/bwhMzX

14. Electronic Frontier Foundation, www.eff.org/issues/cell-tracking.

15. Simon Davies, "Private Matters", *Index on Censorship* 3/00.

16. David Banisar, "Big Browser is Watching You", *Index on Censorship* 3/00.

17. ZDNet.co.uk, 6 Apr 2009, http://www.zdnet.co.uk/news/networking/2009/04/06/internet-data-retention-law-comes-into-force-39637592/

18. Tony Bunyan, *The Shape of Things to Come*, Statewatch.org

19. David Lyon, *Surveillance After 9/11*, Polity Press, 2003.

20. http://www.wired.com/techbiz/media/news/2003/03/58191

21. www.nctc.gov/docs/Tide_Fact_Sheet.pdf (http://www.nctc.gov/docs/Tide_Fact_ Sheet.pdf

22. *Washington Post*, 31 Oct 2009, http://www.washingtonpost.com/wp-dyn/content/ article/2009/10/31/AR2009103102141.html

23. Martin Scheinin, www.guardian.co.uk 20 Jan 2010, http://www.guardian.co.uk/ commentisfree/libertycentral/2010/jan/20/privacy-airport-security

24. http://news.bbc.co.uk/1/hi/uk/8439285.stm

25. Privacy International, https://www.privacyinternational.org/article/pi-raises-alarm-us-starts-mass-fingerprinting

26. BBC News, 3 Apr 2004, http://news.bbc.co.uk/2/hi/americas/3595221.stm

27. Statewatch, 2002, http://nin.tl/cfF7k1 (http://www.statewatch.org/news/2002/ nov/12eurousa.htm -

28. 같은 글.

29. Richard L. Clutterbuck, *Terrorism, drugs, and crime in Europe after 1992*, Routledge, 1990.

30. Schengen: from SIS to SIS II, http://europa.eu/rapid/pressReleasesAction.do?referenc e=MEMO/05/188&format=HTML&aged=1&language=EN&guiLanguage=en

31. EU SIS Access document, 2009, http://www.statewatch.org/news/2010/jan/eu-sis-access-13305-09.pdf

32. Statewatch, May 2005, http://www.statewatch.org/news/2005/may/analysis-sisII.pdf

33. The Hague Programme, http://ec.europa.eu/justice/index_en.htm

34. EU Justice & Home affairs committee, 7 Jun 2007, http://www.europarl.europa.eu/ sides/getDoc.do?language=EN&type=IM-PRESS&reference=20070606IPR07542

35. Digital Civil Rights Network, 20 Jun 2007, http://www.edri.org/edrigram/ number5.12/prum-treaty-eu

36. censusalert.org.uk/Canada

37. Tony Bunyan, *The Shape of Things to Come*, Statewatch.org.

38. UK Cabinet Office, Nov 2005, http://webarchive.nationalarchives.gov. uk/20100807034701/http://archive.cabinetoffice.gov.uk

39. Convention on Modern Liberty, Feb 2009, http://blip.tv/modern-liberty/how-dangerous-is-the-database-state-and-transformational-government-to-our-civil-liberties-1893135

40. Database State, Joseph Rowntree Reform Trust, 2009.

※4장

1. "Every Little Helps on Migrants", *Metro*, 7 Mar 2008.

2. *London Lite*, 4 Sep 2007.

3. Peter Lilley, www.guardian.co.uk 30 Jun 2002, http://www.guardian.co.uk/politics/2002/jun/30/humanrights.immigrationandpublicservices

4. Privacy International, https://www.privacyinternational.org/article/real-id-act-passed-congress

5. 〈미국시민자유연맹〉 신분증 반대 증언.

6. Privacy International, https://www.privacyinternational.org/article/g8-justice-and-home-affairs-communiqu%C3%A9-washington-dc-2004

7. Statewatch.org, http://nin.tl/9EIg30

8. "Malaysia to fingerprint all new-born children", *The Register*, 4 May 2005.

9. Privacy International, https://www.privacyinternational.org/article/phr2006-malaysia

10. Sarah Stewart, "Twilight life of Malaysia's Muslim transsexuals", AFP, 6 Sep 2009.

11. *The Times*, 15 July 2009, http://www.timesonline.co.uk/tol/news/world/asia/article6710764.ece

12. UNHCR, 22 Nov 2002, www.unhcr.org/3dde42814.html

13. World Bank http://nin.tl/bEXNuV

14. BBC news, 22 Nov 2001, http://news.bbc.co.uk/2/hi/africa/1670561.stm

15. *The Observer*, 18 Aug 2009, http://observer.gm/africa/gambia/article/new-biometric-card-scheme-starts

16. Allafrica.com 17 Aug 2009, http://allafrica.com/stories/200908171734.html

17. *The Register*, 26 Oct 2005, http://www.theregister.co.uk/2005/10/26/south_africa_electronic_id/

18. BBC news, 31 Aug 2009, http://news.bbc.co.uk/2/hi/8230369.stm

19. Allafrica.com 12 Oct 2009, http://allafrica.com/stories/200910120119.html

20. *Daily Monitor*, Uganda, www.monitor.co.ug

21. Allafrica.com 12 Oct 2009, http://allafrica.com/stories/200910120119.html

22. IMF 2006, http://www.imf.org/external/np/loi/2006/bdi/062606.pdf

23. IMF 2004, http://www.imf.org/External/NP/LOI/2004/sle/01/

24. BBC news, 28 Jul 2009, http://news.bbc.co.uk/2/hi/8173353.stm

25. http://www.findbiometrics.com/industry-news/i/7419/

26. Dinyar Godrej, *No-Nonsense Guide to Climate Change*, New Internationalist, 2006. [황성원 옮김, 『기후변화, 지구의 미래에 희망은 있는가?』, 이후, 2010]

27. John Vidal, www.guardian.co.uk, 4 Dec 2009, http://www.guardian.co.uk/environment/2009/dec/04/bangladesh-climate-refugees

5장

1. Walter Dornberger, *V-2*, Ballantine, 1954.
2. Global CCTV Market Analysis(2008-2012) http://www.bharatbook.com/detail. asp?id=53008&rt=Global-CCTV-Market-Analysis-2008-2012.html
3. Henry Porter, *Suspect Nation*, Channel 4 TV, 2006.
4. Expert Findings on Surveillance Cameras, ACLU, 2008.
5. *The Wharf*, 5 July 2007.
6. UK Home Office, *The impact of CCTV: 14 case studies*, 2005, http://homeoffice.gov. uk/rds/pdfs05/rdsolr1505.pdf
7. Brendan O'Neill, "Watching you, watching me", *New Statesman*, 2 Oct 2006.
8. "Talking CCTV scolds offenders", BBC news, 4 April 2007.
9. http://bit.ly/adGC85
10. ACLU, Bigger Monster, Weaker Chains, 2003.
11. UK Home Office, op cit.
12. Facial Recognition Technology(FERET) database http://www.itl.nist.gov/iad/ humanid/feret/feret_master.html
13. "Interpol wants facial recognition database to catch suspects", *The Guardian*, 20 Oct 2008.
14. Henry Porter, "Privacy is not a needle in a haystack", *The Guardian*, 14 May 2009. http://www.guardian.co.uk/commentisfree/henryporter/2009/may/14/privacy-internet-government-database
15. http://nin.tl/dC5CEo
16. "Train station to get terrorist-tracking CCTV", *Daily Telegraph*, 27 Jun 2007.
17. "The tiny airline spy that spots bombers in the blink of an eye", *Daily Mail*, 12 Feb 2007.
18. http://www.homelandsecuritynewswire.com/new-facial-gait-recognition-software-be-integrated-cctvs
19. http://www.workpermit.com/news/2006_06_05/eu/eu_commission_to_use_unmanned_spyplaces.htm
20. *The Guardian*, 23 Jan 2010. http://www.guardian.co.uk/uk/2010/jan/23/cctv-sky-police-plan-drones
21. Katherine Albrecht & Liz McIntyre, *Spychips*, Nelson, 2005.
22. Electronic Privacy Information Center http://epic.org/privacy/rfid
23. Niniek Karmini, "Microchips for AIDS patients in eastern Indonesia", *Associated Press*, 24 Nov 2008.
24. "US state turns to RFID to monitor inmates", *Computerworld*, 19 Jun 2007.
25. Celeste Biev, "Plan to chip Alzheimer's patients causes protest", *New Scientist* 19 May

2007.

26. www.antichips.com/cancer/index.html

27. Do Chip Implants Protect or Violate Privacy? ABC, 18 May 2007.

28. http://www.wired.com/autopia/2008/06/hackers-crack-l

29. http://nin.tl/aoDPpx

30. *Metro*, 26 Nov 2007.

31. http://nin.tl/dvHvMz

32. *Spychips*, op. cit.

33. http://www.engadget.com/2006/02/03/dutch-rfid-e-passport-cracked-us-next

34. http://www.engadget.com/

35. http://nin.tl/cjp6to

36. Simon Burns, 6 March 2008, http://www.v3.co.uk/v3-uk/news/1945714/china-rfid-tags-billion-id-cards

37. Bernard S Cohn "Colonialism and its forms of knowledge: The British in India", Princeton, 1996.

38. Christian Parenti, *The Soft Cage*, Basic Books, 2003.

39. "FBI apology for Madrid bomb fingerprint fiasco", *The Register*, 26 May 2004.

40. The global development of biometrics can be read up on at the industry news filter, www.findbiometrics.com

41. *The Register*, 4 May 2005. http://www.theregister.co.uk/2005/05/04/malaysia_dabs_kids/

42. *The Register*, 4 Oct 2007 http://www.theregister.co.uk/2007/10/04/school_dinner_fingerprinting/

43. The Press, 8 Jan 2007 http://www.yorkpress.co.uk/news/1107855.0/?act=complaint&cid=41488

44. *The Register*, 23 March 2007 http://www.theregister.co.uk/2007/03/23/irish_kiddyprinting/

45. http://nin.tl/dbIaov

46. IDG News, 6 Mar 2006, http://www.pcworld.com/article/124978/researcher_hacks_microsoft_fingerprint_reader.html

47. Do Biometrics have a role for school registration? http://www.leavethemkidsalone.com/oppose-2.htm#oppose_02

48. Mythbusters episode 59 Discovery Channel.

49. http://www.bschooladmissionsformula.com/france-approves-use-of-palm-vein-scan-as-gmat-security-measure/

50. BBC 25 May 2005 http://nin.tl/aWhvMm (http://news.bbc.co.uk/2/hi/uk_news/politics/4580447.stm

51. http://nin.tl/bMjToE

52. Biometric surveillance forecast, 8 Sep 2009 www.findbiometrics.com/articles/i/7275

53. BBC, 18 Dec 2009, http://news.bbc.co.uk/2/hi/americas/8419854.stm
54. Genewatch, http://www.genewatch.org/uploads/f03c6d66a9b354535738483c1c3d4
9e4/DNAexpansion_brief_final.pdf
55. http://www.telegraph.co.uk/news/politics/5289062/DNA-timeline-of-the-national-
DNA-database.html
56. *The Times online*, http://nin.tl/aKCLok
57. http://www.guardian.co.uk/politics/2009/feb/27/dna-database-children-criminal-
record
58. Gareth Crossman, "Overlooked: Surveillance and personal privacy in Modern Britain",
Liberty, 2007.
59. Matilda MacAttram, http://www.guardian.co.uk/society/joepublic/2009/jul/13/dna-
database-black-community
60. Tania Simoncelli, ACLU, http://nin.tl/b8Sofl
61. Henry Porter, *The Guardian blog*, 29 May 2009, 변호사이자 유전학자 브라이언 코스
텔로Brian Costello의 언급 인용.
62. Genewatch, http://nin.tl/doBNYN
63. *Daily Telegraph*, 4 Feb 2010.
64. *New York Times*, 18 Apr 2009 http://www.nytimes.com/2009/04/19/us/19DNA.html
65. "Who's testing your DNA?" *New Scientist*, 24 Jan 2009.
66. *New York Times*, 15 Nov 2007 http://www.nytimes.com/2007/11/15/world/
europe/15iht-france.4.8354453.html
67. Kevin Kelleher, http://nin.tl/cicDW
68. Genewatch, http://www.genewatch.org/sub.shtml?als[cid]=532295
69. Reuters, 8 May 2002, http://nin.tl/bKGUpkm
70. Genewatch, http://www.genewatch.org/sub.shtml?als[cid]=532295
71. http://nin.tl/an9L1V

▪6장

1. http://nin.tl/9VsA4U
2. http://www.diversifiedriskmanagement.com/investigations/covert-surveillance.html
3. *Popular Mechanics*, 1 Oct 2009, http://www.popularmechanics.com/technology/
gadgets/news/4223564?page=3l
4. Privacy Rights Clearinghouse http://nin.tl/cIBooH
5. Chad Terhune, "The Trouble With Background Checks", *Business Week*, 9 Jun 2008.
6. *The Register*, 30 Jan 2009, http://nin.tl/bis2of
7. http://www.v3.co.uk/v3-uk/news/1953660/ico-uncovers-secret-construction-worker-

database

8. Careerbuilder.com survey, 2009.

9. Reuters, 8 Sep 2009, http://www.reuters.com/article/2009/09/08/us-obama-facebook-idUSTRE58762P20090908

10. *Daily Telegraph*, 26 Feb 2009, http://www.telegraph.co.uk/technology/facebook/4838076/Office-worker-sacked-for-branding-work-boring-on-Facebook.html

11. ZDNet UK, 9 Jan 2009, http://www.zdnet.co.uk/news/systems-management/2008/01/09/workplace-surveillance-boosts-stress-levels-39292010/

12. *Times Online*, 16 Jan 2008, http://technology.timesonline.co.uk/tol/news/tech_and_web/article3193480.ece

13. Richard J. Bonnie, "Political use of psychiatry in the Soviet Union and China: complexities and controversies", *LLB*, http://www.jaapl.org/cgi/reprint/30/1/136.pdf

14. http://www.contactmusic.com/news.nsf/story/shriver-caught-up-in-la-medical-records-fiasco_1064844

15. http://nin.tl/ciJ4zX

16. *National Law Journal*, 30 May 1994.

17. Simson Garfinkel, *Database Nation*, O'Reilly, 2000.

18. *New York Times*, 8 Aug 2009, http://www.nytimes.com/2009/08/09/business/09privacy.html

19. ACLU, http://www.aclu.org/technology-and-liberty/faq-government-access-medical-records

20. *Washington Post*, 8 May 2009, http://www.washingtonpost.com/wp-dyn/content/article/2009/05/07/AR2009050702515.html

21. *Daily Mail*, 12 Nov 2009, http://www.dailymail.co.uk/news/article-1226934/Indian-police-arrest-company-boss-accused-selling-medical-records-British-patients.html

22. *Birmingham Post*, 31 Aug 2009, http://www.birminghampost.net/news/west-midlands-news/2009/08/31/west-midlands-alert-over-theft-of-laptops-with-records-of-7-000-nhs-patients-65233-24568804/

23. http://www.ehi.co.uk/news/primary-care/5127

24. BBC news, 23 Dec 2007, http://news.bbc.co.uk/2/hi/uk_news/7158019.stm

25. *Times Online*, 27 Sep 2009, http://www.timesonline.co.uk/tol/news/uk/crime/article6851092.ece

26. *Daily Telegraph*, 3 March 2009, http://www.telegraph.co.uk/health/healthnews/4930666/Doctors-outcry-over-plan-to-sell-patient-records.html

27. Frank J. Donner, *The Age of Surveillance*, Alfred A. Knopf, 1980.

28. wired.com 2 Oct 2008, http://www.wired.com/threatlevel/2008/10/chinese-skype-s

29. AFP, 26 Jan 2010, http://www.google.com/hostednews/afp/article/ALeqM5h6xLzW9vQePrrOxo-PUHkl3EPLBQ

30. www.aclu.org/FilesPDFs/surveillance_report.pdf

31. *Popular Mechanics*, 1 Oct 2009, http://www.popularmechanics.com/technology/gadgets/news/4223564?page=3l

32. *New York Times*, 14 Apr 2002, http://www.nytimes.com/2002/04/14/magazine/14TECHNO.html?pagewanted=1

33. John Reid, "Liberty, Resilience & Security in a Changinh World", speech on 31 Oct 2006.

34. European Commission, http://ec.europa.eu/enterprise/security/index_en.htm

35. ECT News Network, 25 April 2005, http://www.technewsworld.com/story/42349.html

36. *The Independent*, 29 Jun 2008, http://www.independent.co.uk/news/uk/politics/spin-doctor-behind-daviss-campaign-promotes-id-cards-856590.html

37. *Private Eye*, 8-21 Jan 2010.

▪7장

1. *GQ* 12 Sep 2009.

2. *Daily Telegraph*, 16 Feb 2009, http://www.telegraph.co.uk/news/uknews/law-and-order/4643415/Spy-chief-We-risk-a-police-state.html

3. http://terror-alert.uscg.org

4. BBC news, Jan 2010, http://news.bbc.co.uk/2/hi/uk_news/8476238.stm

5. *Daily Telegraph*, 16 Feb 2009, http://www.telegraph.co.uk/news/uknews/law-and-order/4643415/Spy-chief-We-risk-a-police-state.html

6. *Liberty*, Jul 2003, http://nin.tl/9XsbKK

7. *Liberty*, 12 Jan 2010, http://www.liberty-human-rights.org.uk/media/press/2010/liberty-wins-landmark-stop-and-search-case-in-court-of-human-rights.php

8. *The Guardian*, 15 Dec 2009, http://www.guardian.co.uk/uk/2009/dec/15/italian-student-police-arrest-filming

9. ACLU, http://www.aclu.org/national-security/fact-sheet-extraordinary-rendition

10. http://www.i-cams.org/ICAMS1.pdf

11. BBC news, 22 Jan 2010, http://news.bbc.co.uk/2/hi/americas/8476075.stm

12. Zbigniew Brezinski, "Terrorized by the war on terror", *Washington Post*, 25 Mar 2007.

13. *The Observer*, 16 Mar 2008, http://www.guardian.co.uk/society/2008/mar/16/youthjustice.children

14. Joseph Rowntree Reform Trust, http://nin.tl/d2bfdG

15. http://nin.tl/dyZNWZ

16. *Daily Telegraph*, 5 Sep 2008, http://www.telegraph.co.uk/news/uknews/2689996/Children-aged-eight-enlisted-as-council-snoopers.html

17. *The Independent*, 18 Jul 2009, http://www.independent.co.uk/news/uk/home-news/child-database-danger-of-malicious-reporting-1751552.html
18. *Daily Telegraph*, 10 July 2008, http://www.telegraph.co.uk/news/uknews/2280784/Mother-prevented-from-taking-own-son-to-school-because-of-criminal-record-checks.html
19. *Metro*, 8 Dec 2009.
20. "On your own in the park… are you a pervert?"*Metro*, 10 Sep 2008.
21. BBC news, 8 Dec 2009, http://news.bbc.co.uk/2/hi/uk_news/magazine/8399749.stm
22. *The Guardian*, 20 Oct 2008, http://www.guardian.co.uk/world/2008/oct/20/interpol-facial-recognition
23. Simon Davies, "Privacy Matters", *Index on Censorship*, 3/00.
24. MSNBC, 8 Dec 2000, http://www.msnbc.msn.com/id/3078854
25. *Liberty*, Overlooked, 2007.
26. Samuel D. Warren and Louis D. Brandeis, "The Right to Privacy", *Harvard Law Review* 15 Dec 1890, http://groups.csail.mit.edu/mac/classes/6.805/articles/privacy/Privacy_brand_warr2.html
27. N. Katherine Hayles, *Waking Up to the Surveillance Society*, Duke University, 2009.
28. Henry Porter, http://nin.tl/agoKjs
29. Maria Los, in David Lyon(ed), *Theorizing Surveillance-the panopticon and beyond*, Willan Publishing, 2006.
30. Duncan Campbell, *New Statesman*, 12 Aug 1988, http://praxis.leedsmet.ac.uk/praxis/documents/echelon_enc.doc
31. *Washington Post*, 12 Dec 1998, http://www.washingtonpost.com/wp-srv/national/daily/dec98/diana12.htm
32. BBC news, 3 Nov 1999, http://news.bbc.co.uk/2/hi/503224.stm
33. Patrick Radden Keefe, Statewatch seminar, London, May 2009.
34. Privacy International, https://www.privacyinternational.org/countries/uk/uk_data_sharing_report.pdf
35. *The Guardian*, 23 Mar 2009, http://www.guardian.co.uk/politics/2009/mar/23/dna-database-idcards-children-index
36. BBC news, 10 Dec 2009, http://news.bbc.co.uk/2/hi/europe/8401915.stm
37. Dr. Kieron O'Hara, University of Southampton, *Evening Standard*, 7 Jan 2010.
38. http://www.peterfleischer.blogspot.com/
39. Chris Walters, *The Consumerist*, 15 Feb 2009, http://consumerist.com/2009/02/facebooks-new-terms-of-service-we-can-do-anything-we-want-with-your-content-forever.html#comments-content
40. BBC news, 10 Dec 2009, http://news.bbc.co.uk/2/hi/technology/8405334.stm
41. *The Guardian*, 26 Jun 2009, http://www.guardian.co.uk/technology/2009/jun/26/facebook-lobby-privacy

42. Larry Siems, Statewatch seminar, May 2009.

43. Maria Los, in David Lyon(ed), *Theorizing Surveillance-the panopticon and beyond*, Willan Publishing, 2006.

44. Patrick Radden Keefe, Statewatch seminar, London, May 2009.

■ 8장

----

1. Keith Laidler, *Surveillance Unlimited*, Icon, 2008.

2. Ross Anderson, Action on Rights for Children, http://archrights.wordpress.com/2008/01/20/contactpoint/

3. "Poll shows public disquiet about policing at environmental protests", *The Guardian*, 25 Aug 2009.

4. *Evening Standard*, 13 Oct 2009.

5. *The Independent*, 24 Mar 2010, http://www.independent.co.uk/news/uk/home-news/clone-wars-mossads-london-chief-expelled-over-forged-passports-1926147.html

6. PBS, http://www.pbs.org/wgbh/pages/frontline/homefront/view/

7. *Information Week*, 29 Dec 2009, http://www.informationweek.com/news/security/vulnerabilities/222100224

8. www.e-stealth.com & http://www.e-stealth.com/ULTIMATE-BLUETOOTH-MOBILE-PHONE-SPY-SOFTWARE-NEW-EDITION-2008_p_1-8.html?GA&gclid=CJixgL_qt58CFQ1f4woddlRj0g

9. John Parker, *Total Surveillance*, Piatkus, 2001.

10. Electronic Privacy Information Center, http://epic.org/privacy/profiling/default.html

11. http://censys3d-people-tracking-system-alpha-02.software.informer.com

12. BBC news, 19 Sep 2007, http://news.bbc.co.uk/2/hi/uk_news/england/merseyside/7003325.stm

13. eWeek Europe, 17 Nov 2009 http://www.eweekeurope.co.uk/news/news-mobile-wireless/uk-businesses-squander-millions-on-mobile-calls-2475

14. *The Guardian*, 6 Aug 2006, http://www.guardian.co.uk/uk/2006/aug/06/idcards.immigrationpolicy

15. John Vanderlippe, CASPIAN www.nocards.org/overview/index.shtml

16. BBC news, 30 Oct 2009, http://news.bbc.co.uk/2/hi/business/8333198.stm

17. "Facebook to keep profiles of the dead", AP, 27 Oct 2009.

18. *The First Post*, 27 Nov 2006, http://www.thefirstpost.co.uk/5817,news-comment,news-politics,privatised-police-arrive-on-the-street,2

19. Merle Goldman & Edward X Gu, *Chinese Intellectuals between State and Market*, Routeledge, 2004.

20. Greg Walton, International Centre for Human Rights and Democratic Development, Oct 2001.
21. John Reid, "Liberty, Resilience and Security in a Changing World", 31 Oct 2006.
22. Democracy Now, 28 Jul 2009, http://www.democracynow.org/2009/7/28/broadcast_exclusive_declassified_docs_reveal_military
23. *Washington Post*, 4 Feb 2010, http://www.washingtonpost.com/wp-dyn/content/article/2010/02/03/AR2010020304057.html
24. CNN, 3 May 2010, http://scitech.blogs.cnn.com/2010/05/03/scientists-try-to-turn-people-into-smart-dust/?iref=allsearch
25. "Universities urged to spy on Muslims", *The Guardian*, 16 Oct 2006.
26. *The Guardian*, 19 Jul 2010, http://www.guardian.co.uk/world/2010/jul/19/us-spies-triple-since-2001
27. "Police NDNAD", Genewatch, Jan 2005.
28. "'Gangsta gene' identified in US teens', *New Scientist*, 19 Jun 2009.
29. *Wall Street Journal*, 19 May 2009, http://online.wsj.com/article/SB124269038041932531.html
30. CNN, 24 Sep 2009, http://edition.cnn.com/2009/TECH/09/24/snooping.software.efootrprint/index.html?iref=intlOnlyonCNN
31. *New Statesman*, 2 Oct 2006, http://www.newstatesman.com/200610020022
32. BBC Online, 21 Jul 2009, http://news.bbc.co.uk/2/hi/uk_news/england/london/8161269.stm
33. *The Times*, 1 Apr 2008, http://technology.timesonline.co.uk/tol/news/tech_and_web/article3656103.ece
34. *The Guardian*, 29 Jul 2010, http://www.guardian.co.uk/world/2010/jul/29/russia-minority-report-law-fsb
35. Keith Laidler, *Surveillance Unlimited*, Icon, 2008.
36. http://nwn.blogs.com/nwn/2007/02/spy_game.html
37. http://firefox.org/news/articles/1580/1/When-Virtual-Meets-Reality-WoW-Second-Life-May-Become-Targets-of-Terrorists-CIA/Page1.html

■ 관련 단체

애매하고 유동적인 감시의 온갖 측면을 다루는 수많은 단체는 서로 미묘한 차이를 보이며 전 세계 곳곳에서 활동하고 있다. 그들 대부분은 감시가 생활 속 구석구석까지 파고드는 오늘날, 개인이 자신을 보호할 수 있도록 법적 · 기술적 대처법을 알려 주고 개인 정보 보호에 관련된 지침을 제공한다.

■ 감시 관련 정보를 제공하고 사생활 보호에 힘쓰는 단체들

1. 프라이버시 인터내셔널

▶런던과 워싱턴 D. C.에서 활동하고 있으며 20년 넘은 경험을 바탕으로 정부와 기업이 자행하는 사생활 침해와 감시 문제를 다루는 세계적 감시 단체다.

www.privacyinternational.org

2. 스테이트워치

▶〈프라이버시 인터내셔널〉과 비슷한 활동을 펴지만 유럽을 주무대로 활동하며 주로 법률 분석이나 관련 소식을 전하는 단체다. 1991년 발족해 유럽에서 이뤄지는 초정밀 감시와 관련해 법 안팎에서 투쟁을 벌인다.

www.statewstch.org

3. 신분증거부(NO2ID)

▶신분증 제도 도입에 반대하는 영국 단체다. 데이터베이스 국가에 반대하는 이들의 선봉에 서 있다. 영국은 물론 세계적으로 감시를 맹공격하고 있는 활동들에 대한 광범위한 분석, 새소식, 생생한 토론을 제공한다.

www.no2id.net

4. 앰네스티 인터내셔널

▶전 세계적 인권 단체다.

www.amnesty.org

5. 미국시민자유연맹

▶거리 연설가에서 상원 의원에 이르는 모든 미국인의 인권을 수호하는 단체로 오랜 역사를 지녔다. 웹사이트는 자유와 사생활을 공격해 온 미국 정부와 미국법에 에워싸인 사람들에게 귀중한 자료 창고 역할을 한다.

www.alcu.org

6. 리버티, 조셉라운트리재단

▶영국의 〈미국시민자유연맹〉과 유사한 단체다.

www.liberty-human-rights.org.uk, www.jrf.org.uk

7. 오스트레일리아 사생활재단, 오스트레일리아 시민의자유

▶오스트레일리아 사람들의 사생활을 수호하려고 애쓰는 비정부기구다.

www.privacy.org, www.cla.asn.au

■ 디지털 시대에 걸맞는 활동을 펼치는 단체들

1. 미국

▶전자프런티어재단

www.eff.org

▶전자사생활정보센터

www.epic.org

2. 캐나다

▶캐나다시민자유협회

http://ccla.org

3. 뉴질랜드

▶뉴질랜드시민자유위원회

www.nzccl.org.nz

4. 영국, 유럽연합

▶오픈라이트그룹

www.openrightsgroup.org

■개인 정보를 보호하기 위해 지역이나 언어권을 중심으로 결성된 단체

1. 지역

▶중유럽과동유럽정보보호 협회

www.ceecprivacy.org(2001, 바르샤바)

▶붉은중남미

www.redipd.org(2003)

▶유럽정보보호 감시

www.edps.europa.eu/EDPSWEB

2. 언어

▶국제프랑스어사용자협회

www.francophonie.org(2007)

1.감시로부터 자신을 보호하기

▶〈전자프런티어재단〉이 추진하고 있는 사업이다.

https://ssd.eff.org

2. 올페이스북닷컴

▶페이스북에서 만날 수 있는 잘 정돈된 블로그로 페이스북이 사용자의 모든 것을 노출시키지 못하도록 막는 방법을 알려 준다.

www.allfacebook.com

3. 구글워치

▶〈구글〉에 반대하는 논문과 의견들을 다소 산만하게 수집해 놓은 사이트다.

www.google-watch.org

4. 진워치

▶주된 관심 분야는 유전자 조작 먹을거리와 농업이지만 DNA 데이터베이스의 확장과 DNA 정보 사용에 대한 문제로 활동 영역을 넓히고 있다.

www.genewatch.org

5. 아이들을 건드리지 마라

▶아동에 대한 감시의 확대와 아동의 생체 정보 수집에 관련된 사연이 많이 링크되어 있는 사이트다.

www.leavethemkidsalone.com, www.leavethemkidsalone.com/usa.htm

6. 아동권리행동

▶아동의 법적 권리라는 좀 더 심각한 문제를 다루는 단체다.

www.archrights.org.uk

7. 정보사회 세계정상회의

▶2015년까지 가난한 국가의 디지털 보급률을 부유한 국가의 절반까지 끌어올려 부유한 나라와 가난한 나라 사이의 디지털 격차를 해소한다는 목적으로 유엔이 2003년과 2005년에 각각 한 차례씩 개최한 대회다. 홈페이지를 방문하면 이를 위해 세계 각국 정부와 민간 단체가 해야 할 일이 상세히 기록돼 있다.

www.itu.int/wsis/index.html

8. 파인드바이오매틱스

▶감시 산업, 신분증 산업, 위기관리 산업의 최신 소식과 홍보 방식에 관련된 내용을 소개하고 있다.

www.findbiometrics.com

■함께 보면 좋을 책과 영화

■책

1984

조지 오웰 지음, 정회성 옮김, 민음사, 2003

『1984』는 1949년에 발표된 조지 오웰의 대표적인 디스토피아 소설이다. 소비에트연방의 전체주의 체제를 풍자한 소설로 알려져 있지만, 소설이 그리고 있는 고도의 감시 사회 풍경은 오늘날 우리에게 더 큰 함의를 전달해 준다. 텔레스크린, 사상 경찰, 마이크로폰, 헬리콥터 등, 다양한 신기술들이 개개인을 밀착 감시하는 수단으로 등장한다. 주인공인 윈스턴 스미스는 일당 독재 권력에 반발을 느끼고 저항을 꾀하지만, 개인의 행동은 물론이고 생각과 심지어 성욕까지 통제하는 사회에서 결국 무기력한 인간으로 전락하고 만다. 소설 속에 등장하는 허구적 독재자 '빅 브라더'는 감시 사회의 고유명사가 됐다.

9월 11일 이후의 감시

데이비드 라이언 지음, 이혁규 옮김, 울력, 2011

9.11 사건 이후 미국 사회 감시 체계의 변화를 다루고 있는 책이다. "테러와의 전쟁"이 어떻게 민간인에 대한 전방위적인 감시를 정당화하고 정교화하는 논리로 활용되었는지를 보여 주고 있다. 사람들은 자유를 희생하는 대신 안전을 위해 스스로 감시자가 되기로 자처하고 강화된 감시 체계를 기꺼이 수용했다. 동시에 여러 가지 이유로 도입이 좌절되었던 최첨단 감시 기술들이 미국인의 일상에 깊숙이 자리 잡게 되었다.

감시 사회 – 벌거벗고 대한민국에서 살아가기

엄기호 외 4인 지음, 철수와영희, 2012

각 저자들은 오늘날 한국 사회가 이미 감시 사회로 진입했다고 진단한다. 감시 사회에 대한 철학적 고찰, 법과 인권의 관점에서 바라본 사생활과 감시의 문제, 감시 사회와 인권을 둘러싼 각종 이슈와 쟁점들이 담겨 있다. 전자 주민 카드의 도입 시도, CCTV 확대 설치, 인공위성을 통한 위치 추적 기술의 발전, 페이스북 등 온라인 서비스의 발전이 어떻게 감시와 통제를 정상화하고 있는지 살펴본다. 감시 사회에서 살아가는 법에 대한 설명서다.

감시의 시대

아르망 마틀라르 지음, 전용희 옮김, 알마, 2012

감시의 무대는 한 국가의 영토를 넘어 전 지구가 됐다. '사생활을 보호하는 것'과 '사생활을 불안하게 만드는 것' 사이에서 발생하는 역설, '공공 안전'이라는 목적과 '개인의 본질적인 권리' 수호 사이에서 발생하는 역설을 심도 깊게 다루는 가운데 전 지구적으로 이뤄지는 감시를 경고하는 책이다. 개인의 위조 불가능한 신원 확인의 도구로 지문이 활용되던 19세기부터 국제 신분 확인 시스템이 비약적으로 발전한 최근 상황까지 감시의 역사를 훑고 있다.

■영화

가타카

앤드루 니콜, 1998

태어나자마자 아이들의 유전자를 검사해 신분을 결정하는 가상의 사회를 배경으로 한 공상 과학 영화다. 주인공 빈센트는 다른 아이들처럼 우성인자를 결합한 시험관 시술이 아니라 부모의 사랑으로 태어났다. 그러나 빈센트는 심장 질환에 범죄자의 유전자를 가지고 있다는 판정을 받는다. 그에게 주어진 운명은 청소부지만 우주 항공사가 되겠다는 꿈을 버리지 않는다. 유전자 정보가 모든 것을 결정하고 유전자로 모든 행동을 감시하는 디스토피아적 미래의 모습을 잘 그리고 있다.

마이너리티 리포트

스티븐 스필버그, 2002

2054년 워싱턴이 배경이다. 그곳에는 범죄가 일어나기 전 미리 예측해 범죄자를 단죄하는 최첨단 치안 시스템 '프리크라임'이 있다. 프리크라임 시스템은 범죄가 일어날 시간과 장소, 범행을 저지를 사람까지 미리 예측해 내고, 이를 바탕으로 프리크라임 특수 경찰이 미래의 범죄자들을 체포한다. 시민들의 안전을 지켜 주는 이 든든한 존재가 현실을 얼마나 잔인하고 추악하게 변모시킬 수 있는지를 보여 주고 있다.

에너미 오브 스테이트

토니 스콧, 1998

미국 국가안보국의 감청 및 도청 행위를 허가하는 법안을 둘러싸고 벌어지는 연쇄 살인과 추격전을 다룬 영화다. 공화당 소속 국회의원인 필은 법안 통과에 반대하다 국가안보국에 피살을 당한다. 변호사 로버트 딘은 친구에게서 피살 장면이 담긴 녹화 테이프를 우연히 넘겨받는다. 그때부터 딘과 국가안보국 사이에 쫓고 쫓기는 추격전이 벌어지고 그 가운데 국가안보국이 사용하는 각종 감시 기술들이 현란하게 펼쳐진다.

트루먼 쇼

피터 위어, 1998

〈빅 브라더〉 등, 개인의 사생활을 24시간 밀착 감시해 방송하는 리얼리티 프로그램이 유행한 적이 있었다. 이 영화는 프로그램의 흥행과 함께 사람들의 무뎌진 감성을 풍자한 영화다. 트루먼 버뱅크는 하루 24시간 생방송되는 〈트루먼 쇼〉의 주인공이다. 전 세계의 시청자들이 그의 탄생부터 서른 살에 가까운 지금까지 일거수 일투족을 텔레비전을 통해 보고 있다. 그의 주변 인물은 모두 배우이고 사는 곳 또한 스튜디오다. 오직 트루먼 자신만 그 사실을 모른다. 그러다가 결국 대학 때 만난 이상형의 여인 실비아를 통해 사실을 알게 되고, 짜인 현실에서 벗어나기 위해 모험을 감행한다.

누군가 당신을 지켜보고 있다

추선영

    소설 『키다리 아저씨』에서처럼 나를 지켜봐 주는 미지의 존재가 있다면 얼마나 좋을까 하는 생각을 누구나 한 번 쯤은 해봤으리라. 하지만 현실에서 나를 지켜보는 시선은 그 소설에서처럼 항상 선의나 호의에서 시작되지는 않는다. 오히려 나를 지켜보는 미지의 존재는 영화 〈마이너리티 리포트〉에서처럼 폭력적이고 잔인할 가능성이 크다. 이처럼 악의를 가지고 번뜩이는 눈을 생각하면 등골이 오싹해지면서도 막상 일상생활에서는 어디로부턴가 걸려온 전화 한 통에 무심코 나의 개인 정보를 술술 읊어대다가 아차 하고 후회하는 일이 다반사인 것이 현실이다. 그만큼 감시에 대한 경계심이 느슨하다는 말이다. 로빈 터지는 이 책을 통해 우리의 느슨한 정신 상태에 경종을 울리고 있다.

    그렇다면 감시는 언제부터 시작되었을까? 로빈 터지는 '태초부터'라고 말한다. 한국에 단군신화가 있다면 서양에는 아담과 이브

신화가 있다. 최초의 인간인 아담과 두 번째로 창조된 이브는 창조주가 먹지 말라고 한 열매를 먹었고 윤리 의식이 생겨나 부끄러움을 알게 되어 몸을 숨긴다. 그리고 창조주는 그런 행동을 빠짐없이 지켜보고 있다가 그들을 벌한다. 최초의 인류 두 사람은 그래서 에덴동산이라는 낙원에서 쫓겨난다. 이처럼 '감시'는 역사가 시작될 때부터 인류와 함께 있었다. 고대 국가에서는 감시를 세금 징수 수단으로 활용했고 중세에 들어서는 신분 증명 수단으로 활용했다. 그리고 근대에 들어서면서 국가는 비밀 정보기관을 운영하기 시작했고 기술이 눈부시게 발전한 오늘날에는 국가뿐 아니라 일반 기업 및 민간단체 심지어는 개인까지도 저마다의 목적에 따라 감시 활동에 나서고 있다.

　감시의 역사를 간단명료하게 정리한 뒤, 로빈 터지는 먼저 국가의 감시 문제로 눈길을 돌린다. 한국에는 오래 전부터 주민등록제도가 있었고, 이 제도는 전 국민 신분증 제도와 함께 운영된다. 주민등록증이 없으면 일상생활이 불가능할 정도다. 로빈 터지의 설명에 따르면 한국은 국가 감시의 천국과 같은 나라다. 선진국에서 이와 같은 신분증 제도는 국민들의 반대에 부딪혀 번번이 좌절되곤 했다. 하지만 신분증 제도가 전 국민을 관리(혹은 감시)하기에 가장 효율적인 수단이라는 것을 알고 있는 서구 나라들은 각종 원조의 대가로 다수 세계 나라에 전 국민 신분증 제도를 사실상 강제하고 있다. 다수 세계가 일종의 시험대가 된 것이다. 이처럼 한 사람의 개인 정보가 카드와 일련번호에 담겨 관리될 경우 일단 정보가 유출되기라도 하면 큰 피해를 입을 수 있다. 그럼에도 한국에서는 신분증이 있어 편리하다고 생각하거나 정착된 지 오래된 제도이니 어쩔 수 없다는 체념이 지배적이다. 이러니 전 국민 신분증 제도의 위험성에 대한 경고는 여전히 낯설다.

오늘날 감시 수단은 신분증 하나인 것만도 아니고 감시 주체가 국가 하나인 것만도 아니다. 로빈 터지는 우리 일상에 깊숙이 자리 잡은 감시 기술들로 CCTV, 안면 인식 기술, RFID, 생체 정보 등을 예로 든다. CCTV의 일종인 차량용 블랙박스도 감시 수단으로 꼽힌다. 최근 빠른 속도로 보급되고 있는 스마트폰 역시 GPS 기능이 들어 있어 얼마든지, 언제든지, 감시 수단으로 활용될 수 있다. 교통카드도 마찬가지다. 교통카드를 이용할 때마다 내가 언제, 어디서, 어떤 교통수단을 이용해 움직였는지가 어딘가에 빠짐없이 기록된다. 머지않은 미래엔 늦잠 자다 지각한 것을 차가 밀려 늦었다고 둘러댈 여유 따윈 사라지고 없을지 모른다. 내가 어디에서 무엇을 하는지 낱낱이 기억해 뒀다가 누군가에게 그 사실을 보고하는 기계가 있다고 생각해 보라. 보이지 않는 곳에서 나를 스토킹하는 격이니, 상상만 해도 몸서리가 쳐진다.

칼이라는 도구가 요리할 때 유용하게 사용되지만 한편으로는 사람을 찔러 죽일 흉기로 돌변하듯이 생활을 편리하게 만들어 주는 기술도 한편으로는 나쁜 일에 악용될 수 있다. 세상을 떠들썩하게 만드는 범죄가 일어날 때마다 정부와 경찰은 더 강화된 감시 수단을 통해 치안을 더 잘 유지하겠다고 공표하고 우리는 그런 조치를 아무 거리낌 없이 받아들인다. 심지어 환영하기도 한다. 하지만 그 감시 기술이 범죄자만 상대하는 것은 아니다. 모든 사람이 잠재적 범죄자고 감시 대상이다. 1장의 가상 시나리오를 보면 알 수 있듯이, 일단 기술이 도입되면 감시 대상과 감시의 목적은 끝없이 확장될 것이다. 무심코 버린 전단지 한 장, 날짜를 착각해 버린 쓰레기 한 봉지 때문에 벌금 고지서를 받게 될 날도 그리 머지않았다.

더 심각한 것은 오늘날 우리에겐 감시가 시장 경제의 이윤 논리에 포섭되는 것을 막을 견제 장치가 없다는 것이다. 새로운 감시 기술을 개발하고 그것을 도입하는 데 가장 열을 올리는 주체는 정부나 경찰이 아닌 기업이다. 기업은 일찌감치 감시가 돈이 된다는 걸 알아챘다. 눈부시게 발전한 감시 기술 덕분에 감시 산업 자체가 크게 성장했을 뿐만 아니라 회사는 감시 기술을 활용해 직원을 더 철저하게 관리해 생산성을 높인다. 상품이나 서비스를 판매하는 업종에서는 고객의 개인정보를 홍보에 활용해 매출을 올리거나 고객의 개인 정보를 다른 회사에 팔아 이윤을 남긴다. 기업이 제공하는 혜택을 누리기 위해 우리는 해당 기업에 순순히 개인 정보를 내어놓는다. 포인트 카드를 만들거나 웹사이트에 가입할 때 이름, 주소, 전화번호, 나이, 결혼 여부 등 기업이 요구하는 세세한 정보까지 아무렇지도 않게 기입해 넣는다. 법이 바뀌기 전에는 주민등록번호도 필수 입력 사항이었다. 해당 회사가 개인 정보를 악용하지 않는다 하더라도 그 정보를 보관하고 있는 컴퓨터를 도난당하거나 해킹당하지 말라는 보장은 없다. 그렇게 되면 나의 개인 정보가 누구의 손에 들어가 어떻게 쓰이게 될 지 알 수 없게 된다. 안타깝게도 일단 정보가 유출되면 유출되기 전으로 돌아갈 수 없다.

세상에 키다리 아저씨 같은 사람만 있으면 정말 좋겠지만 그렇지 않은 것이 엄연한 현실이다. 나를 죽 지켜보다가 곤경에 빠졌을 때 나타나서 도움을 주고 사라지는 사람은 소설 속에만 존재할 뿐이다. 현실의 키다리 아저씨는 내게 도움을 주기 위해서가 아니라 나를 이용하거나 곤경에 빠뜨리기 위해 존재할 가능성이 훨씬 높다. 그 정보를 누군가에 팔아 돈을 벌든, 그 정보를 토대로 나의 잘못을 파헤쳐 벌금을 물리거나 처벌하든, 어떤 방식으로든 나에게 해가 될 가능성이 높다. 앞서 말했듯이 기술은 동전의 양면과 같아서 유용하게도 쓰이지만 악용되기도 한다. 휴대전화의 GPS를 통해 주변 음식점 정보를 얻고 할인 정보를 얻는 건 유용한 일이다. 그러나 그러한 편리성에만 주목할 게 아니라, 그 모든 기술들이 감시 기술의 일환일 수 있다는 것을 알고 경계할 필요가 있다.

《아주 특별한 상식 NN-감시 사회》

감시 사회, 안전장치인가, 통제 도구인가?

지은이 | 로빈 터지
옮긴이 | 추선영
펴낸이 | 이명회
펴낸곳 | 도서출판 이후
편집 | 김은주, 신원제, 유정언
마케팅 | 김우정
디자인 디렉팅 | Studio Bemine
표지·본문 디자인 | 이수정

첫 번째 찍은 날 2013년 1월 25일
두 번째 찍은 날 2014년 10월 6일

등록 | 1998. 2. 18(제13-828호)
주소 | 121-754 서울시 마포구 동교동 165-8 엘지팰리스빌딩 1229호
전화 | 대표 02-3141-9640 편집 02-3141-9643 팩스 02-3141-9641
홈페이지 | www.ewho.co.kr

ISBN 978-89-6157-065-7 03300

이 도서의 국립중앙도서관 출판시도서목록(CIP)은 e-CIP홈페이지
(http://www.nl.go.kr/ecip)와 국가자료공동목록시스템(http://www.nl.go.kr/kolisnet)
에서 이용하실 수 있습니다.(CIP제어번호: CIP2013000196)